ユダヤ人

なぜ、摩擦が生まれるのか

ヒレア・ベロック【著】
中山 理【訳】
渡部昇一【監修】

祥伝社

ユダヤ人　なぜ、摩擦が生まれるのか

ルービー・ゴールドスミス嬢へ
国王の地イギリスで多年にわたり秘書を務めた、
私たちのユダヤ人の中で最良の親友、
わが家の家族と私は、いつもあなたに心から感謝をしなければならないだろう。

「まえがき」にかえて——監修者のことば

本書とその著者については、巻末に訳者である中山理氏の素晴らしい解説があるので、ここでは私がどうして本書に出会ったかを述べて「まえがき」としたい。

二十世紀の前半のイギリス（したがって世界）でもっとも人気があり、よく知られた作家を数人挙げるとすれば、G・バーナード・ショウ、H・G・ウェルズ、G・K・チェスタトン、H・ベロックをその中に入れたいと思う。このうち前の二人は日本でも戦前からよく知られていたが、あとの二人はカトリックということもあってか、日本では一般に無視されてきた傾向がある。しかしこの二人の著作活動は当時、並はずれて盛んであり、宗教的立場も同じだったところから、チェスタベロックと合併して呼ばれることもあった。

チェスタトンは、上智大学で故ロゲンドルフ先生の御指導で読む機会を与えられて以来、私の終生の愛読著者になっている。一方、ベロックの著作には、興味深いタイトルのものが多かったが、読む機会がほとんどなかった。ところが一九七〇年代の終わり頃、一年間エディンバラに滞在中に、同大学のコリン・キングズレー博士が、「この本は絶対読んでおくべきだ」とわざわざ御自分の本を持ってきて、私に貸してくださった。それがベロックの『Europe and the Faith（宗教から見たヨーロッパ）』（一九二〇年）であった。私は一読して自分の蒙《もう》を開かれる思いがした。そしてその頃の癖として、ベロックの著作を集め始めた。そして同じく私の癖で、書棚の一隅に並べ立てるだけで読みもせず、「そのうちには……」などと考えるだけだったのである。

そのうち戦後のヨーロッパでは工業資源の共同管理から、国境をなくし、人の移動まで自由にしようという動きが進んでEUが出来、グローバル化が天下の大勢となってきた。六十年にヨーロッパに留学した頃の私には、その頃まだ想像もつかぬことであった。しかしその後、竹《たけ》村健一《むらけんいち》氏のテレビ番組「世相を斬る」の出演者の一員として、エリーゼ宮でフランス政界の本当の実力者と言われる比較的若い官僚と話し合っているうち、彼は自分がユダヤ人であることを、思いがけない話の端で現わしてしまったのである。

考えてみるとヨーロッパ諸国のEU化——国境がなくなり人の移動も資金の移動も自由になること——などは、ユダヤ人が二千年間、熱望してきたことではないのか。しかし大戦後の世界、特にヨーロッパでは、ユダヤ人のことを口にしたり書いたりすることはタブーのごときものになったようだ。うっかり口にすれば、ナチスと疑われてしまう。

そのうちグローバル化の波は日本にも押し寄せてくるようになった。その波の一番の原因となっていること、つまりその動きの底の底にあるのは、一九〇〇年代の初頭に、すでにベロックたちが批判したユダヤ人財閥の「ハイ・ファイナンス」があるのではないか。アメリカとイギリスにまたがり、国境を越えて働く金融界の働きを、ベロックたちはハイ・ファイナンスと呼んだが、今はグローバル化と呼んでいるのではないのか……などなどの想念が湧いてきた。

そんな折に、ベロックの著作を並べてある書棚を見渡したときに、偶然目についたのが本書であった。

「ユダヤ人について、かの『宗教から見たヨーロッパ』という評判の高い本の著者であるベロックの見解を見てみよう」という気になって、読み出したのである。

そして驚いた。私の持っている本は初版であり、一九二二年、つまりソ連政府が成立した年である。そこには当時のイギリスの知識階級の間では「ロシア革命」というほかに、「ユダヤ人革命」という言い方が並称されており、ロシア革命のリーダーだったと思われているロシア人のユダヤ名まで記されているのだ。またロマノフ家の宝物が、革命後はロンドンやパリで、ユダヤ人の店で売りに出されていたことなどなど……。

一方、イギリスでは、金に困った貴族がユダヤ人の富豪の娘を嫁にする例が増えているため、「近頃のイギリス人貴族の顔は、ユダヤ人顔になっている場合が多い」などという指摘もあった。こんなことをイギリスで出た英語の本の中で書いているのだから、嘘ではないだろう。ということは、イギリスの最上流階級は、ユダヤ系のハイ・ファイナンスと結びついている場合が多いということになる。

ベロックはだからと言って「反ユダヤ的《アンチ・セミテック》」ではない。むしろユダヤ人の社会や文化には敬意を払っているのだ（しかし戦後はそういう批判が一般的だ）。ベロックは「このままではユダヤ人はひどいしっぺ返しを喰うことになるのではないか」と心配しているのである。ヒトラーが出てきて政権の座に就《つ》く十年も前である（その後の版では反ユダヤ運動の急な勃興についての言及もある）。

グローバル化の世の中で、ユダヤ人の名が出ている本は、私の目にはつかなかったので、心ある人たちには、ぜひ読んでもらいたいと思った。このように博学で名の聞こえた著者の本を、日本語に訳してくれる学者として、第一に私の頭に浮かんだのは中山理氏であり、同氏にお願いしたところ、欣然お引き受けくださることになった。何故、同氏が本書の訳者にふさわしいのか、その理由を説明させていただきたい。

第一に、英語の力が完全に信頼できること。同氏は難解で知られるミルトンの研究で国際的にも知られ、その博士論文も英文で出版されているくらいだ。

第二に、ベロックのような博学の人の著書には、われわれの普通知らないことについての言及がさり気なく出てくる。それに気づいて注釈できる人でないと正確な翻訳はできない。その点、中山氏はそれができる本物の学者である（私も彼の訳文には教えられることが少なくない）。

こうして出来上がった中山氏の「訳者あとがき」は、現代のユダヤ人論として傑作である。少しでも現代の世界の潮流に関心のある方々には、必読の文章であると思う。わずか十数ページのものであり、読了するに二十分も要しないであろう。忙しい政治家や経済人にも、ぜひ、この「訳者あとがき」だけでも読んでほしい。

末筆ながら、本書の翻訳をお引き受けくださった中山氏に重ねてお礼申し上げるとともに、出版をお引き受けくださった祥伝社の角田勉氏にお礼申し上げます。

平成二十八年八月吉日

渡部《わたなべ》 昇一《しょういち》

著者まえがき

本書が取り上げる対象は、現在、重要な政治問題として表面化していることであり、ユダヤ人と彼らを取り巻く国民との関係という問題というよりも、もっと控えめなものである。本書は、差し迫っている問題に対し、何かしら積極的で合法的な解決案を提案するものではない。また、それに対して完全な解決策があると主張するものでもない。ただ申し上げたいのは、問題解決のためのどのような試みも、普遍的な方針に従うべきであり、それは前の時代に西ヨーロッパで試みられたものとは根本的に異なっているということだけだ。もし、現世代のユダヤ人と私たちが話し合うために因習を捨て去り、現実的な視点から問題を論ずる方針を立てるならば、おのずと正しい解決案へ近づくことだろう。

前世代の人々が行なってきた虚偽に満ちた態度は改めなければならない。その代わりにできることといえば、もっぱら真実を語ることしかない。

本論が示す三つの方針のうち、隠し事はやめにしなければならないという方針は、相互認識や相互尊重よりも、私には重要に思える。

ユダヤ人の民族意識という問題では、私の判断が間違っていることもありうる。私がそれを誇張することもありうる。また、一方の側からの議論だけでは、その議論をまとめるのに必要な知識を十分に得られないこともはっきりしている。相手側の意見にも耳を傾けなくてはならないのだ。しかし、私の判断にしても、また他の誰の判断にしても、真実という価値を拠《よ》り所にするのか、それとも嘘でかためた情報を拠り所にするかで、結論は全く違ってくる。そのためにも、隠し事があってはならない。

イギリスの読者の方々は（アメリカの読者の方々はそれほどでもないと思うのだが）、私の文章の中にしばしば空想的とも思えるような論調があるのに気づくだろう。ここロンドンでも、すでに激しい論争が巻き起こっている。だがロンドンでは、ここ以外の場所では、ずっと以前に、すでに議論が煮詰まった限界点にはまだ至っていない。つい最近まで、もっと穏やかに論議することに慣れてきた人は、恐怖感をいたずらに誇張したようなことが書かれているので、苦笑するかもしれない。これについては、本書はイギリス人の経験だけでなく、一般的な経験からも書かれたものだとお答えしておこう。

もしヨーロッパやアメリカ合衆国など、いろいろな国籍から選ばれた陪審員団が本書を手にすれば、逆に、本書で起こりうると仮定した危険性について、あまりにも見通しが甘すぎると思われるのではないかと思う。

さらに、その危険がいかに急速に接近しているかをおわかりにならない読者の方々には、過去数年にわたる物事の経緯を思い浮かべていただきたいと思う。イングランドでユダヤ人問題を議論することさえ許されなかったのは、さほど昔の話ではない。ほんの数年前までは、ユダヤ人問題があることを認めるのさえ異常だと思われた。どのヨーロッパの国でも、この問題は意のままに持ち出したり引っこめたりするものではないというのが事実である。その問題は、諸情勢の影響力によって、ある国から別の国へと順番に押し付けられているのだ。この問題についていまだに考えたがらない社会、そしていまだに旧態依然としてこの問題を無視する状態へと戻りたいと望んでいる社会、すなわちイギリスに、ユダヤ人問題が押し付けられているのは、まさにそのためである。また、そうすることで国民の福祉を増進し、無秩序を回避する必要がある。ユダヤ人問題とは、このように後戻りできない問題なのである。

まえがきの最後に、本書を認《したた》めるにあたり、私の個人的な感想や単なる非難の応酬《おうしゅう》といった要素はことごとく排除したことを、ユダヤ人以外の読者の方にはいわずもがな、ユダヤ人の読者の皆さんにも気づいていただきたいと思う。私は、公的生活でのユダヤ人と私たちの摩擦という特殊な実例や、過去の歴史から引き出される実例でさえも、注意深く触れないようにした。こうすることで、自分の主張をしばしば補強することができたし、本書がすこぶる読みやすくなったことも確かである。

もし、この種の事柄を削除しなかったならば、読み物としての興味を引きつけることはできただろうが、それでは、対立する両派の敵意を掻《か》き立てることになりかねない。私の目的は、すでにそのような危険な状態にある敵意を和《やわ》らげることにある。したがって、もし、本論に勢いをつけるという目論みだけで、あえて感情を憤激させるような、みっともない真似《まね》をしたら、私は全く口先だけの人間ということになろう。

論争を巻き起こす書物となるように本書をもっと強化することができたし、記録本としても、もっと興味が湧くような作品にすることもできた。しかし私は、論争本や記録書として本書を認めたのではない。私は正義を行なう試みとして本書を認めたのである。

目次

第3章 問題の現局面 ボルシェヴィキ主義とユダヤ人 71

第4章　摩擦の一般的原因　ユダヤ人の特質と流儀　101

第5章　摩擦の特別の原因　敵意に油を注ぐもの　137

おことわり

・本書は Hilaire Belloc, *The Jews* (Constable & Company, Ltd., 1922) の全訳である。
・必要に応じて訳者が適宜、注を補った。その際、本文の該当箇所に番号を振り、原則としてその見開きページ（場合によっては次の見開きページ）の左端欄外に掲載した。
・章タイトルは原書のとおり、その下のサブタイトル、及び本文中の小見出しは編集部によるものである。
・訳出にあたり、現代の日本の読者にとって、あまりに疎遠かつ末梢的と思われる事象の記述については一部割愛した。また、当時のイギリス人に特有の婉曲的な言い回し、暗示的で当時の読者でなければ意味が通じにくい表現等についても、適宜、説明の補足や言い換えを行ない、重厚な文章構造や多用されている形容詞や副詞なども、直訳を避ける工夫を施した。

第1章　本書のテーゼ

難題にいかに対処するか

ユダヤ人問題を解決する二つの手段

　本書のテーゼは、ユダヤ民族が他の民族とともに居留していることで生じている難題に、いかに対処するかである。この課題はきわめて深刻で、永遠の難題と呼んでもいいほどだ。すなわち、イスラエルとヨーロッパとでは、文化、伝統、人種、宗教が全く異なるため、両者は永遠の敵対者になってしまっている。さらに最近、その敵対心がますます強くなっているので、解決案を見つけることの重要性が、いよいよ切実さを増してきているのだ。

　この事態がこのまま進行すれば、この特殊な民族と私たちの関係を何世紀にもわたって特徴づけてきた悲劇が、近い将来、また一つ繰り返されることになるからだ。

　ユダヤ人問題は、ほかに類似した例が見つからないような問題である。なぜなら、その問題が生まれた歴史的、社会的現象が独特だからだ。前の世代では、ユダヤ人を受け入れ、この問題を避けようとしたけれども、いまや、もはや避けては通れない。それは、（社会問題の中にはそれができるものもあるが）時間の癒《いや》しをもってしても、それを和《やわ》らげることさえできない性質のものだからだ。それどころか、この問題は、昨今、ますます大きくなっている。今すぐに真正面から直視し、対処しなければならない。

　それは、国家のような有機的組織の中によそ者集団がいることで生じる緊張を和らげ、まるく治めるという問題である。よそ者集団は緊張を生む。言い方を変えれば、摩擦を生むわけである。それはよそ者集団自体にとっても、その集団が寄留する組織にとっても有害である。問題は、これらの緊張を永久に和らげ、もう一度、この先ずっと、万事不自由なく治まるようにすることだ。

そのような望ましい目的を達成するには、二つの方法がある。

第一は、よそ者を排除することと、第二は、よそ者を隔離することであり、ほかに選択肢はない。

第一の排除には、三つの形がある。まずは、あからさまに敵対的な形をとること。すなわち破壊的排除である。もうひとつは敵対的な形をとるものの、破壊ほど過激ではない形、すなわち追放による排除である。三つ目は、友好的な形をとることで、（自然界や社会の出来上がる過程でもっとも一般的に認められる形だが）吸収による排除である。それによってよそ者集団は、有機的組織と区別のつかない一部となる。当初は、その組織内の障害の原因だったものが、その内部で消滅するわけである。

第二の手段は、排除することができないか、あるいは望ましくないとわかった場合の、隔離という手段である。これにもまた敵対的と好意的の二種類がある。まずは、よそ者分子の目的や欲求などは無視して、彼らを隔離することである。その隔離は、侵略された側の視点のみによる。すなわち受入れ国が、よそ者集団が生み出す緊張や摩擦といった影響をすべて遮断することである。

しかし、隔離をする側はもちろんのこと、隔離される側のことも十分に考慮し、双方の側にとって望ましい方法で隔離することもできる。この政策では、（悪い含蓄《がんちく》のある）隔離という言葉を「認知」という言葉に置き換えることができよう。

この最後の解決案を除けば、この問題のどのような解決案も実行不可能か、あるいは不道徳的か、あるいはその両方であるという考え方で本書は進められ、このような政策を唱導するために、本書は認《したた》められたのである。

すなわちユダヤ人は、ユダヤ人の側で完全に異なる国籍があることを公に認め、私たちは私たちで、その異なる国籍を平等に認める。それを保留扱いすることなく、私たちの外にある社会の一地域として尊重するのである。

この政策よりも劣る態度、あるいはこれと大きく異なる態度を取れば、それがどのようなものであれ、きっと大きな災難をもたらすにちがいないという確信をもって、本書は認められたのである。

イギリスの失敗から学ぶべきこと

第一の排除の形、破壊という方法での解決策は、道徳的に言語道断であるばかりか、実際問題としても何の利益ももたらさないことは、明白である。過去二〇〇〇年の間、ユダヤ人問題が、私たちの文明圏のいろいろな地域で、一度ならず、一般大衆はユダヤ人を「破壊」したいという誘惑に駆られてきた。二世紀のキレナイカの情け容赦のない大虐殺《ぎゃくさつ》〈注1〉から、もっとも最近ではウクライナでの殺戮《さつりく》〈注2〉まで、何度となく、そのような解決策が試みられては失敗に終わっている。

それによって必然的に、一方には怨念が生まれ、他方には恥辱というおぞましい負の記憶が残された。良識的な判断を下す人は誰でも、特にキリスト教圏の偉大な教師たちは、そのような行為を非難してきたのである。実際、それは行き当たりばったりの行為であり、とても政策と言えるものではない。それは単に憎悪を表わすだけの行為にすぎず、最終的な解決策ではない。

第二の排除の形としての追放は、理論上支持することもできるが（というのもコミュニティーはその生活を組織的に営む権利があり、その内部のいかなるよそ者も、その生活を変えたり、妨害したりする権利はないからである）、理論だけでなく実際にも行なわれている。ただし、この場合は、第一の排除よりは、ほんの一段階、不快でないというだけだ。一般的な略奪やそれ以外

〈注1〉キレナイカは、古代ギリシア・ローマの植民地で、アフリカ・リビア東部の地域。

〈注2〉ロシア語には、ユダヤ人に対する組織的な略奪や虐殺を意味する「ポグロム」という言葉がある。最初にこの言葉が世界的に有名となった発端は、一九〇三年四月、モルドバのキシニョフで行なわれた組織的なユダヤ人の虐殺である。それまでにも皇帝アレクサンドル三世と皇帝ニコライ二世の時代には、すでに極端な反ユダヤ人政策がとられ、国内の不満を逸《そ》らせる目的で、そのような大規模なポグロムがしばしば行なわれた。

原著は「もっとも最近では」と述べているので、おそらく本書が出版された一九二二年以前の数年のことを言っているのだろう。一九一七年十二月、ロシア革命後にウクライナ人民共和国（一九一七〜二一年）が独立した。その二年後の一九年三月にソヴィエト政権が樹立され、二二年十二月ソ連邦が形成されたとき、それに加わった。「ポグロム」が継続して行なわれたのはこの期間で、ウクライナの領土に浸透していった。殺されたユダヤ人市民の数は三万五〇〇〇人から五万人に上ると言われている。

のあらゆる困苦はいうまでもなく、必然的に個々の不正行為も数多く行なわれることをも意味する。その行為と、暴力やあまたの悪行とを別物と分けて考えるのは、ほとんど不可能である。一方の側にとっては恥辱とはならないにしろ、第一の排除と同じように、少なくとも怨恨という負の記憶が残る。

この追放という解決策は、それについてだけ言えば、一時的に成功するかもしれない。しかし、それは、別の地域がその追放された集団を受け入れることを、必然的に意味するわけである。排除したいと望んだユダヤ人勢力が、遅かれ早かれ、息を吹き返すということになる。

このことを示す歴史上最大の実例は、もちろん、イギリス人のとった行動である。全キリスト教国の中でイギリスだけが、この解決案をそっくりそのまま実行したのだ。強力な国王の権力があり、その治世のための高度に組織化された統治機構があり、島国であり、そして国民の目的が合致していたことから、十三世紀末になると、イングランドからユダヤ人を追放する動きが活発化した。その追放は三五〇年以上も続けられた。そしてキリスト教圏のさまざまな地域の中でもイングランドだけが、理論上はよそ者の要素がなくなったのだ。また理論のみならず、実際上もほとんどなきに等しかったのである。

しかし、私たちの誰もが知るように、長い目で見れば、その実験は行き詰まっていたのだ。十七世紀中頃になると、ユダヤ人のイングランド再入国が許されたからである。五〇〇年前、この問題解決のため、あのように徹底的な武断政策を試みたイングランドは、いまや逆に、ユダヤ人たちがもっとも強大な勢力をもつ国になったのである。

この他にもヨーロッパのあちこちで、同様の試みが並行して行なわれたけれども、このイギリスの試みほど徹底的なものはなかった。つまり、イギリスは他のどこよりも早々と失敗したということだ。しかし、いずれにせよ、そのような失敗は免《まぬか》れることはできなかったように思える。失敗につきものの道徳的な反論はさておき、そのような方策では解決案を見出せないということを、イギリス人は肌身で経験したわけである。

なぜユダヤ人だけは「吸収」されなかったのか

最後に、吸収による排除である。これはどう見ても、あらゆる方法の中で、もっとも穏健な方法であろう。それはまた大自然の中で日常的によく見られる典型的な方法である。生物界で、よそ者集団がいることで引き起こされる障害に対応せざるをえない場合がそうだ。それはごく自然であり、わかりやすいので、当然のこと、優れた判断を下す多くの人々が、その方法を採用してきたわけである。

したがって、もし過去に吸収が起こらなかったとしたら、それは私たちの側でユダヤ人に対し人為的に悪意を抱き続けてきたからか、それともユダヤ人の側が不条理なほど排他的であったからか、そのいずれかに起因すると考えるのが当然だろう。

私たちの世代の間に、ユダヤ問題に対する大衆の理解が大いに深まり、その当面の重大性もすこぶる高まっているが、今日でさえ吸収さえすれば、この事件は自然に終息してゆくものと考える人々が大勢いる。その数は減少しているものの、このような人々は、非ユダヤ人側には大勢いるのだ。だが、ユダヤ人側では、ごく少数派だと思う。吸収が起こるだろうと考えているユダヤ人でさえ、それをしぶしぶ認めているにすぎないことに私は気づいているし、大多数のユダヤ人は、プライドを持ってイスラエルがある程度生き残ることを主張するだろう。

しかし、ここでもまた、歴史は逆の方向を指し示している。実際のところ、吸収は起こらなかったのである。

好機がなかったわけではない。広範囲に及ぶユダヤ人の拡散があり、恒常的な異人種間の結婚があり、長期にわたりユダヤ人に対し寛容で友好的だった期間もあった。ユダヤ人が日の出の勢いを誇る時代でさえも、そうした動きはあったのだ。大集団が小集団を吸収できるとしたら、それは何世紀にもわたり、ユダヤ民族との関係で親密な行動をとってきたキリスト教国の状況下であった。

国家は、より大きくて激しく敵対する少数派を、次から次へと吸収してきた。アイルランド人はそれに続く侵略者を、英国人は五世紀と八世紀の海賊と、三世紀以上にわたってフランス人を、北部のゴール人は外国人の援軍部隊を、イタリア人はロンバルディア人を、ギリシア人はスラヴ人を、そしてダキア人はモンゴル人さえも吸収した。しかしユダヤ人はそのまま残ったのである。

私たちがこの史実をどう説明しようとも、その真実を否定することはできない。摂理という特別の行為によるものだろうが、私たちの知らない一般の生物学的法則、あるいは社会的律法によるものだろうが、ユダヤ人だけが、常に変わることのない自主独立体を維持し、ユダヤ人と、彼らがたえず移動しつづける社会との差別化を、同じように変わることなく維持してきたのだ。このことが当てはまるのはユダヤ人だけなのである。

過去と現在では状況が違うと言えば、このような不思議な物語を説明できると思うのは間違いである。吸収する機会が熟していた時期は、数世代、数世紀にわたって実在したのだ（実際、世界中で同時発生的にあったのではなく、今はある国、次は別の国という具合であった）。しかし吸収は一度も起こらなかった。

ある時期にはスペインで、別の時期にはポーランドで機が熟したこともあった。だが、過去三〇年の間には、自由主義的な政策が西ヨーロッパを席巻《せっけん》した、短くも素晴らしい時期があり、最良の機会が訪れていたのである。その政策は十分に功を奏した。しかしそれをもってしても、ユダヤ人は吸収されなかっただけでなく、今まで以上に差別化されたのである。そしてユダヤ人に関する政治問題は、一世紀前よりも、はるかに目を引くようになった。

紀元前二〇〇年から紀元二〇〇〇年までの、四〇〇〇年間にわたる異教の都市アレクサンドリアや、近代のニューヨークがそうだったように、いろいろな人種が混ざり合うところでは、吸収の好機が訪れていたかもしれない。中世のポーランドや近代のイングランドのように、特に友好的な態度が見られたところでは、そうだったかもしれない。あるいは逆説的だが、ユダヤ人がもっとも敵対的な扱いを受けて苦しんだ時代や場所で、まさに迫害や緊張を強《し》いられたからこそ、好機が訪れていたのかもしれない。というのも誘引によっては無理だとしても、圧力によって吸収できたかもしれないからだ。

だが、実際には、それは一度も起こらなかった。中心から離れたところで分派をたえず吸収するというのは、ユダヤ民族の寄留地ならどこでも継続的に起こっているプロセスだが、問題の主要部には何ら影響を与えなかったのである。どのような状況下にあろうと、またどのような場所にいようと、ユダヤ人集団は全体的にその強烈なアイデンティティを保持したまま、分離され、差別化されたままで残ったのだ。

人々がこの吸収という解決策を合理的だと考えるようになった理論的根拠も、歴史を通してつまびらかになった経験によって、もろくも崩れ去ったのである。歴史上の経験は、そのような解決策とは真っ向から対立するものだ。そのような吸収による解決策はありえないのだ。

唯一の解決策

そこで残っているのは、隔離という解決策のみである。不幸にも隔離という言葉には悪い意味合いが含まれているが、（繰り返しになるが）この問題や他の係争点では、私は完全に中立的な態度で用いている。

すでに述べたように、隔離には二つの種類がありうる。ひとつは敵対的で、一種の固定的な排除である。よそ者集団の要求や欲求や主張は無視し、脇へ押しやってしまうというものだ。いわば、よそ者の侵入に反抗し、異質なるものが内部にいることを憂慮する有機的組織を守るという唯一の目的のために、その周囲にフェンスを築くことである。

あるいは友好的な形をとり、相互協定の締結もありうる。双方とも避けられない現実があることを認識することが、相互利益となる。

これらの解決策は、歴史上、幾度となく繰り返し試みられてきたわけである。長期間にわたり部分的に成功した時期もあったが、完全に成功した期間は一度もなかった。必ずといってもよいほど、ユダヤ人側には不公平感が残り、受入れ側には道徳的な不安感を残したからである。

現実的で永続的な解決策は、最後の案以外に何も残されてはいない。私が本論で導き出そうとしているのも、この結論である。私たちが平和を手にするには、次のような諸条件がある。ユダヤ民族が自己のプライドと愛国心を公に表明し、そう表明することで必要な制限を課されても、それを認めるようになること。私たちは私たちで、この民族が私たちとは全く異なるものであることを率直に受け入れつつも、私たちと全く同じ善良な市民であり、私たちと同様の生存権を所有することを認めること。私たちがこの問題で虚偽に満ちた振る舞いをやめること。ユダヤ人は分離した集団であることを、私たちが恐れることなく自由に語り、認知すること。双方の側で、このような状況の諸事実が認識でき、これらの事実が意味することの必然的で必要な定義づけができること。

そのように決着できれば、両陣営（小規模だが熱心なユダヤ人少数派と、彼らがその内部で活動する大規模な非ユダヤ人社会）が見出す利点は明らかである。もしその決着が維持されれば（私はできると思うが）、問題は未来永劫に解決されるだろう。そのような解決ができなければ、他にどのような方法をとっても、問題の解決は到底望めない。もし私たちがこの方針で平和を実現しなければ、ローマ帝国が初めて統一されて以来、ヨーロッパ史を台なしにしてきた迫害の歴史が、永遠に繰り返される運命にある。

決まって同じような段階を踏む一連の周期というものがある。ユダヤ人がよそ者の社会にやってくる。最初は少人数だ。そこでユダヤ人は繁栄する。この段階で、その存在が周囲の憤慨を引き起こすことはない。どちらかと言えば、友人として扱われる。しかし、スタイルの顕著な違い（私が「摩擦」と呼んだもの）からなのか、あるいはユダヤ人の目的が受入れ側の目的と明らかに隔たっているからなのか、あるいはユダヤ人の数が増加したからか、ユダヤ人のいることで、周囲の悪意がだんだんと膨《ふく》らんでしまう（あるいは膨らんでいるのがわかるようになる）。ユダヤ人はそれに憤慨する。そして受入れ側に反発する。受入れ側は、自分たちこそ、この家の主人だと主張する。ユダヤ人はその主張に抵抗する。そして暴力沙汰《ざた》になる。

いつも同じ悲惨なサイクルの繰り返しなのである。最初は歓迎。次に不安が増大し、それを半ば意識しはじめ、不安が高まり絶頂に達する。最後に、悲劇的結末を迎え、大惨事が起こり、凌辱《りょうじょく》、迫害、大虐殺まで発生する。

その結果ユダヤ人は、迫害された場所から、ユダヤ人についてほとんど何も知られていない場所へ亡命する。そこはユダヤ人問題が皆無であるか、あっても忘れ去られている新天地だ。再び、最大限の歓迎を受ける。ここでもまた、一定期間にわたり友好的に交じり合った後、やがて周囲の不安が増大し、半ば意識されるようになる。次にそれが激しくなり、新たな爆発へと至る。そしてまた致命的な過程が繰り返される。

この運命の輪が悲劇的に回転しつづけることを止める意志が私たちにあるならば、私が提唱する方法以外に、採るべき道はないように思える。この方法に対しては、さまざまな根強い反対があるが、結局、どのような反対にせよ、その理由を分析すれば、ある種の「虚偽」の形へと単純化することができる。

この「虚偽」は、ユダヤ人問題があることを否認したり、それに対して沈黙したり、公的な交際では友好的な感情を抱いているように装うが、私的な交際での身振り手振りや声の調子をよく見れば、それが嘘だとばれるような形をとる。あるいは、その問題を場違いな言葉で定義したり、本質的に国家の問題なのに、それが本質的に宗教の問題だと公言したりするような形をとる。中でも最悪なのは、まさに真実を述べた後で矛盾《むじゅん》を述べるという近代的な虚偽かもしれない。人は愛国者であると同時に超国家主義的でもありえるという、いかにも近代的な虚偽だ。

ユダヤ人の場合、この近代的な虚偽の態度は、次のような形をとる。ユダヤ人は私たちと全く相容れず、全く異なっていることを認め、そのように語り、そのように文章に認める。それにもかかわらず、別の関連では、まるでそのような著《いちじる》しい差異などないかのように語り、そのように文字にする。だが、そのように矛盾の帳尻を合わせるふりをするのは、魂の底から嘘をつくことである。そのようなことをすれば、直接に処罰が下されるのだ。嘘に満足している者は、分別を失っているからである。

ここで私が提案した解決策に対して、今までに受けた反論は、どれも虚偽の精神から生まれた反論である。もしこの論争を真摯《しんし》に道徳的に解決することを支持する議論が他にないならば、「真理」に基づいたその唯一の議論で十分だと私は思う。

ユダヤ民族がいて、私たちと相容れないため、苛立《いらだ》ちがあるというのは、社会的真実である。国外追放やそれ以外の手段は、救済策として避けるべきだというのは道徳的真実である。これらの解決策がいつも最終的には失敗に終わったというのは歴史的真実である。これら三つの真実を認識することだけが、私たちの誤りを正すことになろう。

以上が、本書の主たるテーゼである。だが、その精神全体をご理解いただくには、さらに付け加える必要がある。その追加分は最終章で述べることとする。

私の提案する解決案が正しいとしても、まず新しい法律を作り、そこから新しい精神が育つことを期待するという形をとるべきなのか、それとも、まず新しい精神と実践という形をとってから、新しい法律が生まれるのを待つべきなのか、まだ決められていない。それは根本的に重要な順序であるから、それを勘違いし、原因と結果の正しい順序を逆にすると、すべての社会改革が失敗する原因となる。

本書を最後まで辛抱強く読んでくださった方々はよくおわかりになるだろうが、最後の数ページで私は「第二」の政策を力強く提唱した。私たちの社会で、ユダヤ人に敵対する流れが急速に強まっていることを考えると、不幸に至らないような新しい法律の枠組みを作ることは不可欠だろう。

しかし、ユダヤ人のことを堂々と語り、ユダヤ人はユダヤ人で私たちの中で異なった国籍をもつことで生じる結果を認め、その意味を明らかにし、そして受け入れるという雰囲気を作ることができ、そしてその後で、そのような精神がいったん確立されれば、それに合致するような法律や規則は後から自然についてくるだろう。

この過程を逆にすれば、イスラエルにとっても私たち自身にとっても、まずは混乱が起こり、その後は大失敗に終わるだけだと確信している。

第2章　問題の否認

ユダヤ人問題は存在しないとする態度

摩擦は存在しないとする人々

あちこちに寄留するユダヤ人と、彼らとともに生活する人々の間には摩擦が生じており、だんだんと激しくなっている。この摩擦から、過去には恐ろしい結果がいくつも生じてきた。それはユダヤ人にとって恐ろしいだけでなく、私たちにとっても有害だった。したがってこの問題は、直接的であり、現実的であり、重大である。問題解決は緊急を要するのである。

ところが私がこう申し上げると、そのような問題など存在しないと、はなから否定されてしまうことがある。今日、もっとも優秀な人々の多くが、イスラエルと私たちの世界を分かつ深い溝の両側で抱いている態度も、そのようなものである。

論を進める前に、これについて応《こた》えておかなければならない。というのも、もしその態度に確実な根拠があるのなら、また現実に何の問題もないのなら（無知や悪意から生じる問題を除いて）、何の解決策も必要ないということになる。私たちは、無知な人々を啓蒙《けいもう》し、悪意を抱く者を鎮圧するだけでよい。

私はここで、大多数の人々が、十分に真実を知っているのに知らないふりをして、偽善を行ない、恐怖を抱いていると示唆《しさ》しているのではない。ユダヤ人問題など全く存在しないと、本心から思い込んでいる人々がいまだに多くいること、特に古い世代の人々にそれが見られることを指摘しているのだ。

一定の考え方をする人の中には、ユダヤ民族というものは存在しないと正直に否定する人がいる。したがってユダヤ民族と受入れ側の間に摩擦などあるはずがないし、そのような摩擦は幻想であるという。ならば、そのような考え方を検証してみよう。

それは十九世紀によく見られた態度だった〈注1〉。そのような態度こそ、もっとも満足がゆくものとした当時の政治的ムードにも合っていた。それは、ユダヤ民族を認知しないままにするという否定的な態度である。単一の市民しかないという虚構をでっちあげ、ユダヤと寄留する社会への二股の忠誠が要求されるユダヤ人の現実を見ないようにする態度である。ユダヤ人がこの地上を放浪し、たまたま寄留した社会がどのようなものであれ、また滞在した時期がいつであれ、ユダヤ人はその社会の完全な一員であると見なす態度である。そのような態度は、政治の側からすれば、「近代思想」と呼ぶものに、ぴったりと合致するものだった。フランス革命の大物たちが提案した学説も、その類《たぐい》のものだった。

自由主義のイングランド、すなわちヴィクトリア時代のイングランドを支配した政財界が、こぞって受け入れた態度も、そのようなものだった。かつての私たちの西洋文明圏であまねく

〈注1〉ベロックが念頭においているのは、本章でも言及されているように、世界で優位を保っていたイギリスのヴィクトリア時代（一八三七〜一九〇一年）に国内で発達した自由主義のことであろう。政治では自由党と保守党による政党政治が行なわれ、一八六七年と一八八四年に議会改革が進められ、政治の民主化が進展した。この思想・運動では、社会のあらゆる領域において、個人の権利や自由を重んじることを基本とする。その立場を代表する思想家としては、ロック、ルソー、アダム＝スミスらが挙げられよう。ベロックがこれを十八世紀のフランス革命との関連で論じるのは、このような市民革命の成立と、資本主義の興隆とともに自由主義が発達したからである。

例外なしに支持された政策も、そのようなものだった。それは、西洋が実際に東側の諸国に押し付けようとした態度でもあった。そのような態度への信頼は急激に失墜していき、それが最終的にどのような結果を招いたのかは、ヴェルサイユ条約の一定の諸条項を見ればわかるはずである〈注2〉。というのも、それは、今でも、西洋の私たちの諸政府が、こぞって公式に表明している態度でもあるからだ。

ヴェルサイユ条約や、第一次世界大戦後の条約では、東ヨーロッパのユダヤ人は一種特別の保護下に置かれていたが、裏表のない根本的な解決策が採られたわけではなかった。うっかり口を滑らして「ユダヤ人」という言葉を使わないよう、「少数派」という言葉に置き換えられたけれども、その意図は明白だった。その根底にある裏の意味はこうだ。

「私たち西洋の諸政府は、ユダヤ人問題など存在しないといっている。ユダヤ民族という考え方は妄想であり、ユダヤ人はポーランド人やルーマニア人と違っているところがあるとする考え方も、異常な執着心のなせる業《わざ》である。東側のあなた方がこの問題で相変わらず無知蒙昧《もうまい》な態度でいるならば、私たちは、あなた方が無知や強迫観念にかられて迫害へと走らないようにするだろう」

ところが、このような宣言をしたその同じ人々が、パレスティナに一際《ひときわ》目立つユダヤ人国家を、一から新しく設立しようと着手したのである。しかし彼らは、その背後では、近代的武器をふりかざし、非ユダヤ人の多数派を情け容赦なく抑圧するぞと言って脅しているのだ。

どちらの行為も、私が説明したように、混乱状態にある立場が招いた結果であった。ヴェル

サイユ条約をまとめた下院議員の中には、そのような裏表のある立場を、心から当然のことだ

〈注２〉ベロックがここで指摘しているのは、虚構と現実との乖離《かいり》の問題である。それはヴェルサイユ条約の平和原則を遵守することを建前とする、西洋諸国の裏表のある態度にも当てはまり、結局、ヴェルサイユ体制への信頼が失墜してゆくことになる。

　ベロックが指摘する「ヴェルサイユ条約の一定の諸条項」とは、一九一八年一月八日、アメリカ大統領ウィルソンが提唱した十四カ条の平和原則であろう。これは、第一次世界大戦の講和原則、ひいては大戦後に実現されるべき国際秩序の構想を全世界に打ち出したものだったが、事前に英仏との相談なしに創案されただけでなく、観念論的な理想論で現実的なものではなかった。

　たとえば、第五条の「植民地問題の公正解決」と第一〇～一三条の「民族自決」の一部承認を見れば、その矛盾《むじゅん》が明らかになる。それはヨーロッパと非ヨーロッパの区別なく、植民地を含めた領土・民族の強制的「併合」を否定し、民族自決の全面的承認を規定するものだった。この「植民地政策の廃止」と「民族自決」という原則は、すべての帝国にとって理想主義的であり、表面上は誰にとってもすこぶる都合のよいスローガンであった。しかし、同じ連合国で植民地大国であった英仏は、表向きは賛同の意を表わしても、自国の大英帝国を解体するつもりもなければ、フランス植民地をあきらめるつもりもなかったのである。彼らにとっての植民地の解体は、連合国側と敵対する旧ドイツ帝国・オーストリア・ハンガリー帝国・オスマン帝国の領土に限られていたのだ。

　ベロックの言う「西洋が東側の諸国に押し付けようとした態度」を、ヴェルサイユ条約をはじめとする一連の講和条約のコンテクストで捉えれば、この民族自決原則の虚構と現実ということになろう。この原則が適用され独立を認められたのは、東欧・中欧諸国のみであり、その一方で、同じドイツ領でも、アフリカ・太平洋島嶼《とうしょ》部の植民地は英仏日の委任統治領とされ、現実には戦勝国の植民地となったからである。↓

と考えている者たちが何人かはいたのだ。またそうすることがすべてにとって個々の利益にもかなうと感じていたことも確かだった。それは、ユダヤ国家の認知がユダヤ人にとって都合が悪いときにはユダヤ国家がないといい、ユダヤ人にとって利益になりうるときはユダヤ国家を大いに認めるという立場でもある。

このような二重の裏表のある立場を擁護した者たちが、そうする理由はさまざまである。それは、ユダヤ人に対する見方にも、程度の差が大きいことだと考えてよい。その立場は、教育を受けたフランス人、イギリス人、イタリア人の大多数が、つい最近まで抱いていた態度だった。いわば、それは議会政府やそれに対応する諸機関を持つ西ヨーロッパの公式の政治的態度であったのだ。

その意見のもっとも極端なものを挙げるならば、ユダヤ人は特別の宗教を持つ市民以外の何者でもないと言う人々がいる。状況を支配するのはカトリックかプロテスタントだろうが、それよりも小さな宗教団体や熱心な少数派も含まれている。多かれ少なかれ無関心な多数派とともに、彼らも数に入れておかなければならない。カトリックのフランスには、裕福なユグノー教徒という少数派が5％いた。プロテスタントのイングランドには、貧しいカトリック教徒の少数派が7％いた。プロテスタントのオランダには、カトリック教徒の大規模な（三分の一を超える）少数派がいた、といった具合である。

十九世紀の思想では、宗教的な相違を国家の問題とするのは、唾棄《だき》すべきことだった〈注3〉。大多数の人々は、ユダヤ人というものを人種としてではなく、宗教としてだけ考えていた。そのように彼らは宗教全体を考えていたので、宗教の影響によって市民権が縮小されることなどまずありえないと結論づけたのである。

このようにユダヤ人問題を宗教だけで捉える立場の対極には、こうした要領を得ない事態の解決策では、きっと最後に決定的な困難が生じるということを熟知している公人がいた。これらの人々は、ユダヤ人を全く別個の民族と見なしていた。そしてその民族性は、受入れ側の国民的要求とはぶつかり合うものと考えていた。ユダヤ人の民族性に対しては敵意さえ（非公式に）表明していたのである。

それにもかかわらず、公的な場では、彼らは、あたかもユダヤ人の民族性が存在しないかのように扱わねばならないと思っていた。私信や私的な会話では、ユダヤ人問題は宗教問題ではない、国家的な問題だと語気を強めていたにもかかわらず。彼らが言うには、それでも今日で

↓最後にユダヤ人が特に興味を持ったのも、この十四カ条にもりこまれた「民族自決」の平和原則であった。これは、それぞれの民族は自らの運命を自ら決するべきであるという考え方であり、少数民族でも独立と自治の権利を持てることを意味する。ユダヤ人は、これによってパレスティナに祖国を樹立することを約束したバルフォア宣言が保障されたものと読み取った。またパレスティナが戦勝国のイギリスに委任統治されることになったのも、ユダヤ人を楽観視させた一因であった。その意味で、ユダヤ人はこの十四カ条の支持者だったと言えるだろう。

〈注３〉当時の自由主義では、信教の自由、良心の自由、思想の自由に代表される個人の内面的自由は、国家や政府など、自己以外の外在的権威による束縛《そくばく》や圧迫などの侵害から守られなければならないと考えられていた。

はその問題を虚構で覆《おお》いかくし、宗教以外では、ユダヤ人も他の人と全く同じであるようなふりをすることが必要なのだと。それ以外の解決案となると、これも彼らの言うには、どれにしても、一般大衆には理解が難しい知識が必要となると。さらにまたユダヤ人はあまりにも勢力が強いので、もし彼らがその虚構を維持したいと望めば、同調されるにちがいないと。

いずれにせよ、このごまかしに対しては、少なくとも私たちの時代で有効な手段を講じなくてはならないのである。

迫りくる危険

今やすでに西ヨーロッパの至るところで、ユダヤ人に敵対する態度がすこぶる強力になっている（一部は十九世紀的立場に対する反動である）。それなのに、この問題に対して、いまだにユダヤ人種を否認したり、その存在を無視したりするといった旧態依然としたやり方を講じるのは、道徳的に憎むべき行為であろう。

また今になって私たちが不思議に思うのは、どうしてそれが普遍的な支持を得たのかということだ。もちろん、それには意識的な虚偽もしばしば含まれていた。それはまた威厳にも欠けていた。ユダヤ民族の存在を否認するのは、私たち自身をも否認するようなもので、どこか異様なところがあると、私たちの世代には思えるからだ。しかし、その虚構はまじめに維持されてきたし、その異様で威厳を欠いた側面が気づかれないままで来たのである。そのことを自分で確かめたければ、その虚構を維持し、いまだに私たちの間でそれを主張する古い世代の人と、二、三分ほど言葉を交わしてみればよい。

少なくとも実業界の指導者階級の間では、その虚構がさらにもう一世代にわたって流行しつづけたかもしれないのだ。しかし、それを崩壊させた二つの新しい進展があった。二つがそれぞれに進展したのは、非常に大きな寛容的行為のもたらした結果であった。最初の進展は、数の増加であり、二番目は影響力の増加であった。旧来の虚偽が著《いちじる》しく浮き彫りにされ、その古くて異様なものが白日のもとに曝《さら》されたのは、西洋全土でユダヤ人の「貧民」が激増し、それとともにユダヤ人富豪が公の場で行使する権力も激増したからだった。

人々は、街路でも政府の庁舎内でも、至るところでユダヤ人の姿を見かけない日はないのに、ユダヤ人がいないふりをすると誓った自分に憤りを覚えるようになった。虚構が成り立つのは、ほんの数人の金融家が上流社会の中に紛《まぎ》れ込んで埋没しながら関わっているときだけだった。ロンドン、マンチェスター、ブラッドフォード、グラスゴーに広大なユダヤ人のゲットーが新たに出現し、ユダヤ人の大臣やユダヤ人と混血の大臣、総督、大使が名簿に夥《おびただ》しく名前を連ねているのを目の当たりにすれば、もう虚構など成り立たないことは、明らかだった。

私が十九世紀的態度と呼んだもの、すなわち自由主義的な態度に対する軽蔑と苛立ちは、すでに十九世紀末を迎える前から明らかに表面化していた。イングランドの南アフリカ戦争からフランスのドレフュス事件までの間は、まだそれがほそぼそと囁《ささや》かれていた程度だった。

今世紀に入ってからの数年間で、特に議会のスキャンダルとの関連で、それは声となって発せられるようになった。ボルシェヴィキ主義者が一九一七年に蜂起すると、かしましく騒ぎ立てられるようになった。その声は、この先もきっと大きくなるだろう。私たちの中には、ユダヤ人の利益に反する行動に出ようと、すでに準備を整えている手ごわい少数派がいる。その少数派はいつでも姿を現わし、敵意に満ちた意見を、洪水のように放出するだろう。

実験は必ず行き詰まる

ますますもって私たちは、時代遅れの中立性や虚構に、適正に対処しなければならない。今、私たちは虚構をしぶしぶでも退けなければならないと思うのだが、退ける前に、虚構の弁明として言えることはすべて書き留めておくべきだろう。「しぶしぶ」と申し上げたのは、虚構といえども、それは偉業を成し遂げた私たちの父親の世代に定着していた風潮であり、それを捨ててしまえば、父親たちの顔に泥を塗ることになると思うからだ。しかしながら、私たちの不安など、どこ吹く風と思っている年配者も、いまだに山ほどいるわけである。

まず第一に、西洋では、ユダヤ人をユダヤ人として扱うのではなく、ユダヤ人以外の人々と同じ一般市民として、すこぶる上手に扱っていた時期があったことを思い出さねばならない。たとえば、一八三〇年から一八九〇年に至るまで、平均的な教育を受けたイギリス人やフランス人やイタリア人、そしてドイツ人でさえも、ユダヤ人問題を意識することはなかったと言ってよいかもしれない。イングランド、フランス、イタリア、そしてそれ以外の西洋諸国にいるごく少数のユダヤ人集団といえば、一般人の意識としては、ただ漠然と富を連想しただけだった。そのユダヤ人の大部分が、種々の公共事業で頭角を現わしていた。その多くは慈善事業にも従事していた。そのような人々がいても、おそらく政治的な障害にはなりえなかっただろう。少なくとも当時はそう思えた。

東ヨーロッパから伝わってくる迫害の物語や、そこのユダヤ人の大集団と彼らの寄留する諸国の人民との間で生じた摩擦の実例でさえも、西洋では、完全に文明化されていない常軌を逸した人々のなせる業だとして、嫌悪感をもって受け取られたのである。

ユダヤ人の数がもっと多く、ユダヤ人のことがはっきりと知れわたっていたライン川流域でさえ、もっとも文明化された西洋の慣習が受け入れられていた。この問題では、フランス革命の純粋に理論的な概念や学説が、すでに行き渡っていたのである。

ここで歴史的感覚のある読者なら、私が先ほど引き合いに出した時代のスパン（一八三〇年から九〇年まで）は、短くて話にならないと直ちに指摘することだろう。非常に重大な政治問題となると、数世紀も歴史を遡《さかのぼ》るわけである。その問題をどのように扱うにせよ、たった六〇年間足らずでは、うまく対処できたとしても、その後に崩れ始めるというのでは、何の解決策にもならないからだ。しかし私なら、この時期は特に遠近感をもって歴史を俯瞰《ふかん》する視点が失われていた時期だったと答えるだろう。十九世紀の人々は、高い教育を受けた人々でさえ、歴史という絵画の前景だけを非常に強調したのである。

当時の学校の学習指導書を見れば、そのことに気づくだろう。ローマ帝国の礎《いしずえ》が築かれたまるまる四世紀にも及ぶ歴史は数行に、暗黒時代は数ページに、中世の一大絵巻は二、三章に圧縮されている。膨大な指導書の大部分は、判で押したように最後の三世紀の記述に割《さ》かれている。その中で十九世紀は、それ以外の世紀をすべて一緒にしたものと同じくらい重要と見なされているのだ。

この誤った歴史観は、それ以外の政治思想のどの分野でもはっきりと見て取れる。たとえば、資本主義、巨額の国債、匿名《とくめい》での金融活動などが全盛を極めはじめるのは、十九世紀も三分の一を過ぎてからだった。誰でも、この社会が極端に不安定な性格を持っていることに気づいただろう。しかし私たちの父親は、物事が永遠に変わらない状態にあることを、当然のことと見なしたのである。鉄道株券を一〇万ポンド持っているヴィクトリア朝の人々は、十分な収入があるので、家族は永遠に安泰だと思いこんでいた。父親たちは、資本主義についての考え方が、新たに発達した個性のない新聞、国境、議会、そしてそれ以外のすべてのことについての考え方にも同じように当てはまると考えていた。そのような誤った永続感と安定感の影響を受けていたとしたら、私たちがここで論じている最重要な問題でも、歴史的見通しを喪失しているとしても何の不思議もない。

しかし、私がユダヤ人に対する十九世紀的、あるいは自由主義的態度と呼ぶものが、ごく短期間だけ（少なくとも西ヨーロッパでは）うまくいったという主張があることは別にしても、過去には、ずっと長期間にわたり、うまく行なわれていたという事実もある。

たとえば、アムステルダムのような街でのユダヤ人の地位を例にとってみよう。ユダヤ人の数はすこぶる多かったけれども、ユダヤ人を他者と全く同じような市民として受け入れること、すなわち、ユダヤ人の独立した民族性を否定する虚構が、その社会では何世代にもわたって維持されてきたのである。そこでは双方とも、平和とはっきりとした満足感を得ることができた。今日のアムステルダムに当てはまることは、これまでもっと長い期間にわたり、数多くのコスモポリタン的な商業社会で営まれてきた生活にも当てはまる。特にヴェネツィアの共同体、そしてローマの共同体にも大いに当てはまる。フランクフルト、リヨン、そして特別の時代における一〇〇都市の共同体もそうだった。同じことが何世代にもわたり、ポーランド全土についても言えた。

このリストには、際限なく付け加えられるかもしれない。しかし、誰かが書いていたように、長い目で見れば、この実験は必ず行き詰まるという不愉快な結果が、常について回る。

この十九世紀の自由主義的な態度に対しては、次のような強力な主張も可能であった。つまり、結局のところ、その態度は、一方の側のイギリス人、フランス人、イタリア人などにとって申し分のないものに思えるし、確かに何の危害も及ぼさない。それと同時に、ユダヤ人の側にとっても非常に受け入れやすかったということだ。ユダヤ人たちは、少なくとも自分にとって深刻な現実問題になるとわかっていたことに対しては、いつも原則として、このような特別の処置を受け入れていただけでなく、歓迎もしていたのである。というのも、ユダヤ人には他の誰にもわからない人種的な記憶があるからだ。このように申し合わせをすることで、ユダヤ人がユダヤ民族の歴史（どのユダヤ人もはっきりと意識している）を経験したがゆえに、熱烈に望むようになった安全が、すべて与えてもらえるように思えたのである。

この虚構によってユダヤ人の「正義」感も満足したことを付け加えるべきだと私は思う。実際にそのような特別扱いを受けて当然だとユダヤ人が感じていることが、私たちが検証している問題の決して小さくない部分なのである。この特別な扱いがないと、ユダヤ人は不利な条件下に置かれていると感じてしまう。ユダヤ人の見方からすると、このように保護されて、ようやく潜在的な敵意がもたらす不利益を被《こうむ》らなくて済むのである。だからユダヤ人は、どのような共同体にたまたま滞在することになっても、世間はこの完全な市民権という唯一の特権をユダヤ人に与える義務があると同時に、自分たちはユダヤ国家での完全な市民権も持ち続けるものと確信しているのだ。

ユダヤ人がもっとも欲したもの

さて、どのような衝突があっても、一方の側にうまくいきそうな解決策があり、実際に片方の側もそれを歓迎するとしたら、その解決策は、そう軽はずみに無視されてはならない。

たとえば、ある土地の所有者とその借地人とが、畑の長期賃貸契約をめぐって言い争っているとしよう。借地人は名目上の所有権には無頓着だが、借地契約は絶対に守られるべきと考えている。土地所有者は長期にわたる賃貸契約には全面的に同意しているが、名義上の所有権を保持することには熱心だとする。そうならば、この言い争いは簡単に解決できる。借地人の地位に対しては「所有者」以外の名称をつけ、その一方でその現実的な要求はすべて満足させてやれただろう。そのような地位と十九世紀を特徴づけた解決の試みとの間には、大まかだが類似点がある。

ユダヤ人が望んだことは、自分がイギリス人や、フランス人や、イタリア人や、オランダ人と呼ばれる名誉的な特権を与えられることではなかった。このことについては、ユダヤ人は全く無関心だった（というのもユダヤ人はユダヤ人であることを誇りにし、ユダヤ人に対してのみ忠誠を尽くすからである。さらにいつ自分の住居をたたみ、別の国へ永久逃避するかもしれないという思いも強かった）。ユダヤ人は、他人と全く同じ人間だと感じたいのではなかった（それはユダヤ人にとって不愉快なことだった）。

ユダヤ人が欲したのは安全だった。それは人間なら誰しも求めてやまないものであり、すべての人々の中で、ユダヤ人にもっとも欠けていたものだ。ユダヤ人は、たまたま寄留する場所で安全だと感じる保証がほしいのである。他方、受入れ側には、この要求を聞き入れても、まだ何の現実的な不便もなかった。それに受入れ側は、反対するための歴史に基づく論拠も知らなかったし、そのようなことをしても価値がないと思っていたのだ。彼らは、過去は野蛮《やばん》で、自分たちの行為の模範にならないと思っていた。だから妥協が成立し、虚構がしっかりと構築されたのである。ユダヤ人は、ユダヤ人のままであったが、ハンブルグではドイツ人となり、パリではフランス人となり、ニューヨークではアメリカ人となって、あちこちを渡り歩いた。生涯にわたって長く生活するにつれ、その存在を無視するという虚偽の習慣がますます悪化していることは、誰も感じていなかったのである。

この政策を支持する第二の論拠は、その政策が多くの考え方を参考にしたという事実である。どの考え方も、私たちの先祖が、いつかの時代にそれぞれの流儀でその問題を扱おうと何度も試みた（しかし失敗した）中で、当然のことと見なしてきたものだった。

しかしユダヤ人とヨーロッパ人の違いがもっとも際立っていた時代や場所でさえ、過去の立法行為のやり方は旧態依然として、まさに宗教という一点だけを拠《よ》り所にするものばかりだった。宗教が政策の試金石になることは何度もある。初期の時代、十五世紀のスペイン、シャルルマーニュ大帝支配下のガリア、中世初期のイングランド、ビザンティウム、そして今日ユダヤ人がのべつまくなしの干渉にさらされている東側の諸地域。これらすべての中で例外的だったのは、自分の宗教を捨てたユダヤ人に対する対策だけだった。そしてユダヤの民族性には触れないままだった。

今は存在しないが、プロイセン軍の将校団のようなわかりやすい近年の実例を引き合いに出せば、ぴったりするだろう。ユダヤ人は何人《なんぴと》たりとも将校に任官することができないというのが、賢明なプロイセン連隊で慣例となっていた規則であった。このプロイセンの制度では、実際問題として、将校任官権は現存する連隊参謀本部の構成員に委《ゆだ》ねられていた。彼らは軍隊で同じ釜の飯を食う者たちをクラブの一員のように扱い、ユダヤ人を除《の》け者扱いにしていた。しかし、彼らは「キリスト教の洗礼を受けた」ユダヤ人は認め、そうした人々も相当数いた。そのユダヤ人たちは洗礼を受けたので、ユダヤ人の民族性が薄まったのだろうか。だが、これまでどの時代でも、近代の改革者たちが欺瞞《ぎまん》の一種であり、真の政治的解決を覆い隠す仮面だと指摘する、そのような宗教的な基準が採用されてきたのだ。

近代の解決では、宗教による分離が試みられなかったのは事実である。それどころか十九世紀の自由主義的思想では、このような分離はことごとく忌み嫌われた。だが、古い流儀とは、次の点で共通しているのだ。すなわち、宗教が興味の焦点となったことであり、その結果、国籍と忠誠という、もっとも現実的な点が覆い隠されたということだ。

ユダヤ人の市民権

パーマストン子爵〈注4〉は、イギリス国籍でギリシア系ユダヤ人の寝台の台〈注5〉がいかに大切なものかについて有名なスピーチをし、当該のギリシア系ユダヤ人はイギリス市民だと主張した。パーマストン子爵は「ユダヤ人」という言葉を使わないように注意し、スピーチの間中、問題のギリシア系ユダヤ人は、自国のイギリス人の同胞であるかのようなふりをしたが、キリスト教への回心を条件にユダヤ人が公職に就くことを認めた五世紀のスペイン人司教とは、雰囲気が全く異なっていた。しかしこの二人は、どちらもユダヤ人を他国の国民と見な

〈注4〉第三代パーマストン子爵、ヘンリー・ジョン・テンプル（Henry John Temple, 3rd Viscount Palmerston　一七八四〜一八六五年）。イギリスの政治家、貴族。自由党（ホイッグ党）に所属し、三期にわたる外務大臣、二期にわたる首相（一八五五〜五八年、五九〜六五年）を歴任した。

〈注5〉本文の「ギリシア系ユダヤ人」とは、アテネに住む英国籍のドン・パシフィコ（Don Pacifico）のこと。一八四七年、ギリシア人に邸宅を焼かれて財産を奪われた。三〇万ポンドの賠償金をギリシア政府に要求したが、ギリシア政府はこれを拒否したため、パシフィコはイギリス外務省に助けを求めた。その中には、大切にしていた寝台の台も含まれ、それに対し一五〇ポンドの賠償請求をしたのである。

しておらず、それぞれに〈全く違った理由で〉一宗教の信者にすぎないと見なしているという共通点がある。

パーマストンが有名なスピーチを行なったその寝台には、今でも「我はローマ市民なり」（Civis Romanus Sum）〈注6〉という一文がついている。このギリシア系ユダヤ人は、パーマストンにとって何にもまして同胞市民であった。パーマストンにしてみれば、この男の祖国がギリシアだったため、本当にイギリス人なのか、素性が疑わしく思えたかもしれない。しかし、たまたまユダヤ人だったので、きっとイギリス国籍をもっていることを疑わなかったのだろう。そのようなことは、パーマストンにとって個人的意見の問題にすぎないと思えたのだろう。彼がこの個人的意見という理由のため、ユダヤ人をよそ者と見なさなかったのは、英国で彼の下院議員仲間が茹《ゆ》でたマトンよりもローストしたマトンが好きだからといって〈注7〉、彼らをよそ者とは見なさないのと同じである。

では、これとは別の十九世紀の自由主義的思想の観点から眺めてみよう。それは市民権の認知である。過去に試みられた解決案では、この認知が何度も繰り返し行なわれてきた。これはまさにローマ方式の神髄だった。というのもローマ帝国政府は、もろもろの現実や不朽の任務にあまりにも関心を持ちすぎていたので、この問題で虚構を受け入れたり、現実の問題としてユダヤ人はユダヤ人でないふりをすることなどできなかったのである。しかし、ローマ人はただちにユダヤ人と自分たちの間に溝があることに気づいた。ユダヤ人に残虐な振る舞いをしたからその溝に気づいただけでなく、ユダヤ人にいろいろな特権を与えることによっても、溝があることに気づいたのである。しかしながら、第一の栄誉として「市民権」を認めることが、ローマの常套政策だった。ローマ法廷の立場からユダヤ人による完全なローマ市民権の主張を

〈注６〉このラテン語の"Civis Romanus Sum"（「我はローマ市民なり」）は、キケロが紀元前七〇年の演説集で、ローマ臣民の合法的権利を訴えたときに用いた表現である。新約聖書では、投獄された使徒パウロが裁判にかけられたとき、カエサルの前でローマ市民として裁判を受ける権利を主張するのだが、その際にも同様の表現を用い、ローマに連れてこられるまで裁判は延期されたという歴史がある。ドン・パシフィコ事件のころ、イギリスはイオニア諸島の領有問題でギリシアと争っており、この機に乗じて、イギリス艦隊をピレウス港に派遣し、パシフィコの要求に応じるようギリシア政府に圧力をかけた。パーマストンがこの表現を用いたのは、ギリシア包囲の決意を説明するために招聘《しょうへい》されたときであり、一八五〇年六月二十五日のイギリス議会での演説では、世界のイギリス臣民は、ローマ帝国のローマ市民のように大英帝国によって保護されるべきだと主張した。

〈注７〉たとえば、イギリスで日曜日の昼に家族が揃《そろ》って食べる家庭料理の定番「サンデー・ロースト」は、ビーフやチキンも使われるが、ラムの固まり肉をローストしたものも多く使われる。西洋料理でいう「ロースト」とは、直火で炙《あぶ》ることを言うこともあるが、オーブン（天火）で蒸し焼きにすることを言う場合も多い。この料理法をつかったものをロースト料理というならば、これ以外にもイギリスのロースト・マトン料理として、マッシュポテトを生地とし、羊肉をつかったミートパイである「シェパーズパイ」（コテージパイ）や、伝統的な羊肉料理の「ランカシャー・ホットポット」もこの範疇《はんちゅう》にはいると言える。ランカシャー・ホットポットはシチューに似た「ごった煮」のように見えるが、ラム肉や羊の内臓、玉ねぎ、にんじんを材料ごとに層になるように入れ、その上にスライスしたジャガイモを並べてスープを注ぎ、オーブンに入れて低温でローストしたものである。

重要視したのは、ユダヤ人としての社会的能力よりも、ローマ市民としての能力があったからである。近代の俗語でいうように、ユダヤ人の「急所」は市民権であり、ユダヤ教ではなかったのだ。この解決策には、私たちヨーロッパ民族がこの問題を解決しようとしてこれまで行なってきた種々さまざまな試みと、通じるところがあると申し上げたいのだ。

国際金融を支配する最重要人物

自由主義的な虚構を強く支持する論拠が、もう一つある。その虚構はつい最近まで試みられ、うまく成立したと思われていた。それは近代の慣習や法典の全体と、近代の商習慣や社会習慣全体とが一致する虚構にもなっている。

私たちは頻繁に旅行をし、交際の機会も非常に多い。私たちの経済活動は非常に複雑であり、連動し合い、そして大抵は秘密裏に行なわれるため、秘密以外の方法でユダヤ人と知りあうのは、今まではならとんでもない時代錯誤だと思われていたことだろう。会うのなら直接に堂々と会うのではなく、ユダヤ人の友人の友人として会わねばならない。ユダヤ人が移動する一般社会の正規の一員として扱わねばならない。ユダヤ人は、西洋社会の至るところに入り込み、至るところで富裕階級のヨーロッパ人と結婚しているので、ユダヤ人の面前でそのユダヤ人には別個の国籍があるように主張するのは、忌むべきことだったろう。賓客《ひんきゃく》を家庭に呼んでおいて場違いな思いをさせるようなものだからだ。

おまけに西洋諸国では、それよりもはるかに数多くの富裕階級や支配階級の人々がいるわけだが、これまで人種の違いは彼らに目に見えないよう隠されてきたので、忘れられたも同然の状態になっている。時々、突発的な事件が起こり、人種問題が蘇《よみがえ》ることはあった。たとえば、あるイギリス人の大地主には、結婚して親類になった人がいたが、その親類のユダヤ名や血統をそれまでも気にしたことがなかった。ところがその人が、反ロシア帝国の陰謀に巻き込まれた、全く別の名（東側の名）を持つ人物の親密な縁者であることに気づいたという。あるいは、最近夕食をともにした学識ある大学教授が、ウィーンの社会主義運動家の叔父だったと知って驚いたという話もある。しかしその衝撃は一過性のもので、まもなく昔ながらの平穏な気持ちに戻ってしまった。

金権主義が成長するとともに、同じ共同体の中でも、ユダヤ人をユダヤ人以外の人々と分離した個人として扱うという変則的な慣例も増加した。誰もが認めるように、国際金融を支配する最重要人物はユダヤ人だった。ユダヤ人には国際的な地位があるので、私たちの時代に国際的な経済事業を行なうには、ユダヤ人は常に役に立つし、しばしば必要な存在でもある。近代の資本主義では、どこでも匿名を使うことが当然と見なされるようになったので、どのような特殊な事業にせよ、独立したユダヤ的要素を探し出すのは愚かなことであり、あるいは不可能なことのように思える。またそのようなことをするのは、いつもきわめて異例であり、多分、無駄骨だと思えたことだろう。

同化する特異な能力

最後にこの、ユダヤ人の存在を意識におかないという自由主義的な政策には、もう一つ論拠がある。その論拠とは、ユダヤ人も非ユダヤ人と全く同じような市民として扱うべきであり、特権的地位も、法的無資格も、いずれも与えるべきではないというものだ。というのも、実をいうと、ユダヤ人は非常に迅速に環境に適合するからだ。

シナ人や黒人やエスキモーが私たちと異なるように、ユダヤ人も私たちとは違った組織に属するものとして扱うべきだと言う人がいる（言い始めている）。それに対する返答は、ユダヤ人はその種の人間ではないということだ。実際、ユダヤ人がイギリス人、フランス人、ドイツ人、あるいはアメリカ人に混じって短期間でも滞在すると、表面上は受入れ側の人々と酷似するので、多くの人々は自分たちと見分けがつかなくなる。そしてそのことが、ユダヤ人問題の主要な事実の一つなのである。

これこそが十九世紀の西洋諸国で大多数の中流階級にとって、ユダヤ人問題が存在しなかった本当の理由である。他の人種に対して同じことをいいだしたら（たとえば黒人だとか、シナ人ならば）、とても信じてもらえないだろう。しかし私たちには、実際問題として、次のことは事実だとわかっている。すなわち、ユダヤ人が、たとえば三つの違った共同体を転々と移動して人生を送るとしよう。どの共同体でも、ユダヤ人と会った人々は、ユダヤ人がまさに自分たちと瓜二つに見えると証言するのだ。

私はぴったりの実例を知っている。詳《くわ》しくお話しすれば、非ユダヤ人の読者は喜ぶだろうが、ユダヤ人の読者はたぶん憤慨するであろう。なので、実名を挙げずにその話を引き合いに出すことにしよう。私は、本書を通し、これ一つだけで役に立つルールに従いたいと思う。そのルールとは、双方の感情を害するようなことは一切紹介しないということだ。しかし、この話は典型的な話であり、多くの人々の経験とも合致しうるものだ。

それは、イギリスで公務に就いていた男性の父親にまつわる話である。彼はハンブルグでドイツ名を名乗り、人生のスタートを切った。その自由都市への愛国心に富む市民であり、深く尊敬されていた。あらゆる点でハンブルグ人であり、その世代のハンブルグ人は、今でも彼のことを自分たちの仲間だと話す。

その彼が、仏独戦争〈注８〉の勃発する前にパリへ流れ着いた。パリでは活動的なパルティザンであり、広い並木道のある生活に親しみ、愛国的でフランス人らしい仕事なら、何でも元気一杯にこなしていた。特に一八七〇年から七一年の国家の大惨事の際には、新兵を募集する手伝いをした。この人生の局面で彼に会った人は誰でも、彼のことをフランス人と考え、フランス人として彼のことを語った。

戦争であのような敗北を喫した後、彼はフランスの将来を疑わしいと判断し、アメリカ合衆国へ移住した。そしてその地で亡くなった。アメリカに上陸して数年しか経っていないのに、

〈注８〉一八七〇年にプロイセンとフランスの間で勃発した戦争。ここから普仏戦争（プロイセン＝フランス戦争）というが、プロイセン以外のドイツ諸国も加わったので、本書のように仏独戦争という場合もある。結果はプロイセン軍の大勝に終わり、一八七一年にドイツ帝国が成立した。

仲間になったアメリカ人の目には、たちまちその男が自分たちと瓜《うり》二つのアメリカ人のように映った。彼はアメリカ訛《なま》りの英語とアメリカらしいマナーを身に付け、そのマナーの自由自在の活用と限界をも自分のものにした。その一挙手一投足が、典型的なアメリカ人のものだった。

ハンブルグでは、彼のドイツ名がドイツ風に発音された。ドイツ名がありふれているフランスではドイツ名を使い続けたが、フランス語風に発音した。合衆国に到着すると、それとは似ても似つかないスコットランド名に変えた。もし彼が日本に行っていたら、日本人はきっと彼のことを私たちにこう語ったことだろう。彼は国事に奔走した立派な日本人紳士として知られており、由緒ある侍《さむらい》一族の名誉ある名前を名乗っていたと。

十九世紀的な態度をほとんど決めていたのは、このようなユダヤ人の驚くべき特質だった。そのような特質があるから、ユダヤ人とそれ以外の人間との違いがわかるのである。もし、そのように表面的に変貌する特徴的な能力がなかったなら、十九世紀の政策は、それと類似した北部の黒人政策が合衆国で失敗したように、完全に失敗していただろう。もしユダヤ人が、たとえばアフリカ系黒人の中にいる白人のように、私たちの中で目立っていたら、その虚構は直ちに崩壊していただろう。かつてそうだったように、本心からにせよ、あるいは虚偽からにせよ、この政策を採用した者は誰でも、このように一時的な周囲の状況に適応できるユダヤ人の能力に助けられたのである。

ユダヤ人に対する十九世紀の自由主義的な政策を、それによって危険が助長されるのを重々承知の上で、単なる政治的策動として意識的に採用した者がいる。またそれらの危険の存在を半ば意識しただけの者もいる。そして危険については耳にしたことはないが、ユダヤ人が異例な宗教を信じながらも、自分と全く同じ市民であることを当然と見なした者がいる。この三人はそれぞれに、一方の計画を支援し、もう一方の幻想を維持しながらも、ユダヤ人が説明のつかないほど素早く周囲の環境の色に染まるという驚くべき事実は共有していたのだ。

このユニークな特質は、自由主義的な態度を助長するものであると同時に、その必要条件でもあった。

様式も文化も人種も明らかに異なる人が私たちと同じだという虚構は、立法と統治には実地に役立つかもしれない。しかし一般の世論では、支持することができない。たとえば、グリーンランドで、原住民のエスキモーを、そこを植民地とするデンマークの役人と見分けがつかないようにする陰謀を企み、そのような幻想を抱いたとしても、嘲笑され失敗するのがおちだろう。同様に、ともに同じ国王の臣下というだけで、インド政府官庁のイギリス人が、シーク教徒の兵士と全く同じ種類の人のように見せかけることもばかげているだろう〈注9〉。しかし相手がユダヤ人の場合には、次のような驚くべき真実があるのだ。根本的な違いは永

〈注9〉一八五八年から一九四七年にかけてイギリス政府はインドを直接に統治し、この時代の植民地インドはイギリス領インド帝国と呼ばれていた。インドがイギリス王領に移管されてしばらくした一八七七年から、イギリス女王のヴィクトリアが「インド女帝」の称号を合わせ持つことになったが、その後のイギリス国王も代々インド皇帝と名のった。

久になくなることがなく、その違いは人類を諸グループに分類する際のどの違いよりも大きい。同時にユダヤ人は、その内面と根本的な全性格において絶対的にユダヤ人なのである。その一方で、誰にでも一目でわかる表面的な事柄では、そのときに寄留する社会がどのようなものであれ、その社会の習慣に順応同化するのである。

このことは、多くの人々にとっては、旧態依然とした自由主義の政策を支持する最後で最強の論拠と思えるかもしれないと申し上げた。しかし、それは諸刃の剣であり、危険な論拠であることも付け加えておきたい。口に合わない食べ物でも、口に合う別種の食べ物と見た目でそっくりなら、似ていることを論拠にして、無頓着にどちらも食べてもよいと言うかもしれない。そして「区別しようとするのはばかげている。どちらを見ても、同じものだと認めなければならない」と言うかもしれない。しかし、食べてから、それが最悪の選択だったとわかることもあろう。

虚構を支持する最後の論拠

実際には、最後にもう一つ、自由主義的な虚構を強く支持する論拠が残っている。それは、個人的には私にとっても、そして大部分の読者の方々にとっても、それ以外のどの論拠より最強だと思えるものである。というのも、それは道徳的な論拠だからである。

十九世紀の自由主義的な態度から、虚偽の要素と、それゆえに不安定な要因となる要素を除外すれば、安定的なものになるというなら、それ以外の要素はすべてそのままにしておくこともできるだろう。そのとき、すべての人々に共通する二つの欲求が満たされることになるだろう。それは正義と慈善への欲求である。

ここに一人の人間がいる。私の社会に寄留している隣人である。もし彼をよそ者扱いするのなら、彼に不便を強いることになる。私は彼が好きであり、友人と見なしている。友達であるので、その人を何か別人のように扱い、私の共同体で一定の機能を担う権利を認めないのでは、心が傷つくと同時に正義感も損《そこ》なわれる。そのような人には、たとえば、優れた行政的才能があるかもしれない。ならば偉大な才能に恵まれたすべての人々と同じように、実際にその才能が発揮されなければならない。彼が才能を発揮するのを許さないというのなら、彼を役立たずにしていることになる。彼が所属する社会の行政に参加することを禁ずる規則があったり、そのような活動で彼を邪魔者扱いするような感情があったりすれば、それだけで、その人だけでなく、受入れ側にも不正感が生まれる。

もしユダヤ人独自の特質をいつも棚上げにしておけるような政策を採れるのなら、そしてその結果、その人がイギリス人であると同時にイギリス人でなく、フランス人であると同時にフランス人でないということが可能なら、すべての善良な人々が受け入れるべき解決策ができるだろう。

しかし、不幸にも、その解決策は間違いである。高潔な本能に訴える主張の多くがそうであるように、感情的であるからだ。矛盾を一致させようとする政策や理論をして「感情的」と呼ぶ。感情的な人間は、犯罪を毛嫌いするが、必要な処罰も同じように毛嫌いするだろう。無秩序を嫌うが、組織化された警察も大嫌いだろう。人生は死が訪れないものと思いたがる。性的な葛藤《かっとう》を伴わない愛の情熱について書いたものを読みたがる。巨万の富が貪欲や狡猾《こうかつ》や窃盗行為なしに蓄積されたと書いたものを読みたがり、そう考えたがる。相互に矛盾するものから成る、ありえない世界を想像したがる。そうすれば心地よいからである。

今の今となっても旧態依然とした政策を継続することにしがみついていると、感情的な人間の犯す過ち（政治の実際的な最大の過ち）を私たちも犯すことになる。一石二鳥というわけにはいかないのだ。このように所かまわず流動的でありながら、同時に密接に組織されたユダヤ人共同体をこの世界に存在させることはできない。

それと同時に、ユダヤ人共同体を構成する各々の個人が、ユダヤ人をすべての構成員とすることで成り立つユダヤ民族の一員でないかのように扱うこともできない。全体を一つのものとして扱うことと、その構成部分を別物として扱うことを同時に行なうことはできない。そのようなことをすれば、矛盾を増幅させることになる。矛盾を増幅する人がすべてそうであるように、やがて破滅を迎えることになる。

＊＊＊＊＊＊＊＊＊

読者の方々のために、もう一つ別の逸話をお話ししようと思う（ここでも身元が特定されないように名前と場所はすべて明かさないように気をつけたつもりである。身元を明かせば、ユダヤ人読者の方々を苛立たせるかもしれないし、ユダヤ人の敵対者を必要以上に利することになるかもしれない）。

私の若い頃は、英国議会上院のバーで長居をし、そこで起こっていることに耳を傾けるのが、お決まりの娯楽であった。そんな私がいつも思い出す出来事がある。それは、とても貧しい環境で人生のスタートを切ったけれども、莫大な富を蓄積し、他の人と同じように貴族の地位を買収したユダヤ人の老人のことである。

その老人が、ある解決策、つまり「よそ者」に対処する法案に反対して立ち上がると言い出したのだ。政治家の偽善と、イースト・エンドへユダヤ人の移民が殺到することに反対する民衆の暴動が起こったため、ユダヤ人に対して、ユダヤ人と特定しない呼称が作り出されていた。その政策が「彼の民」に狙《ねら》いをつけたものであることは明らかだった。そこで老人は彼らを「わが民」と呼んだ。

老人は燃えあがるような愛国心で語った。その激烈で迫力のある真摯な訴えに、私は心を奪われた。それは実に素晴らしいパフォーマンスであった。ついでにいえば（その人がどのような職業の人かを考えると）、彼の民族と私たちの国民の間には、大きな違いがあることが浮き彫りになった。人生を富の蓄積だけに捧げれば、私たちなら誰でも、高潔な本能が失われることになっただろうが、老人にとっては明らかにごく普通のことのように思えたのである。さらに正義と民族愛への欲求も、すべて損なわれないまま残っているのだ。彼は立派なスピーチを、次のようなスローガンで締めくくった。「私たちの民が欲するのは、干渉されないことだ」

と。彼はそれを何度も繰り返した。

彼の言うことに耳を傾けていた聴衆の中で、年配の人々は誰もがその訴えに共感を覚えたと、私は確信している。それは彼らが聞いて育ってきた学説そのものだった。商業や軍事で国家的な勝利を収めた偉大なヴィクトリア朝の自由主義時代の論調そのものだった。

だが、ほんの数年も経たない間に、まさにその老人の一族である若者たちが、議会のスキャンダルにつぐスキャンダルにまみれていることが公表され、その全貌が次々と芋蔓《いもづる》式に明らかになった。まさに彼らは、私たちから干渉されていなかったのである。しかし、彼らは私たちに干渉しなかったわけではない。

時々、私は自問するのだ。これから数年先、そのときまでにあの老人の子孫の誰かが爵位を与えられ（彼らは金持ちであり、すべてがプロの政治家である）、先祖にあたるあの老人のスローガンに立ち戻り、「干渉するな」と要求したら、それはどう響くだろうか。そのときなら、その話を聞く同時代人の胸中には、もう何の反応も起こらないだろう。この点に関しては、慣習ががらりと変わってしまっているだろうから、彼は邪魔者扱いされるだろう。

しかし、私が仮説として出したユダヤ人老富豪の子孫が、そのようなスピーチをしそうには思えない。スピーチをする頃には、「干渉しない」という考え方が、ことごとく廃《すた》れてしまっているだろうと思う。

私がこの老人の発言を引き合いに出したのは、不当な差別をしようという意図があったからではなく、この大問題に「干渉しないこと」が、いかに守られないかの実例を示すためだった。これまで威厳ある公的生活を送った人々の名前、ユダヤ人の人名、ユダヤ人の貴族については、ユダヤ人読者の方々と同じくらい私もよく存じ上げている。特に私が思い出すのは、ハーシェル卿という栄誉ある名前であり、彼の近親者と私の近親者との友情は、感謝に満ちた貴い記憶として残っている。

しかし、感情的な論拠の失敗へと話をもどすとしよう。

＊＊＊＊＊＊＊＊＊

感情的な議論が失敗するのは、それに事実とは合わない矛盾が含まれているからだ。たとえこのように自分を導いてくれる厳密に合理的な原理がなくても、導いてくれる歴史の全体がある。短期間であったり、長期間に及ぶことだってあるが、その間だけなら共通の市民権があるというふりはできるかもしれない。だが、決して無期限ではないのが現実である。そしていつも最後には失敗するのだ。

中世のポーランドで、ユダヤ人は歓迎された。まず、ユダヤ人が大挙してやってくる。すべてがうまくいく。だが、やがて不可避なことが起こり、ユダヤ人とポーランド人は敵同士になって分裂し、互いに相手の不正を非難し合う。一方は迫害されると叫び、他方は、国内でよそ者が活動することによって、国家が危険にさらされていると声を上げる。

スペイン（ユダヤ人の全面的な放浪の後、ヨーロッパでもっともユダヤ人の影響を蒙《こうむ》った本拠地）

の歴史は、最初から最後まで感情的解決とそれに対する野蛮な反発が交互に試みられた歴史である。命をかけて戦うが、死の恐怖におののき、大失敗をする人の反発である。それはスペインだけでなく、これまでのすべての国の歴史でもある。

今日、私たちは、西ヨーロッパとアメリカ合衆国で、まさにそのような反発が始まっていることを実際に目の当たりにしている。本書を著わすことになったのは、他でもない、そのような反動があるからだ。自由主義的な解決の試みは、すでに私たちの手にかかって失敗している。もしそれが失敗でなかったというのなら、これ以上申し上げることはない。あるいは、少なくとも実際に困難が生じ始めるまで、議論を先延ばしにすることもできるだろう。

しかし私たちの周囲を見渡しさえすれば、おわかりになるはずだ。ここ数年の間、この一世代の間に、文明のもっとも高度な部分で、その実験が盛んに行なわれたけれども、それがすでに破綻《はたん》しているということを。至るところで昔ながらの疑問が発せられている。至るところで昔ながらの不平の声が上がっている。至るところで昔ながらの危難が再発している。私たちは何らかの解決案を探さなくてはならない。もし見つけられなければ、私たち双方にとってどのどのような悲劇が待ち構えているか、私たちは過去から学び知っているからだ。問題があるのだ。それも非常に直接的で差し迫った問題である。その問題がひとたび認知されれば、解決策が必ず必要となる。

そのような問題などないと、ただ否認すること（古い十九世紀の自由主義の政策）は間違っており、破綻する運命にあると言うだけでは不十分である。その問題がいかに現実的であり、緊急を要するかを理解しているなら、同時代の事柄からその問題を詳しく述べ、描き出すことも同じように必要なのである。自由主義的な政策が試みられたが、失敗だったと示すだけでは十分でない。解決策を見つけようとする前に、今この時点でその問題が実在するものとして、その性質を分析しなければならないのだ。それが次の章で行なおうと思っていることだ。

第3章　問題の現局面

ボルシェヴィキ主義とユダヤ人

ボルシェヴィキ主義の衝撃

前章の最後で、ユダヤ人問題を無視したり、否認したりする古い解決策は、破綻する運命にあり、実際に破綻しつつあると述べたが、さらに進んで実際的な解決を試みる前に、その問題がこの瞬間にも現存するものとして、その本質を詳しく述べなければならない。

自分は不死であり、病気とは無縁だと思っている人が、実際は、危機的な病《やまい》に冒され、健康を損なっているさまを見て、ご当人の持論が間違っていたとわかると言うだけでは不十分である。もう一歩進めて、その人の何が問題なのか、さらにできれば、その病気にどのような治療法があるのかを、つぶさに見つけ出さなければならない。

ユダヤ人問題については、第1章で明らかにしたが、そのような不自然な状態が重圧を引き起こし、少数派の人々に災いをもたらし、摩擦が改善されなければ、双方に害を及ぼすリスクが生じる。

したがって真の解決が求められるのは、その重圧を永遠に和らげ、正常な関係を再構築する政策によるものだけである。そのような解決の目的は、双方の側が互いに安心し、妨害し合うことなく、できるかぎり役目を果たすことにあるべきだ。

しかし、このような一般的な問題（この問題とは、それぞれの側にとって、よそ者集団が存在することであり、その結果として双方の側に苛立ちと摩擦があるということ）を述べるだけでは十分ではない。私たちはその問題をもっと綿密に追求し、さらに詳細に論じ、摩擦と苛立ちがどのように増大しているのかを述べなければならない。それらが脅威にさえなっていることを主張しなければならないのだ。そうして初めて、その疾患にどのような特徴があるのか、なぜそのような特徴があるのかを、できるかぎり見つけ出す作業に着手できるわけである。これらのことを一通り済ませてから、ようやく救済策が探求できるのだ。

近代世界を見渡し、たとえばこの二〇年間を眺めれば、遠くかけ離れた場所や、非常に異なった利害関係の中で、多種多様な特徴を宿しながらも、多くの人々にとって新しい政治感情といえるものが芽生えていることがわかる。その感情は苛立ちから激怒へ、小言から非難へとエスカレートする。その矛先《ほこさき》は場所を選ばずユダヤ人に向けられる。ユダヤ人の活動が次から次へと続くと、その中にはユダヤ人が正しい場合もあれば、間違っている場合もあり、また無関心な場合などもあるが、いろいろな段階の（しかも増加している）敵意が生み出されているのである。すでに申し上げたように、大抵の場合、危険な地点はまだ分散されているものの、それらは合わされつつあり、イスラエルに敵意を抱く広大な地域を形成しはじめている。

金融、産業、商業で（どの分野にもいて、その数に全く釣り合わないほどの勢力を誇る）ユダヤ人は支配を求め、すでに支配をほとんど手中に収めているという理由で反発が起きている。所かまわずユダヤ人が受入れ側の利害に反する行為をするという理由で、反発が出ている。受入れ側の意思に反して行なわれているという理由で、反発が生じている。私たちが愛するものに対して無頓着であるか、あるいは私たちが愛するものに対して敵対行動をとるという理由で、反発が出ている。特に言われるのは、ユダヤ人が私たちの国民感情、宗教的伝統、そして私たちがこれまで継承し、維持したいと望むキリスト教世界の一般的文化と習慣に無頓着であるか、あるいは攻撃的だということだ。その強国がイスラエルなのである。

このようなもろもろの感情は、ユダヤ人の強さや結束力を示す実例が次から次へと出るにつれ、ますます高まり、煽《あお》られてもいる。その極端な形として「反ユダヤ主義」と呼ばれる特例を挙げれば、その感情がいかに激化しうるかがわかるかもしれない。その近代での現象を検証すれば、私たちの解決しようとしている問題が、いかに根深く重要かということの証《あかし》になるだけでなく、その問題の性格も、ある程度は説明されることになろう。

このような苛立ちに満ちている世界では、そしてその苛立ちが不条理な点にまで至っている大きな地域では（というのも反ユダヤ主義は不条理に満ちていたし、現在でも満ちている）、ボルシェヴィキ革命の影響が、突如、二方向に及んだのである。というのも、それは、ユダヤ人の害悪など一度も耳にしたことのない好意的な人々と、これまでユダヤ人と言えば巨大資本の利益と同じものだと見なし、ユダヤ人をかばい、従ってきた人々の双方に打撃を与えた革命であるからだ。それは脇腹への一撃だった。その一撃を受け、ユダヤ人の中立を支持する人々と、ユダヤ金融を頼りにする人々は、よろめいたのだった。

公的な場では、一世代前の自由主義的な政策が、相《あい》も変わらず有利な地歩を固めていた。しかし、このような心を打ち砕く爆発が起こると、否《いや》が応でも注意が引きつけられるのだ。ボルシェヴィキ主義によって、ユダヤ人問題とは、ひとつの暴力行為であり、ひとつの主張であることが明らかになった。その主張とは、盲目的な狂信主義者であろうが、確信犯的な嘘つきであろうが、もはやユダヤ人問題を否認することはできないという主張である。

大局的な見地からすると、以上が、私たちが現在おかれている情勢へと至る最近の歴史上の出来事であった。その一連の出来事をさらに詳しく、もう少し遡《さかのぼ》ってたどってみよう。

膨張しつつあったユダヤ人の影響力

一世代前に自由主義的な政策が制定され、諸条件がその制定に都合よく揃《そろ》っていた頃、一般民衆は、まだユダヤ人に対する往年の敵意を抱いていたかもしれない。しかし西ヨーロッパのユダヤ人の数は非常に限られていた（フランスとイングランドを合わせても数千人たらずで、イタリアもさほど多くはなかった）。

ユダヤ人の大部分は、大きな町の貧民と直接に競合しあわない階級に属していた。また田舎にはユダヤ人はいなかった。ユダヤ人は政治家になって受入れ国の人々を支配しようとはしなかったし、どのような程度であれ、新聞・雑誌などの出版物で教養を教え込もうともしなかった。当時、宗教が急速に衰退したことにより、一つの障壁が打ち壊されたが、支配者階級が旧来の領主から近代の財閥に代わったことで、また別の障壁も崩れ去った。十八世紀の特徴であった国際的な貴族社会が崩壊したことで、ユダヤ人は、彼らがたまたま寄留することになった国、あるいは少なくとも最後に住んでいた国の市民と今まで以上に見分けがつかなくなり、その区別をしない慣習がさらに強化されていった。

新しい産業が富を生み出したことや、新しい国際的金融が登場したことも、同じような区別をなくす結果に一役買った。その一方で、ユダヤ人もまた自由業のあらゆる分野にうまく参入しはじめた。だが、まだ何も支配するには至っていなかった。おそらくポーランド人は例外であろうが、ユダヤ人種とヨーロッパ諸国民の国益の間には、何の軋轢《あつれき》も生じていなかったのである。これらのことは受け入れられ、それについてどうこう言われることもなかった。

この時代では、ワーテルローの戦から、一八七〇年から七一年の戦争〈注1〉でフランスが敗北した直後の数年までの間に、西洋文明圏でのユダヤ人の重要性と地位が、かつては想像できなかったほどに向上した。けれども、それでショックを与えることはなく、またほとんど注意を引くこともなかった。彼らは議会や、貴族階級の至るところに入り込み、大学にも大量に入り込んだ。大英帝国の首相となったユダヤ人もいれば、イタリア復活を先導する指導者となった者もいた。ナポレオン三世に反旗を翻《ひるがえ》した者もいた。彼らは、どの国の主要機関でもその数を増していた。重要なオックスフォードやケンブリッジなどのカレッジでは、特別研究員と同等の地位に就き始めた。ユダヤ人はイギリスの国文学でも重きをなすようになった。たとえばイングランドでは、ブラウニングやアーノルドの一家〈注2〉、イタリアではマッツィーニ〈注3〉などである。

ユダヤ人はまた初めてヨーロッパの外交の中にも入ってきた。陸軍や海軍はまだ彼らの影響を受けていなかった。ユダヤ人の血統を引く一族は、支配者階級にも存在した。フリーメイソンという団体（ユダヤ人とはとても密接に結びついており、そのすべての儀式はユダヤ的な性格を持つ）は急増した。名を伏せた通信社の成長と、匿名の商業制度の増加によって彼らの権力はさらに広がった。

しかし、この大変化を起こした原因がすべてユダヤ人にあると思っては、勘違いというもの

〈注1〉普仏戦争のこと。ドイツ統一を目指すプロイセンと、これを阻《はば》もうとするフランスとの間で行なわれた戦争。スペイン王位継承問題をきっかけに、プロイセンの挑発に乗ったフランス側から開戦したが、プロイセンが圧勝、ドイツ帝国の成立を宣言した。敗れたフランスは、アルザス‐ロレーヌを割譲、第二帝政が崩壊して第三共和制が成立した。

〈注2〉ヴィクトリア時代の文学では、ユダヤとユダヤ人が重要なテーマの一つになっていて、それがユダヤ人にとってどういう意味を持つかというだけでなく、イギリス人にとっても何を意味するかが文学作品の中で問われた時代だった。

ロバート・ブラウニング（一八一二〜八九年）はヴィクトリア時代の代表的詩人で、「ピッパが通る」（*Pippa Passes*）「男と女」（*Men and Women*）「指輪と本」（*The Ring and the Book*）などの代表作があるが、ユダヤ人を主人公として取り上げたものに長編詩「ラビ・ベン・エズラ」（*Rabbi Ben Ezra*）がある。この詩の題名になっているベン・エズラは、正式名をアブラハム・ベン・メイール・イブン・エズラ（一〇八九〜一一六年）というユダヤ人で、スペインを中心に活躍したユダヤ教の教学者である。

次に挙げられたアーノルド一家とは、詩人で批評家のマシュー・アーノルド（一八二二〜八八年）とその父親であり、ラグビー・スクールの校長で歴史家でもあるトマス（一七九五〜一八四二年）のこと。ユダヤ人とその宗教が公の言説に大きな影響を与え、すべての宗教を再吟味する風潮が高まっていた時代にあって、ともにイギリスに与えるユダヤ人やその宗教の影響に関心があった。たとえばマシュー・アーノルドの『教養と無秩序』（*Culture and Anarchy*）では、時代思潮の大きな流れをヘブライズムとヘレニズムのもとに炙《あぶ》りだしているし、哀歌の「ハイネの墓」（“On Heine's Grave” *New Poems* 一八六七年）では、ヘブライ文化に賛辞を呈している。↓

である。ユダヤ人がその変化を起こしたのではなく、その変化に便乗していたのである。しかし、それが彼らにとって有利に働いたことは明らかである。そして最後になって気がついてみれば、ユダヤ人は、西ヨーロッパの統治機関の代表となっていたのだが、その人口に対する割合は他の民族との比較を絶し、五十倍あるいは百倍もの割合であった。ユダヤ人は、あらゆる所で主要な一族と結婚をした。形勢が変化する兆候が現われる前から、すでにユダヤ人たちは現在の地位をものにしていたわけである。そして今、彼らは攻撃を受けている。彼らをその地位から追い出そうとする試みが、強力に用意されているのだ。

たぶん、この途切れることのない上昇への動きが遮《さえぎ》られた最初の出来事は、一八七〇年からの戦争でフランス人が敗北を喫したことだった。この分野でその影響が直接にあったというのではなく、敗北した国民は、現実的にしろ、想像の上にしろ、もっとも不満が募りやすい傾向にあるということだ。その軍事的な大敗の後に社会的な不幸が起こる原因を求めれば、当然のこと、国内よりもむしろ国際的な原因に注目することになる。自国民よりも外国人の住民を非難するようになるだろう。

さらにフランスが敗北した日は、教皇の世俗的な権力も崩壊した日でもあった〈注4〉。ここでもまたユダヤ人が一役買っていたのである。新しいイタリアの近未来で、もうひとまわり大きな役割を演ずる機会がユダヤ人に訪れたのだった。数年も経たないうちに、ローマではユダヤ人の市長が誕生することになっていた。この知事は、ローマ市と、特に教育制度の非キリスト教化を全力で支援したのである。

この一八七〇年代と八〇年代初期（十九世紀最後の四半期の始まり）の実業界全体にとって、小さいものだが重要な要因の一つは、ユダヤ人による国際的な新聞・雑誌販売の独占が起こったことだった。その中で目立ったのは、ロイターだった。そしてユダヤ人は、いろいろな大新聞の国際特派員としても頭角を現わした。もっとも有名な実例はオッパーというボヘミア人のユダヤ人で、「ドゥ・ブロウィッツ」という偽名を使って、その出自を隠していた。数年間、

↓これら以外のヴィクトリア時代の小説でも、スコットランドの作家サー・ウォルター・スコットの長編小説『アイヴァンホー』（*Ivanhoe*　一八二〇年）やイギリスの作家ジョージ・エリオットの小説『ダニエル・デロンダ』（*Daniel Deronda*）では、国のアイデンティティについて論じる一手法としてユダヤ人の登場人物が使われている。個人のアイデンティティだけでなく、国家のアイデンティティの問題が、「改宗」を扱う文学では、危うく感じられていた時代だった。

〈注3〉イタリアの国粋主義者（Giuseppe Mazzini　一八〇五～七二年）。一八三一年、マッツィーニは、亡命地マルセイユで「青年イタリア」（Giovine Italia）という、イタリアの統一と独立を目指す共和主義者の政治結社を結成し、きびしい弾圧を受けながらも武力蜂起による活動を続けた。このように十八世紀末にフランス革命の影響を受けて、イタリアで統一共和制国家の樹立を目指す運動を「リソルジメント運動」（イタリア語で「再興」を意味する）と呼ばれるが、その中心的役割を担《にな》った。この運動は、ナポレオン体制が成立したため失敗した。

〈注4〉一八七〇年に起こった普仏戦争でフランスが敗北したことにより、ローマ教皇領を守護していたフランス軍が撤退すると、一八六一年に成立していたイタリア王国軍によって同年九月二十日にローマが占領され、教皇領は完全に消滅した。翌一八七一年には、イタリア王国の首都が、フィレンツェからローマに移されている。

当時の国際的に影響力のある新聞、『ザ・タイムズ』のパリ特派員として働いた。

それらに対する反発を最初に表現したものとしては、手近なもので、ドイツとフランスにお目見えした反ユダヤ主義一色のさまざまな書き物がある。フランスでは、とりわけ人目を引くことになった。

それらの書き物は、広範囲にわたる証拠文書という高い利点はあったものの、その効果は、わずかなものだった。教育を受けた大多数の人々は、肩をすくめ、そのようなものは狂信者の突飛な言説だとして目もくれなかった。

それでも、これらの狂信者は、この新しいプロパガンダが、軽蔑しきっている人々の脳裏にも必ず焼きつくようにと、膨大な量の事実を引き合いに出しては、将来の行動の基礎固めをしていたのだ。これらの書き物では、「隠れユダヤ主義」とユダヤ人自身が呼ぶものを暴露することに特別の力点が置かれていた。すなわち、イギリス人、フランス人、あるいは某国人では通っていても、実はユダヤ人である人々が、西ヨーロッパ全土の至るところで重要な公的地位に就いているという事実である。

多くの場合（すでに詩人のブラウニングやアーノルドの名家のことを引き合いに出したが）これらの人々は宗教を隠していたわけではなく、先祖が属していた当初のユダヤ人共同体から移住してきただけであった。しかし、それ以外の大部分の人々には、多かれ少なかれ、意識的に出自を秘密にするという要素があった。特にその秘密を攻撃し、その効果を台無しにすることが、それらの反ユダヤ的文書を生み出した人々の目的であった。すでに申し上げたように、彼らの熱狂主義が笑いものになっていたとしても、彼らが事実をずらりと並べ立てれば、同時代の人々の記憶に影響を及ぼさずにはおかなかったのである。

ドレフュス事件と南アフリカ戦争

次に出現したのが、ユダヤ金融が一連の直接的行動で、国際的な舞台に躍り出たことだった。もちろん、その中でもっとも重要なのは、エジプトをヨーロッパの制度、中でも大英帝国の制度に引き込んだことだった。

世論にそれ以上の影響を与えたのは、フランスで起こったドレフュス事件の騒動と、その直後にイングランドで起こった南アフリカ戦争の騒動だった〈注５〉。

ドレフュス事件の特徴は、ドレフュスという名の不幸な男が有罪か無罪かをめぐって議論が起こったことではなく、それを取り巻く喧騒が国際的な広がりを見せたことだった。このローカルな事件が、全世界の問題となったのである。文明の最果ての地域にいる人々も、まるで自分たちが実際の事件の渦中にでもあるかのように、この事件に熱烈な興味を抱いたのである。

そのような現象は、これまでユダヤ人問題など考えもしなかった傍観者の集団を驚愕《きょうがく》させ

〈注５〉一八九四年当時、フランス陸軍参謀本部勤務の大尉であったユダヤ人、アルフレド・ドレフュスがスパイ容疑で逮捕された冤罪《えんざい》事件。南アフリカ戦争とは、一八九九～一九〇二年、イギリスが、アフリカ南部のオランダ系住民の国トランスバール共和国およびオレンジ自由国と繰り広げたボーア戦争で、侵入したイギリスは両国を植民地にし、一九一〇年には、南アフリカ連邦を成立させた。

ずにはおかなかった。これに南アフリカ戦争の厳しい試練が加わったのだ。それは紛《まぎ》れもなく南アフリカにユダヤ人の権益があったために公的に引き起こされ、助長された戦争だった。さらにその戦争が予想外に長引き、予想外の流血と出費という代償を支払わねばならないことがわかった。こうなると、第二の要素が加えられることになる。すなわち、まだユダヤ人の権力に対する敵対感情にまでは至っていないけれども（教養のあるフランス人の半分がドレフュスの支持者であり、イングランドの半分以上が、勃発時にはボーア戦争に好意的だった）、ユダヤ人問題への興味や好奇心といった感情が、その問題などこれまで聞いたこともない一般の平均的市民の側に芽生えたのである。

ユダヤ人権力に敵対しはじめていた当初の少数派には、反ユダヤ主義の極左派がいた。その中核をなす人々は、人種問題というよりも、近代世界の金融支配について問題にしていて、その数は増える傾向にあった。運動が発展するときはいつもそうだが、その発展にはうってつけの、それを促進するような出来事が起こったのだ。

すでにフランス議会でのパナマ・スキャンダルにより、フランスでは反ユダヤの運動に油が注がれていた。その後のイギリス議会のスキャンダル、マルコーニやその他のスキャンダルが、パナマ問題と全く同時並行的に起こったので、そこには類似性があるというのが一般的な見方だった〈注6〉。

一世代前だったら、別々の事柄として済まされていたかもしれない。しかし今は、金融界全体の陰謀ではないかという不安感が渦巻いていたため、この二つの事件は結びつけられてしまったのだ。いずれにせよ、それは本質的にユダヤ的な雰囲気と結びつけられていたのである。

そうしている間にも、ユダヤ人による大規模な移住運動の一波が始まっていた。ユダヤ人の大移動は、二〇〇〇年間にわたって歴史にさまざまな変化を生じさせたわけだが、いつもそれが序曲となって、ユダヤ人と対抗勢力との争いを生み、ユダヤ人問題がもっとも先鋭的な形で蘇ることになるのだ。


〈注6〉フランス議会でのパナマ・スキャンダルとは、一八九二年のパナマ運河会社疑獄事件のことであろう。当時、スエズ運河で成功し、パナマ運河建設に着手していたF・レセプスが、会社の行き詰まりを隠そうとして、新聞や議会を買収した事件である。フランス議会では、六億フランの社債を募集する立法が通過したけれども、パナマ会社と政府、そして大新聞の橋渡しをするために、総額五〇〇万フランを贈賄《ぞうわい》したのが、ユダヤ人金融資本家のJ・レイナックらだったと言われている。

またイギリス政府のスキャンダルでは、自由党内閣閣僚たちによるイギリス・マルコーニ・ラジオ会社の株式購入をめぐる疑獄事件（一九一二～一三年）、マルコーニ・スキャンダルがあった。具体的には、イギリス・マルコーニ・ラジオ会社の役員が司法長官であるマルコーニの弟やその他の政府要人に新株を与えた一〇日後に、株価が大幅に上昇したのである。その政府要人の一人であったハーバート・サミュエルは、ポーランド系ユダヤ人の家系に生まれ、当時、郵政大臣を務めていた。ちなみに、この事件で閣僚を批判する側にまわったのが『アメリカ史の真実』（*A History of the United States*　一九一九年）（祥伝社　二〇一一年）という名著を書いたセシル・チェスタトンであった。

モルデカイの一族のカールという人物

ユダヤ人が大量に集まった国といえば、中世後期の迫害の時代に堂々とユダヤ人を援助したポーランドという国が挙げられる。ポーランドは、自国を、同国への移住を望むすべてのユダヤ人の保護施設としたのである。プロイセンによる分割を被った後も、現在、世界のユダヤ人の約半分の母国になっている。どの階級のロシア人も、ユダヤ人には憎悪を抱いたことと、その分割以来、ユダヤ人の数がもっとも多いポーランドの地域をロシアが支配したことから、ロシア領となった旧ポーランドのユダヤ人は迫害を受け、新しく国外退去が始まった。その動きは西方へ向かうことになり、主な行き先はアメリカ合衆国だった。同時に、イギリスの工業都市、特にロンドンでは巨大なゲットーが新たに発展した。ニューヨークは、過去のロンドンやパリのようなユダヤ人住民のいない都市から、三分の一を優に超える住人が完全なユダヤ人か一部ユダヤ人という都市へと、ゆっくりと変貌を遂げていた。

この大量移民は、大戦勃発の直前にたけなわとなった。発端はパリのゲットーだったが、西洋全土にまで影響が及んだ。それに、もう一つのもっとも大切な要因が加わったのである。

ユダヤ人たちは近代資本主義から多大な恩恵を受けたが、ユダヤ人の名がそこに刻まれているにしても、近代資本主義を始めたわけではなかった。その資本主義と対《つい》になる反動として「社会主義運動」があった。これもまたユダヤ人が始めたものではなく、最初に指導したのでもなかった。しかし、社会主義運動は急速にユダヤ人の支配下に置かれるようになっていった。モルデカイの一族（マルクスという名前を用いた）からは、あの理論を力強く唱導したカールという人物が、世に出た。彼は非ユダヤ人の指導者（特にルイ・ブラン、フランス系スコットランド人の秀才〈注７〉）を模倣し、追随したにすぎないが、社会主義の完全な理論を、経済的、社会的、そして暗に宗教的に完全な形で示して見せたのである。というのもマルクスは物質主義を前提としたからである。

カール・マルクスの後に続いたのが、一群の同胞だった。彼らは資本主義者の増大する権力に反旗を翻す産業プロレタリアートを先導し、断固とした反乱活動を組織しはじめた。大戦の前なら、社会主義運動全体が、その構成員と方向性に関する限り、ユダヤ的特徴を備えたものだと言えるだろう。そして西洋では、その運動がこのような純粋に経済的な形を取ったわけだが、東側（ロシア帝国）では、政治的な形態をも取った。同帝国で勢いを増す革命勢力は、方針でも原動力でも、同じくユダヤ的特徴を持ったものだった。

以上が、大戦前夜の状況だった。ユダヤ人問題とは何を意味するかということに、人々が完全に気づき始めたのである。旧来の安心感は永遠に消え去ってしまった。現在では多数派になっているが、当時は少数派だけがその問題に対処し、それを公に論ずる用意が整っていた。公

〈注７〉フランスの政治家、社会学者（Jean Joseph Louis Blanc　一八一一〜八二年）。一八三四年からパリでジャーナリストとして活動し、一八三九年には『労働組織論』を発表し、一躍名声を高めた。その理論では、国家は社会作業場を作って生産を調整し、労働者に労働手段と平等な賃金を保障し、競争という資本主義の悪の根源を解消して、新しい社会をつくるべきだと主張した。一八四八年、イギリスに亡命し、そこで大著『フランス革命史』（*History of the French Revolution of 1789*）を書き上げた。

のもの、特に新聞界は、多大な影響力を持ちながらも、どの部局もそれまでのところ、その現状を注視しようとはしなかった。ユダヤ人問題を公に言うことを禁じる慣習は、依然として非常に根強かったのである。

表面上は、旧来の自由主義的な政策がしっかりと根をおろし、揺《ゆ》らいではいないかのように見えた。しかしユダヤ人は、どこでも優位な立場に立っていた。ユダヤ人たちはヨーロッパ全土の大学で教えていた。どの新聞社にもユダヤ人がいた。政府の最高位の場所でも、彼らの姿を見つけることができた。キリスト教国の大法官庁裁判所では、誰も疑問を挟めないような支配力を手にしていた。

戦争という計り知れない大惨事が（ユダヤ人には無関係であったが、重要な経済界のユダヤ人代表者たちは全力を尽くして避けようとした）ヨーロッパに降りかかった。最初は、ユダヤ人の主張に対する討論や論争が、静まるかのように見えた。ユダヤ人たちはどの軍隊でも勇敢に戦った。彼らが過酷なほど曖昧《あいまい》な状況におかれていたことは全く理解されていなかったが、その功績は十分に認められた。ユダヤ民族としてその戦争に何の関心もなかったことを考えると、その戦争とは、ユダヤ民族を何の目的もなく犠牲にするだけの狂気の沙汰に思えたにちがいない。

ザングウィル〈注8〉は、最初の徴兵に加わったユダヤの人々（数多くいた）は「イスラエルの名誉のために」そうしたのだと、熱心に、そして即座に言ってのけたが、それはこの事柄を実にうまく言い表わしている。その犠牲に成果がなかったわけではない。そのために数多くの不満の声がなくなったのだ。キリスト教を信じる一家は、自分の傍《そば》で、ユダヤ人の隣人がユダヤ民族に無関係な戦争で息子を亡くした姿を困惑しながら眺めていた。キリスト教の司祭は、苦悩を告白するうら若いユダヤ人兵士に立ち会った。西洋諸国を守る人々は、自分の傍《かたわ》らで、ユダヤ人召集兵（決して招聘《しょうへい》されるべきでなかった）だけでなく、ユダヤ人志願兵までも目にしたのである。こうして合衆国から一番乗りで入隊した一人のユダヤ人がいた。そのユダヤ人は後に昇進したが、私はマイエンヌ〈注9〉のマンジャン参謀本部で彼と会う光栄に浴した。

願わくば、彼に本書のこの一節を見てもらいたい。

このようにして、ユダヤ人と私たちがその苦難を分かち合うことで、ユダヤ人と私たちの間で拡大している論争が静まっていくかのように見えた。ユダヤ人問題の討論だけでなく、ユダヤ人の勢力、そしてもっとも合法的なユダヤ人の主張に対してさえ、直接的な敵意をあからさまに見せていた著名な人々も、沈黙を余儀なくされたのである。和解の雰囲気が漂っていた……。

〈注8〉イズレイル・ザングウィル（Israel Zangwill　一八六四〜一九二六年）は、イギリスの作家・推理作家。父親はロシアから亡命したユダヤ人、母親はポーランド人であった。初期のシオニストの一人で、指導者ヘルツルのもと、ユダヤ国家樹立のために活動した。その傍《かたわ》ら、ユダヤ人の生活に取材した小説や戯曲を書き好評を博した。

〈注9〉フランス北西部のペイ・ド・ラ・ロワール地域にある県。

ユダヤ人問題を一変させた事件

そのとき、まさにその苦闘の努力がなされている真っ最中に、あの要因が入ってきたのである。それは計り知れないほど重要であり、現在、それ以外のすべての要因を左右するほどである。私が申し上げているのは、いわゆるボルシェヴィキ主義と呼ばれる要因のことである。

この新しいユダヤ人の運動は、事態を全面的に、がらりと変えてしまった。私たちの全世代にとって、ユダヤ人問題を一変させてしまったのである。

今後は、その問題がかなり公然と議論されるはずである。政治の主要問題になり、私たちの将来の安全を左右する解決案に対して、緊迫した状況を生み出すだろう。

というのもボルシェヴィキ運動は、もっと正確にいえば、ボルシェヴィキ主義の爆発は、ユダヤ的特徴を備えたものだったからだ。

その明白な事実は、虚偽とあまりにもたやすく混同されやすい。私はまずそれを、初めに明らかにしなければならないのである。

ボルシェヴィキ運動はユダヤ人の運動だったが、ユダヤ民族全体の運動ではなかった。ほとんどのユダヤ人は、その運動と全く無関係だった。実際、多くのユダヤ人は、そしてもっとも典型的なユダヤ人たちは、それを毛嫌いしているのだ。多くの人々は積極的にその運動と戦ってもいる。その運動の罪悪をユダヤ人全体のせいにするのは、深刻な不正行為であり、思想的混乱から生まれるものである。少なくとも私にはそのような混乱はない。

すでに十分に申し上げたので、当面の問題に戻ろう。「労働者」と呼ばれるもの、すなわち、資本主義者の現状に対するプロレタリアートの反乱という題目は、すでにみたように、主にユダヤ人が指示したものである。ユダヤ人のエネルギー、その国際的資質、そして決められた計画の忠実な実行力が、寄与しているのだ。これぐらいのことはどれもロシア特有のものではなく、西洋の産業化された全地域にあるものだ。「指示した」という言葉を用いたが、何か意図的な計画があったという意味ではない。ユダヤ人は一国から他国へと絶え間なく移動し、階級感情に逆らう勢力であるがゆえに、国民感情には当然無関心であり、明晰《めいせき》な考え方と推論への情熱を持ちながら、粘り強さと知的な勤勉さも兼ね備えているので、なるべくして主要な唱導者や最高に有能な指導者になったという意味である。

結局、ユダヤ人は、世界中でその運動を固く結びつける接着剤の役割を果たしたのだ。カール・マルクスが、自分よりも偉大なヨーロッパの同時代人を手本として、『資本論』という名著で明らかにした方針に沿いつつ、そこからさらに明快な解決案を主張したのは、他ならぬユダヤ人だったからである。

しかし、社会主義がまだ単なる理論にすぎなかった頃に、ユダヤ人がこのような知的なリーダーシップを発揮して社会主義の組織化を行なったことと、それが理論から実践へと移行し、大国で支配力を発揮しながら実際に運営されるのとでは、世界にとって天と地ほどの違いがあったということだ。

「社会革命」という言葉は、一九一四年にはまだ単なる言葉にすぎなかった。人々もそれをあまり真剣に捉えてはいなかった。しかし、一九一七年、社会主義者の革命が一撃のもとに大国で突然に成し遂げられ、その革命の主体者、指導者、統制者たちが、非ユダヤ人の取り巻きをほんの少数含むだけの、ユダヤ人の閉鎖社会であることがわかると、全く別の問題となったのである。事態が現実のものとなったのだ。国家の諸伝統とキリスト教の財産倫理全体を脅かす危機が迫っていた。ユダヤ人問題に関して何よりも重要なのは、慣習や強欲や恐怖ゆえに今まで沈黙していた多くの人々が、今や声を上げざるをえなくなったということである。そのとき以来、一九一七年初期には、私たちの時代の主な政治問題となった。

その政治問題は、経済大論争に接木《つぎき》されて完全に一体化し、その経済との密接な結びつきがどのようなものであれ、経済論争よりも優先されるようになった。端的にいうと、ロシア帝国は、近代戦争の準備が不十分で、一九一六年末期には耐え難い負担に窮していた。人命の損失が続き、ロシア社会は、消滅の一歩手前まで来ていたのだ。そして何年間も指示や組織化をユダヤ人の手に委ねてきた恐るべき革命運動が起こったのである。私たちの世代で三度目にあたるが、今回は成功した。

急速な局面の展開があった後、一九一八年初期から今日まで続いている状況に落ち着いた。街では、自由に選ばれた議会が不当だと拒否された。そして「プロレタリアートの独裁」が宣言された。これからの職場は「評議会」（ロシア語で「ソヴィエッツ」という）によって運営されることになった。農村では、この同じ組織が農業を統制することになった。しかし農村では、農民たちがすでに土地を差し押さえ、解散した軍隊から人々が故郷へぞろぞろと戻ってきていた。

もちろん、実際問題として、樹立されたのはプロレタリアートの政府などではなかった。プロレタリアートの「独裁」というには、政府という以上におこがましい、ありえない代物《しろもの》だったし、言葉としても矛盾するものだった。それは「労働者と農民の共和国」と呼ばれていた。しかし実際は、そのような類《たぐい》のものではまるでなかった。それは一派閥による純粋な専制国家であり、その指導者も、ロシアの軍事力が復活する芽を摘むため、ドイツの指導下で、ロシアへ特別に送りこまれた者たちだった。

そしてこの指導者たちは、すべて例外なく、ユダヤ人か、あるいは、ユダヤ人が国内での人間関係を通して押さえていた連中だった。その後に起こったことは、ことごとくユダヤ人の直接の命令の下で行なわれた。その中の最重要人物がブラウンシュタインという人物で、トロツキー〈注10〉と名前を変え、身元を隠していた男である。

〈注10〉ロシアの革命家（一八七九〜一九四〇年）。十七歳から革命運動に参加し、シベリア流刑後はロンドンに亡命している。三月革命以後にボルシェヴィキ主義に合同して十一月革命を指導し、新政権の外務人民委員（外相）・軍事人民委員（国防相）となったが、レーニンの死後、永続革命論を唱えてスターリンら党主流の一国社会主義と対立したため、党を除名された。その後国外追放となったため、メキシコを亡命地に選んだが、同地で暗殺された。一般にはロシア人の革命家のように思われているが、実はユダヤ人で、その出自も南ウクライナのヘルソン県の富裕な入植ユダヤ農民の子として生まれている。

ロシアで革命を起こした人々の動機

恐怖が巻き起こり、支配者階級の数え切れないほどのロシア人が虐殺され、その結果、ロシアという国の枠組み全体が消滅してしまった。その中には、もちろん、多数の聖職者がいたことに特に注目しなければならない。ユダヤ人の革命家たちは、聖職者に対し特別の恨みを抱いていた。古い社会組織はすべて一掃され、このユダヤ人派閥の独裁政治下で、古い経済秩序は一変された。食料や必需品はすべて（街では）統制されて配給となり、肉体労働者が最大の分け前を受け取った。新しい主人の下で働かなければ、誰も分け前に与《あずか》れなかった。

農地は理論上国有化された。しかし実際は、町のユダヤ人評議会が、農地を強制的に支配することはできず、農夫が土地を所有するという本来の状態へ逆戻りした。しかし、町のユダヤ人評議会は自分たちと自分の軍隊を養い、社会制度が崩壊したことにより、飢え同然の状態になっていた町で、彼らを頼りとする人たちを支援するために、農産物を作る広大な地域を襲撃するくらい強い力をもっていた。

その後に何が起こったかは、誰もが知るところである。反革命の試みは、各地に散らばったロシア人やその他の軍事指導者が率いたものだが、ことごとく失敗した。新しく手に入れた農場が危うくなっていると信じた農夫たちが、農地を守ろうと狂信的に志願兵となったからである。町では困窮がますますひどくなり、工業生産は緩やかに衰退し（これまでにない厳格な専制政治で、徴集労働が強制されたにもかかわらず）、社会全般が溶解されてしまった。

数週間でひとつのキリスト教国全体を破壊した人々の主たる動機は、自分たちが唱導し、同胞である数多くのユダヤ人が、ヨーロッパ中で信奉してきた政治的・経済的理想を追求することであった。それは、資産に限れば、共産主義である。社会主義者による生産と分配というマルクスの学説である。これまでもっとも恵まれなかった人々を偏愛する、独断専制的な制度によって押し付けられた社会主義者の学説である。この経済的、政治的な動機群の中で主たる動機は、十中八九、これらの人々の大部分が、心から共産主義の学説を信じたことだろう。

これに付け加えなくてはならないのは、もちろんユダヤ民族が関係する場合を除いて、革命を主導したユダヤ人たちの中に、同じように心底から国民感情を憎むという気持ちがあったということだ。これらの新しい指導者にとって、ロシアの国民感情という考え方は、ばからしく思えた。同じく彼らの同胞にとっても、どこであろうと、国民感情という考え方はばからしく思えたにちがいない。あるいは、ばからしくないとしても、その考え方は、それよりも重要な個人の利益という動機や、個人が感じる当面の不正を正すという行為を補うものでしかない。彼らは当然のことキリスト教を攻撃したが、それはこの宗教が彼らの社会理論に反していたからだ。

彼らには、ある種の聖戦に加わるような、伝道者的な理想があり、それが行為全体を貫いていた。それは、かつてのロシア帝国の国境をはるかに越えて共産主義を拡張したいという欲望である。この理想ゆえに、中央ヨーロッパ全土、そして西ヨーロッパ全土でさえ、革命を支持する陰謀を企てるようになったのである。

これらが主たる動機だったが、他の動機もあったにちがいない。

ユダヤ人で構成され、突然にそのような新しい力を手に入れた評議会が、彼らの同胞に利益を供与したいと望まないはずがない。また、過去にユダヤの民を迫害した連中に対する復讐心を捨てるはずがない。だから、彼らは、ロシアを破壊するにあたっても、個々のロシア貧民を支援したいという欲望と、国家の伝統全体に対して復讐をしたいという欲望とを混合せずにはいられなかったのである。

最悪の事件を起こした連中の中にもユダヤ人がいたとさえ言われており、現在、私たちは、そのぞっとするような事件の詳細をすべて知っているのだ。すなわち、ロシア皇族の虐殺である〈注11〉。父親、母親、娘たち、そして不幸にも病弱だった後継の一人息子も惨殺された。

さらに、ユダヤ人評議会はロシアの国庫やロシアの通信手段を支配していたので、西洋の金融を大規模に牛耳《ぎゅうじ》っていたユダヤ人の同胞に、何らかの共感を抱かないはずがない。彼らがどれほど資本主義を毛嫌いしていたとしても、物の道理として、彼らの血統と性質を持つ者に訴えたほうが、いかに心得違いをしていると思われようとも、私たちの血統と性質を持つ者がそうするよりも効果があるのだ。これにより、世界中で、ユダヤ人金融家と、ユダヤ人による革命の統制の間に中途半端な類似性が見られる原因が明らかとなる。

これにより、ボルシェヴィキ主義に対する防衛に本腰でない原因、商業上の抗議が永遠に繰り返される原因、調停が継続される原因、私たちの政治家がソビエトを認知する原因、そして「労働者」がドイツのユダヤ的産業主義は支持するけれども、ポーランドには反対する原因が明らかになる。ユダヤ金融が強力な場所ならどこでも、特にウェストミンスターでは、これらすべてのことが起こっているのだ。

沈黙していた人々に起こった変化

しかし、そのような状況だったかもしれないが、私たちがボルシェヴィキ主義と呼ぶものの大爆発によって、ユダヤ人問題をめぐる議論は土壇場に追い込まれてしまった。その問題の議論をこれまで抑えてきた二つの勢力があった。

その一つは一世代以上も支配してきた自由主義的な虚構である。それによれば、ユダヤ人という言葉を使うことさえ不謹慎であり、ユダヤ人と彼らを匿《かくま》う人々の間に違いがあると匂《にお》わすことさえ不作法だとされていた。そして第二に、西洋の大部分の裕福な人々から、ユダヤ人が富を支配しているように誤解されているという事実がある。その結果、ユダヤ人は資産の実在する守護者であり、またそのような位置づけにあるため、ユダヤ人を攻撃すれば、その批判者の富も危うくなると誤解されてきたのだ。ロンドンのシティで仕事に就いた者でも、パリの証券取引所で人生の一時期を送った者でも、資本主義者の大事業の取引交渉をしていた者でも、

〈注11〉一九一七年のロシア三月革命で退位していたロマノフ家の皇帝ニコライ二世（50）と、その一族が、翌年七月十七日に、幽閉されていたシベリアのエカテリンブルクで、凌辱され虐殺された事件。一族の中には、ドイツ出身の皇后アレクサンドラ（46）、血友病という不治の病のため、二十歳までは生きられないといわれていた皇太子アレクセイ（13）のほか、長女オリガ（22）、次女タチアナ（20）、三女マリア（19）、四女アナスタシア（17）という四人の皇女がいた。

あらゆる能力を駆使して大手銀行を経営し、陸海の国際的通信手段を利用しなければならなかった者でも、さらに物書きで不安定な生活の糧《かて》を得ていた者でさえも、各自が皆それぞれにユダヤ人問題を公に論じないことが、個人の幸福のためには必要だと感じていたのである。

ユダヤ人問題の重要性を認識した人々は、私的な場では、それを話題におしゃべりに興じることもしばしばあったが、少なくとも公の場では、恐怖心にかられ、その問題について沈黙を守っていた。それほどの認識のない人々でも、同じように恐怖心の影響を受けていた。

最後に、恐怖心からであろうと、それ以外の原因からであろうと、抑制する必要が全くない多数派の階級の人々もいた。彼らは、決まった給料や配当金を受け取れれば、現状のままでも全く満足だという人々であった。彼らは、ユダヤ人に干渉すれば、配当金や給料の受け取りに支障をきたすと信じて疑わなかったのである。

ユダヤ人のボルシェヴィキ運動により、その精神状態に終止符が打たれた。強欲、慣習、恐怖からこれまで黙っていた人々が、自分の身が碾臼《ひきうす》の間に挟まっている状態であることに気づいたのである。これまでは少なくとも、黙っていれば安全だ、あるいは自分の経済的地位が高まると思いこんでいた。ところが、ユダヤ人の恐るべき新勢力が、突然に脇から躍り出てきて、資産を破壊すると決めたのだ。もはやだんまりを決めこむ理由は何もなかった。声を上げることがますます必要になった。古い慣習や古い秘密は依然として根強く残っていたが、ユダヤ人のボルシェヴィキ主義とは戦う必要があるとするほうが、それよりも説得力があったのだ。

ヨーロッパ全土で、その運動のユダヤ的性格がますます明らかになった。共産主義の指導者たちは、この革命はロシア革命であり国内的なものだというふりをする愚かな政策によって、至るところでその本質を明らかにしたのだ。そして革命の創始者や指導者がもともとユダヤ人だったということを隠そうとした（隠すのは、あまりにも遅きに失していた）。実名が世間の噂となっているのに、何食わぬ顔で前面に出したロシア人の名前が本名であるかのようなふりをするという、子供じみた努力をしたのである。

それと同時に、彼らはユダヤ人のスパイを通して犠牲者の金銭や有価証券や、死者から剝《は》ぎ取ったか、あるいは虐殺した男女の金庫から盗みとった宝石を懐《ふところ》に入れていた。ある実例を挙げると、ロンドンの共産系の新聞に補助金が出ているという裏付けも、もとをたどれば、これが原資の出所になっているのである。関係したイギリス人は操り人形にすぎず、婚姻によって一族となったユダヤ人脈がこの取引の本当の仲介者であることが判明した。

別の例を挙げると、通商代表団の到着が仰々しく告げられ、ロシア人の名前がずらりと並んでいたが、よくよく調べてみれば、その筆頭の団員は、ユダヤ人商会で生涯勤め上げた人物であり、もう一人は、なんとブラウンシュタイン（トロツキー）の義兄弟に当たるユダヤ人であることが判明した。ロシアの町の新しい当局の代表に任命され、大英帝国政府が一部認めた外交官も、フィンケルシュタインというユダヤ人であり、結婚によってこの国のユダヤ人名士の甥《おい》となった人物だった。彼はリトヴィノフという名前で通っていた。というわけで、それは、すべての首都や工業大都市の活動全体に広まっていたのである。

このどれにしても、十分な燃料があったからこそ炎が上がったという明々白々な真実を見過ごしてはならない。世界中の産業に従事するプロレタリアートも、同じように愛想を尽かしていて、同じように革命を起こす準備を整えていた。革命運動の指導権を握ったのはユダヤ人かもしれないが、その流れをつくったのはユダヤ人ではなかった。それもユダヤ人の所業だと想像するのは、「反ユダヤ主義者」が犯しがちな、もっとも子供じみた誤謬《ごびゅう》に陥ることになる。影響力の流れが起こったのは、産業資本主義によってではなく、よりどころのない多数の賃金労働者に困窮が押し付けられたことと、燃えたぎる不公平感があったからである。労働者たちは、自分たちの救済者と仰ぐ者たちの出身地がパレスティナであろうと、モスクワ大公国であろうと、ティンブクトゥ〈注12〉であろうと、当然無関心であった（そして今でも無関心である）。彼らの興味は経済的な自由にあった。社会主義の学説とその結果にあったのだ。自分たちを導く人々の人柄に興味はなかった。

彼らの置かれた立場はよくわかる。しかし、私の論点は、西ヨーロッパ資本主義の指導的少数派が、前述したような動機から、これまではユダヤ人問題に沈黙してきたけれども、今や口を開きだしたということである。彼らは、考えていることを自由に話せるようになり、実際に語り始めたのだ。それとともに彼らの抗議の量も増大せざるをえなかった。故事にもあるように、「猫が袋から飛び出てきた」、すなわち、秘密が漏れたのである。もっと威厳のある言葉で言えば、今となってはもはや討論をこれ以上沈黙させておくことはできないのである。革命の指揮をとったのが主にユダヤ人であったことは、認知されている。国際金融といえば主にユダヤ人だと長きにわたり認知されてきたわけだが、今やそれと同じくらいはっきりとそのことが認知されているのだ。一方の危険には寛容な人々でも、他方の危険には寛容ではいられないだろう。

さらに言えば、その危機から脱したわけではないということだ。論争が起こるだろうが、それは決して危険ではなく、良いことである。危機とはむしろ、抑制が徐々に緩まるにつれ、ユダヤ人ではなく、ユダヤ人とともに住むほとんどすべての人々が、ユダヤ人種に対する敵意を自然に感じ、その敵意が不条理で暴力的な形を取りうることだ。さらに過去のイスラエルの歴史を特徴づけてきたあの大惨事、あの悲劇、そしてあの災難をもう一度起こすかどうかの瀬戸際に、私たちがいるかもしれないということである。

これを防ぎ、時間がまだあるうちに何らかの問題の解決策を見つけ、私たちを辱《はずかし》めるような行為や、私たちとともにいるあの少数派のユダヤ人の人々を苦しめるような行為を未然に防ぐこと、それが正直者なら誰もが目的とすべきことなのである。

〈注12〉アフリカ西部、マリ中部のニジェール川付近の町。

第4章　摩擦の一般的原因

ユダヤ人の特質と流儀

モロッコでユダヤ人が受けている待遇

ユダヤ人問題の重要性が、はっきりと高まった直接の原因は、ロシア革命である。そして現在、その革命についての議論における特徴といえば（二〇年前のイングランドでは信じられなかったことだが）、資本主義と対抗するプロレタリアートの経済論争で、ユダヤ人が指導力を発揮したということである。

したがって、今この時点でユダヤ人と受入れ側の国民との間で生じる摩擦の原因は何かと尋ねられれば、大部分の人々は、現在、ヨーロッパ全土で、反社会的なプロパガンダが野放しになっていることだと（少なくともイングランドでは）答えるだろう。

「ユダヤ人が、社会革命という形で、キリスト教文明に対し、そして特に私たちの国家に対して陰謀を企てていることをめぐって、ユダヤ人と私たちとが論争している」ということを、何百もの異なった情報源から耳にすることだろう。

現在至るところで耳にするこのような答えは、摩擦の原因としては、不十分きわまりないものである。

ユダヤ人の寄留する諸国民とユダヤ人との摩擦の歴史は、今よりもずっと古いし、その根もはるかに深く広範囲に伸びている。現在の危機が生じる以前の一〇〇年間は、比較的少数の人々がユダヤ人問題を繰り返し力説し、議論を喚起しては、その重要性を強調してきた。その主たる関心は、ユダヤ人の活動の全く別の側面、すなわちユダヤ人が支配する国際金融の側面にあった。

その側面が近代的な重要性を帯びる以前のユダヤ人に対する非難といえば、ユダヤ人の国際的な立ち位置が、私たちの民族的伝統や愛国主義と相容れないということだった。それ以前では、宗教が異なっていること、特に受肉の教理〈注1〉と、その教理から派生する事柄にユダヤ人がことごとく敵対していることが、非難されていた。そしてこの大論争が起こる前では、異教のローマ帝国に寄留するユダヤ人が全く善良な市民とはいえなかったこと、そして帝国に対して継続的に反乱を起こしては、自分たち以外のローマ市民を虐殺するといった罪を犯していたことが非難された。

イスラムの文明圏では、これとは別に一連の非難が巻き起こっていた。もっと正確にいえば、種類の異なる侮蔑や抑圧があったということである。ユダヤ人との平和な時代が長く続いた後、特定の地域でもっとも激しい抑圧が起こっていた。たとえば、ここ数年でも、モロッコ

〈注1〉キリスト教には「三位一体」という根本教義がある。すなわち、父なる神・子なる神・聖霊という三位一体の神の位格《ペルソナ》の一つである神の子がキリストとして、神が人間となって現われるというものだ。一方、ユダヤ人にとってイエスは人間であり、神ではない。ユダヤ教にとって人間を神格化することは、神への冒《ぼう》瀆《とく》になるだけでなく、ユダヤ教の根本教理をも覆《くつがえ》すものになる。またキリスト教の教会堂にはイエス像があり、キリスト教徒の礼拝の対象になっている。もちろんキリスト教でもモーセの十戒にあるように偶像崇拝は否定されているのだが、キリスト教ではイエスは神の子であるがために礼拝の対象となる。しかし、ユダヤ教ではモーセを代表とする預言者は尊敬するが、人間であるイエス像を礼拝の対象とすることは許されない。

のユダヤ人は、人間以下の扱いを受けている。ユダヤ人は、有力者が自分のそばを通り過ぎるときには、壁に顔を向けなくてはならない。モロッコ人の間にいても、ユダヤ人のような低俗な輩《やから》と一般人とを区別するという理由から、特別の衣装を身に着けなければならない。馬に乗ったまま町の門をくぐることができず、下馬しなければならない。このようにモロッコ王国の都市で、市民生活では当たり前だった二〇の行為が、ユダヤ人には禁止されていた。

これらのことはどれも、ユダヤ人と共住する人々とユダヤ人との間に摩擦があり、これまでも常に摩擦があったということを意味する。それは、時には表に出ずに隠れていたり、時には激しく表面化したりした。不安定ながら平和が続いた時代にあっても、沸々と不満の声が出はじめていることもあれば、それが激化し、ありとあらゆる迫害という悪行となって沸き立つこともあった(場合が異なれば、口実も違ってくるけれども、このユダヤ人と非ユダヤ人の間の摩擦は、どの時代、どの場所でも、たえず生じていたといってよいだろう)。

摩擦の原因と性質

では、摩擦の原因は何か。どのような性質なのか。

この問題にアプローチするのは、すこぶる難しい。そこで私はこう考える。すなわち、このような嘆かわしい結果をすべて伴う摩擦の原因には、二つの種類がある。

まずは、「一般的」なものである。これは、常に存在しているので、根絶できない。それは、ユダヤ民族の全体的性格や、それと一体化した伝統やその社会的意思が、彼らとともに住む国民との間で論争となっているという事実に集約される。

次に特別の原因がある。それはユダヤ人の側で、控えようと思えば控えられる社会的行動や表現である。そのうちのおもな二点は、ユダヤ人が行動の手段として秘密主義を用いること、そして隣人に対する優越感をあからさまに表現することである。ユダヤ人が優越感を感じるのは仕方がないとしても、それをこれみよがしに誇示するのは間違っている。

このような原因を順番に扱ってゆこうと思う。まずは一般的原因から考えよう。ただし、それらを単にまとめるだけでは、その現象を十分に説明することにならないことは認めざるをえない。これには、もっと奥深く、神秘的でさえあるものが、何かしら潜んでいるように思える。というのも、この二つの相対立する民族の間でも、個人的には、この上もなく親密な関係を築いたり、相手を尊敬したりすることはできるのだが、これが大きな集団や民衆の衝動となると、最大級の摩擦が表面化することが例外なく認められるからである。単なる気性の違いだけで説明するには、あまりにも奥の深い問題なのである。

実際は、避けがたい敵意を燃え上がらせているだけでなく（本書が書かれたのは、そのような不可避性と対峙《たいじ》するためである）、相容れない目的で胸中がいっぱいになるような何かしら内的な力が、双方の側の人々に働いていているかのようである。

最初に注目すべきは、ユダヤ人を敵視する人々が行なった非難も、この非難に対してユダヤ人やその支援者が展開した反論も、ともに的が外れているということだ。なぜなら双方とも、実際にはとても具体的なことを、抽象的な形で言おうとしているからである。このことはまた、ユダヤ人を賞賛するときにも言える。

彼らがしていることは、一人の男が二枚の絵画を見くらべる際、実際には色彩に興味があるのに、輪郭で絵を比較するようなものである。あるいは楽曲の聴きどころを評価すべきときに、そのメロディーのどこが良いかではなく、曲を奏《かな》でる楽器を論じるようなものである。「神よ、国王を守り給え」という曲が、おもちゃの笛で演奏されるのを聴いて「甲高い」曲だったといい、チェロで演奏されるのを聴いて「とどろきわたる」ようだったと言うのと同じである。本当に注意すべき点は、ユダヤ人が私たちにとって（あるいは私たちがユダヤ人にとって）、ある種抽象的な資質や欠点を持っているように思えるということではない。彼らの場合は、私たちにはない特別の民族的な「音色」を奏でるということだ。

ユダヤ人の「勇気」を示した驚くべき光景

ユダヤ人と敵対する人々が、ユダヤ人には臆病、貪欲、背信という三つの悪徳があるといって糾弾するのを耳にすることがある。しかし、ユダヤ人たちの行動を検証すれば、彼らが最高に高邁《こうまい》な勇気、最大の寛容性、最高に献身的な忠誠心を発揮した実例を、あまた目にすることだろう。ところが、そのユダヤ的な勇気、寛容性、忠誠心は、ユダヤ人の目的を実現することだけに向けられており、そこには誰でもひと目でわかるユダヤのマークが刻印されているのだ。

ユダヤ人は臆病だと非難する人は、ユダヤ人がその非難する側の人の流儀で戦わないと言っては、相手を責めるわけである。その人は、そのどれをとっても、自分と同じ状況下で、自分と同じ目的のために、自分と同じ流儀でユダヤ人は勇気を出していないと言っているにすぎない。

しかし、もし勇気という言葉に何らかの意味があるなら、よく考えてみれば、いろいろな行動にも当てはまると言えるのであり、数えてみれば、現代の経験だけからしても、枚挙に暇《いとま》がないほどだ。

若者が、自分の民族のために自らの意志で命を捧げるのは臆病なことだろうか。日露戦争後に最初の革命が勃発してから、ユダヤ民族の敵対者であるロシアの首相を殺害したユダヤ人の若者は、臆病風に吹かれていたのだろうか。混み合った劇場に歩いて入場し、周りをずらりとユダヤ民族の敵に囲まれているのに、その真っ只中にいる敵の頭領を銃撃したのは臆病だったからだろうか〈注２〉。圧倒的な大多数の外国人を相手に決起し、おそらく全生涯を捧げて、その大多数の人々からのひどい不評を買うような主張をし、常に肉体的な暴力を受ける危険を冒しながら何度もその主張を繰り返すのは、臆病なのであろうか。

読者は、ヨーロッパ全土でユダヤ人がそのような態度に出ているのをご存じだろう。この国

〈注２〉ベロックが言及しているのは、ロシア首相ピョートル・ストルイピンの暗殺事件であろう。一九一一年九月十四日（ユリウス暦九月一日）、ストルイピンは、ニコライ二世の行幸で、キエフの劇場で観劇中、ユダヤ人のドミトリー・ボグロフに皇帝の御前で銃撃された。犯人のボグロフは、反体制派、社会革命党のユダヤ人。ストルイピンは、四日後の九月十八日（ユリウス暦九月五日）に死去した。

のユダヤ人が、二〇〇〇年にわたり断続的に拷問を受け、略奪され、非業の死を遂げながらも、個々にその伝統を途切れることなく維持できたのは、臆病のせいだとでも考えるのだろうか。このようなことを口に出すのさえもばからしい。そのような非難をする人は、明らかに自分流に解釈した勇気と、普遍的な属性を持つ勇気とを混同しているのである。

人々がそのように誤解するのは、ユダヤ人が異なった状況下にあって、異なったやり方で、異なった欲求に従って勇気を見せているからである。いわば、そうであるがゆえに、もはや勇気ではないと思ってしまうのだ。そう考えるのは、自分の考え方がとても狭いことを告白しているようなものだ。

私自身、ユダヤ人の勇気ある行為を、何度も目にしてきたと証言できる。私が申し上げているのは、戦闘行為における勇気ではない。それについても十分な証拠があるが、ここで言いたいのは種類の異なる行為であり、私たちの民族なら、それと同質の勇気、あるいは同じ「音色」の勇気を見せることがない。実例を一つご紹介しよう。

かれこれ二〇年以上も前になるが、ドレフュス事件への反感が最高潮に達し、特にフランス軍内のわだかまりが極限状態にあったときだった。私はたまたまニーム〈注3〉の町にいたが、ちょうどその頃、軍隊の一団がその町を通過した。私が腰を下ろしていたカフェは、若い下士官たちで溢《あふ》れていた。私以外でそこに居合わせた市民はほとんどいなかった。

その場に年老いたユダヤ人が入ってきた。背がとても低く、誰でも一目でユダヤ人種とわかる肉体的特徴があった。年を重ねたせいでいくぶん腰は曲がっていたが、眼光は鋭く、その声には異様に震えるようなイントネーションがあった。老人は過激きわまりない記事を載せた大判の印刷物を売り歩いていたが、どの印刷物もすべてフランスの軍隊を侮辱するものだった。彼は、大々的に印刷されたヘッドラインの大文字が誰の目にも留まるようにしてその印刷物を手に抱え、カフェの中に入ってきた。そしてゆっくりと集まった者たちの間を回っては、腰に軍剣をぶら下げた男たちに、その印刷物を配って歩いたのである。男たちは騎馬兵団に所属していた。

そのような場合のフランス人の気性は誰でも知っている（水を打ったような静けさだったが、一触即発で沈黙が破られ、思わぬ事態に豹変することもありえた）。下士官は一人また一人とそのユダヤ人を礼儀正しく払いのけ、見て見ないふりをしていた。老人はひと通り彼らの間を回り、突き刺すような眼光でその顔を覗き込み、最初から最後まで皮肉と侮辱の入り混じった笑みを浮かべては、その合間あいまに自分の印刷物がどのようなものかを説明した。老人はそれが終わると、何の危害も加えられることなく店を出て行った。

びっくり仰天するような光景だった。他にも、同じように仰天させられる強烈な光景を数多く目にしたことがあるけれども、こと勇気に関する限り、これに勝《まさ》るものを見たことがない。

そこにいたのは弱々しい一人の老人だった。老人は、実のところ、小規模な少数民族に属する人だった。その民族が人から嫌われていること、特に印刷物を配ったフランス兵たちからは

〈注３〉フランスの南部に位置する都市で、ガール県の県庁所在地である。

嫌われていることも知っていた。老人はユダヤ民族の一人が傷つけられていると思ったので、このような途轍《とてつ》もなく大きなリスクを冒し、さらにそのリスクを楽しむかのように、自らに課した使命をやり遂げたのである。それは横柄だとか、悪趣味だとか、言いたければ好きなように言うがよい。しかし、それが勇気という名に値しないとは言えないのだ。それは最高に質の高い勇気である。

繰り返し申し上げよう。ユダヤ人の行為にこの種の勇気があるのを立証するものは、世界中の至るところで、どの時代にも見出すことができよう。その始まりは、エルサレムの占領である〈注4〉。そして明日にでも、私たちはそれに劣らぬ度量の勇気を再び目にすることもあろう。

ユダヤ人の金銭感覚

貪欲を取り上げてみよう。ユダヤ人と敵対する人々は、ユダヤ人が貪欲だと非難する。その際に人々がユダヤ人の中に認める悪徳とは、彼ら自身もやりかねないとわかっているような悪徳であり、彼らが自ら行ない、十分に承知しているものだ。だがそれは、ユダヤ人がユダヤ流では一度も行なったことのない悪徳なのである。

ユダヤ人は金銭に貪欲である。ユダヤ人は投資家だったり、貿易商だったりする。ユダヤ人は金銭を厳しい条件で考える人である。金銭について非現実的なことは決してない。しかし、ほとんど必ずといってよいくらい金払いがよい。一方、私たちの民族が貪欲という悪徳に染まると、けちになり、隠し立てをし、無慈悲となる。

ユダヤ人は、富の蓄積となると、情け容赦がなく狡猾《こうかつ》である。契約同意の正確な条件は、声高に主張する。また自分が企てたことは何でも粘り強くやり遂げようとし、ご多分にもれず蓄財もそうである。何を手がけるにせよ、手がけた以上は成功したいという欲求で半狂乱となる。しかし、金銭をひとたび蓄積したら、気前よく使わないのはナンセンスと考える。私たち西洋人が恥ずかしくなるほど気前の良いユダヤ人はいるかと聞かれ、かなりの数のユダヤ人の実名を直ちに挙げられない人は、私たちの中に誰一人としていない。

この気前の良さの根底には虚飾があるとか、あるいはいわゆる「免罪金の支払い」だとか言うのも正しくない。豪奢《ごうしゃ》好みは確かにユダヤ的性格であり、大いに情熱が注がれるわけだが、それだけで気前の良さの大半が説明されるわけではない。それは、ありとあらゆる形の個人的関係にまで広がりを見せる気前の良さである。ユダヤ人に仕えたことのある非ユダヤ人から証言をとってみるとよい。もしその雇い主が大資産家であれば、ほとんど例外なく、ユダヤ人の雇い主に好意的な証言をするのである。

彼らはあなたにこう言うだろう。ユダヤ人に仕えて屈辱を感じた。人間関係も決してたやす

〈注４〉エルサレムの地は、紀元前一四〇〇年頃からエジプトのファラオの支配下に入っていたが、紀元前一二三〇年頃、イスラエル人は、モーセに率いられてエジプトから脱出した（出エジプト）。その後、イスラエル人は、まずエリコを占領し、ここを拠点としてエルサレムを占領した。ダビデがイスラエル王になったのは、紀元前一〇一〇年頃と言われている。

いものではなかった。いつも距離があった。しかし、けち臭い扱いを受けたことはあまりない、と。実際はまさに貪欲の真反対である。大抵は自然に湧いてでる気前良さが残っている。同じようなことが、「免罪金の支払い」という世評についても言える。もっとも世間を騒がせたユダヤ人のかなりの資産が、公的な寄付という形で使われ、そのごく一部を社会に還元することで、一般人の怒りから身を守る体制が構築されてきたことは事実である。だが、それはユダヤ人特有とはいえない行動であり動機でもある。このことだけで、世間には知られていない数多くの個人的な慈善活動の説明がつくものではない。そのような慈善活動があることは、私たちの誰もが証言できるし、富裕層と同じくらい中流階級のユダヤ人にも共通するものだ。

勇気の問題と同じように、それは種類の問題である。たまたま気前が良いというだけの私たち国民は（実は気前の良い人は稀《まれ》だが）計算をすることがない。私たちは、自分たちが使い果たした金額を、あたかも単なる浪費にすぎないかのように勘違いするか、しばしば忘れてしまうのである。ところがユダヤ人は、どれくらい正確に犠牲をはらったのか、それが全財産のどのくらいの割合を占めるかを承知している。気前が悪いのはユダヤ人のほうだろうか。いや、決してそうではない。ユダヤ人のほうが一定の割合ではもっと気前が良いのだが、その流儀が違うのである。

このようなユダヤ人の気前の良さは、その金銭観がもたらす結果だと言えるかもしれない。ユダヤ人は投資家であり、流浪の民でもある。彼らと一緒に金銭も出たり入ったりする。これまで言われてきたのは、偉大なユダヤ人の築いた富で永続するものはないということだ。またこれらの億万長者で、今までに長者一族を形成したものは誰もいないとも言われてきた。だが、これはあまり正確なものではない。私たちの文明のあらゆる進歩を特徴づけたユダヤ人大富豪の名を挙げれば、長いリストができることを考えると、根づいている者の数がいかに少ないかに驚かされるというだけだ。

しかし、この金銭観はユダヤ人の気前の良さの一つの要素かもしれないが、それだけでは十分な説明にはならない。ともかく、そのような気前の良さがあるとすれば、強欲に対する非難と完全に矛盾するからである。実際のところ、強欲に対する一般の非難は破綻してしまうのだ。だからこそ、ユダヤ人がすこぶる勢力を持っている場所でさえ、ユダヤ人の強欲を一種のおきまりの笑い種《ぐさ》にしても許されるのだ。ユダヤ人は、その笑い種が的外れであることを知っているから、腹を立てないわけである。

ユダヤ人にとっての「裏切り」という行為

裏切りへの非難にしても、同じような関係にある。これほど裏切り者の少ない民族は他にはいない。ユダヤ人にとって国際的であることは裏切りではない。非ユダヤ民族の人々と利益を上げるために働きながら、それとは別の利益のために働いても、ユダヤ人にとっては裏切りではない。イスラエルの利益に反した行為をしたときだけ、裏切りのかどで非難されるのだ。このユダヤ人よりも民族的連帯が強く、このユダヤ人よりも裏切り者という形での民族的な弱みが少ない民族などいないし、これまでもなかった。

実際、これこそが、まさにユダヤ人に敵対する人々がユダヤ人に向ける非難なのである。ユダヤ人はあまりにも同質的すぎる。あまりにも一致団結しすぎている。あまりにも自己防衛が強すぎる。ただし、そのような非難を、裏切りへの非難と結びつけることはできない。ユダヤ人は、非ユダヤ人集団に反対する行動をとりながら、それとは別の非ユダヤ人集団に力を貸すことがあるというのは事実である。

ユダヤ人は、ドイツ人に対抗してフランスを援助するだろうし、フランスに対抗してドイツ人を援助するだろう。ユダヤ人は、自分が利益を受ける国の寄留者としても、あるいは自分を傷つける国の寄留者としても、冷然としかるべく行動するだろう。ユダヤ人はどちらの国にも無関心だからである。戦争が勃発した瞬間から、両陣営の諜報部は、ユダヤ人を頼りにする。ユダヤ人が国家主義に無関心だからではなく、数多くの言語を話し、旅行をし、敵国にも関係者がいるという理由から、ユダヤ人に頼るのである。このことは戦争だけではなく、武装した平和にも当てはまる。

だが私たちの間では、このようなことすべてが、反逆行為の実例となることも明らかである。ユダヤ人にしてみれば、イスラエルを裏切っていないので、そのような行為とて反逆ではない。しかしそのどの行為にも、私たちを不快にさせるような雰囲気が漂っている。もし私たちがそのような行為をしたら（あるいはするなら）、自分の品位を落としてしまいそうな事例である。しかし、そうしてもユダヤ人が品位を落とすことはない。

このような非難をリストにしたら、いつまで書き続けてもきりがないだろう。どの非難をとっても、特定の欠点によるものではなく、環境、気質、性格に違いがあるからだということがわかるだろう。だが、人の感情を損ねるのは、まさにこのことなのである。誤解を生む原因となり、悲劇へと至らしめるのは、まさにこのことなのである。

以上のことは、ユダヤ人に向けられた非難だが、それはまた不幸なことに、ユダヤ人とユダヤ人を擁護する者たちが、その非難に対して反論し、それに応える資質として説明したものである。ユダヤ人は本質的に愛国的である。これは本当である。しかし、私たちの目的や流儀からすれば、愛国的ではない。ユダヤ人は本質的に自尊心を抱いている。しかし、私たちの目的や流儀からすれば、自尊心を持ち合わせているとはいえない。自分が果たせない個人的な義務や、債務履行ができない個人的な一身上の契約が生じた場合、特に相手が同じユダヤ人である場合、ユダヤ人にとっては忌《い》まわしいものとなる。

しかし私たちの流儀では違う。たとえば、ユダヤ人は、私たちのように倒産を恥じることはないが、個人的な借用をすることには、私たちよりもずっと羞恥心がある。酒を飲んで酔っ払うことは、人間の尊厳をもっとも傷つける不道徳な行為だが、ユダヤ人がそれを悪習とすることはめったにない。だが、私たちにとっては、もっともよく知られた悪癖である。私たちは静《せい》謐《ひつ》であることに威厳を感じるが、ユダヤ人にはその感覚がない。私たちは、虚礼では威厳が傷つくという感覚があるが、ユダヤ人はそう感じることがない。

ユダヤ人の粘り強さは、私たちの誰もが知るところであり、ある意味でこぞって賞賛することもあるし、実際、私たち自身よりもはるかに優れている。しかし、それは私たちよりも幅の狭い粘り強さである。あるいは、少なくとも種類の違う粘り強さである。

私たちが数多くの目的に従うところで、ユダヤ人はたった一つの目的だけに従うだろう。しかし、ユダヤ人はどの親類縁者にも頭の下がるほど忠実であることを、私たちは知っている。その忠誠心は、私たちの社会の外にあるものだ。私たちにはその良さがわからない。ユダヤ人の知的才能でさえ、私たちとはどこか相容れないところがある。その才能は申し分のないものだが、私たちとは別の目的のために使われているように感じる。ユダヤ人の才能は冷ややかに、私たちの才能は熱狂的に活用される。ユダヤ人が才能を発揮するときは集中的であり、私たちの場合はおおらかである。

ユダヤ人がもつある種の「集中性」

物議を醸《かも》すような領域から離れ、ユダヤ人の資質に関する評価に進むとしよう。ユダヤ人に対する好き嫌いは別にし、私たちとユダヤ人の本質的な構造の違いも別にすれば、次のようにユダヤ人の資質をまとめることができると思う。

ユダヤ人は一つのことに集中する。心を分散させることはない。そしてこの集中性には強みと弱みが伴う。この関連で言われてきたのは(この種のものはすべて比喩《ひゆ》的だが)、ユダヤ人の心には融通性がないということだ。しかし、これが成功の大きな要素でもある。私は気づいたのだが、ユダヤ人はひとたびある特定の仕事を始めたら、それ以外の仕事には興味を示さない。私たちの視点から見て素晴らしいと思える仕事でも同じである。二人のユダヤ人兄弟がいれば、一人は金融をやり、もう一人が科学をする、あるいは一人は政治をやり、もう一人が音楽をする。このような実例を挙げれば、枚挙に暇がないだろう。そしてこれらの実例を見れば、自分が引き受けた職分以外のことには、ユダヤ人はてんで無関心なことが一目瞭然となろう。

私たちの目から見て驚かされるのは、ユダヤ人は自分の目的から注意を逸らすような誘惑には、どのようなものであれ、抵抗することである。たとえば科学に没頭するユダヤ人は、科学で裕福になれる機会があっても、まるで無頓着である。哲学に没頭するユダヤ人は（この分野では、何世紀にもわたり、何と偉大な名前を挙げることができるのだろうか）、貧しい生活をしながらも、そのような生き方に心から満足している。社会革命という特別の理想に没頭しているユダヤ人は、その理想のために全身全霊を捧げる。そして、以前より大きな影響力が発揮できることを誇りつつ、その務めを終える。だが、以前より決して裕福になっているわけではなく、理想を掲げ始めたときよりも、はるかに貧しくなっていることが多い。とりわけユダヤ人は、一瞬たりとも自分のゴールから注意を逸らしたくないのである。

この最初のユダヤ人の主要な特質にまつわるもう一つの特徴は、思想が明晰《めいせき》であることだと思える。ユダヤ人の議論は決して混乱することがない。すべての討論だけでなく、すべての行動でも、これがユダヤ人の優良な資質の一つなのである。それは強みの原因であるが、同時にユダヤ人が他の人種の敵意を掻《か》き立てる原因、あるいは（もっと穏やかな表現を使えば）「摩擦」の原因でもある。

というのも理論のプロセスが厳密に構築されると、そこから逃れることができないため、(それを行なう能力が劣っている人には)ちょっとした弱い者いじめになることがあるからだ。結論が間違っていると感じる人がいるかもしれない。多分、それは間違いだと知っているのかもしれない。だが、その人には自分の理由を表現する力が不足している。その人は、敵対者が問題としなかった原理原則をどのように述べたらよいのか、あるいはいつそれを議論に持ち出したらよいのか、わからないのかもしれない。そしてその人は、自分のほうがましな判断をしている場合でさえ、それに対して冷酷な論理が突き付けられているように感じるのである。ちょうど自分の頭にピストルを突き付けられるようなものだ。

強みであるにしろ、弱みであるにしろ、明晰なことはユダヤ人の知性の印である。ユダヤ人は何を行なうにしろ、その最少の細目にも知的明晰さを持ち込むのである。

これらすべてのことに付け加えなくてはならないのが、ある種の行動の集中性である。それは非常に目立つものだし、ユダヤ人とその周りの人々の摩擦の原因でもある。ユダヤ人の話に耳を傾けていただきたい。特に革命綱領についてユダヤ人が話しているのを聞いてみてほしい。そして電流が流れているときのボルテージの高さに注目していただきたい。ユダヤ人の用いるエネルギーは、火炎のエネルギーではなく、きちんと方向を定めた吹管のエネルギーである。つまり熱エネルギーの流れなのだ。ユダヤ人が我を忘れて夢中になっているのは、自分自身を表現するためではなく、その話を聞く人の心に積極的に入り込んでゆくためなのである。

そしてここでもまた、私がこれまで申し上げてきたように、あの質の違いがあるわけだ。ユダヤ人は雄弁でないとか、ユダヤ人が雄弁なのはいつも自分の魂が奪われることについて話すときだけだとか、人は可も不可もなく言うかもしれない。私たちの流儀では、ユダヤ人は雄弁ではない。しかし少なくとも、ユダヤ人の流儀では驚くほど弁が立つのである。

永遠になくならない苛立《いらだ》ち

ユダヤ人には、このような異なった特質がある。その特質は、私たちの時代になってだんだんと目立つようになったが、多分、ユダヤ民族と同じくらい古いものだろう。その特質とは、自由自在に隠したり宣伝したりする集団的能力である。それは、先進的でありたいと民族全体で欲するものは何でも推し進める力であり、抑圧したいと民族全体で欲するものは何でも抑圧する力である。この力がいかに合法的に使われようとも、摩擦を生む原因となる。

そのような行為がなされると、蜂が群がっているような感覚を覚える人もいる。また騙《だま》されたように感じる人もいる。そして仲違いが生まれるのである。

意図的に秘密を用いるという面については、次章で扱うつもりである。この視点からすれば、それは取り除くことのできる摩擦の特別原因だと思われるからである。しかしユダヤ人が派手に宣伝したいと思うものを派手に宣伝するとか、あるいは抑制したいと思うものを抑制するという場合でも、その集団行動を行なうユダヤ人の一般的な能力や本能は、根絶することができないものである。それは、その行為を受けた人々へ影響を及ぼし、苛立《いらだ》ちは永遠になくならないだろう。

このことをもっとも雄弁に物語る証拠がある。ある特定のユダヤ人の才能とか、別のユダヤ人による科学的発見とか、別のユダヤ人を襲った不幸とか、別のユダヤ人に下された誤審などについて、もっとも大々的で派手な宣伝がなされ、それを私たちに向かって声高に叫び、指摘し、誰も聞こうとしなくなるまで繰り返せば、当然のこと、反動が起こる。そして半ば催眠術にかかったように宣伝に乗せられ、同じ気持ちになっていた人たちでも、今度はそのことに吐き気を催し、そのような苦い経験は二度と繰り返したくないと思うのである。

その宣伝とは、逆の場合もまた真である。国家の悪徳スキャンダルとか、通商上のペテンとか、何か重要なことを、ユダヤ人集団が抑圧したいと望んだために抑圧されているということに気づくと、人々はすぐに警戒態勢に入る。これが二度目ともなれば、最初のときのようには黙っていないし、また我慢もしないだろう。実際はむしろ疑り深くなりすぎる傾向にある。

いずれにしろ、自己宣伝にしろ非難にしろ、どちらの場合でも、この変わることのない人種的な慣習は、たぶんユダヤ人が生き残るための要因なのだろう。また、確かにユダヤ人の強みの要素ではある。しかし同時に、彼らと私たちとの深刻な摩擦の原因でもある。

しかし、すでに申し上げたように、この種の単なる範疇《はんちゅう》論では、ユダヤ人の奥底にある魂とユダヤ人を取り巻く社会の魂との間で絶え間なく生じる摩擦の基本的な性質、すなわち隠された根本的原因を説明するには役に立たないのである。今までのすべての論点は、地下深くに隠れた何らかの力を対照的に際立たせ、表面化したものにすぎない。その力の価値を私たちが把握することはできないが、それが及ぼすもろもろの影響は火を見るより明らかである。

ユダヤ民族を大いに頼りにする人々の心と、この民族を大いに疑う人々の心に残るのは、ユダヤ人と私たちの間に越すに越されぬ深い溝が横たわっているという感覚である。その感覚とは、そのような著しい違いに気づき、認めることである。その真実を語り、必要な条件としてそれに取り組むことである。そうすることで、私たちの到達できる解決策の基盤が形作られるにちがいない。

ユダヤ人が裕福だという幻想

ユダヤ人に対するヨーロッパ人の態度には、特筆すべき、ひとつの特徴がある。それは、私たちとユダヤ人との摩擦は、主としてユダヤ人の富をめぐってのものだと思い違いをしていることだ。

その印象が急激に弱まったのは、近年のユダヤ人による革命活動が、深淵から浮かび上がって表面に姿を現わし、ロシアで大変動を巻き起こし、それ以外の場所でも動乱を起こそうとしているからである。しかし、それによって、古いユダヤ人富裕論が揺らぎはしたが、それを根絶するのは困難である。それはどの時代にもあったし、多分、人々の脳裏から永久に消えることはないだろう。というのも、巨額の資産を蓄積するのに余念のないごく少数のユダヤ人は、もっぱらその務めだけに専念するからである。しかしながら、そのような印象は間違っており、最悪の誤解を生み出す有力な原因なのである。

なぜなら、ユダヤ人は裕福な民族ではないからである。一般の世論では、ユダヤ人といえば富を象徴するようにいわれるが、それこそまさにユダヤ人が誤解され、ユダヤ人への不正行為が発生する温床なのである。

ユダヤ人は貧しい民族である。ユダヤ人と敵対する人は、ユダヤ人は働かないから貧しいのだと言うが、これもまた不当な言いがかりである。ユダヤ人はすこぶる一所懸命に働く。多くの場所で昔も今も一所懸命に働き、金融や商業だけでなく、肉体労働でも同じように働く。

中世では、ユダヤ人が重要な肉体労働の職業を独占した地域もあった（たとえば、染め物や造船である）。今日の東ヨーロッパには、ユダヤ人が農村で働いている地域が数多くある。

ユダヤ人は貧しい民族である。それは彼らがよそ者だからであり、自分たちのものではない社会で、その活動の大部分が非難されるからである。彼らが貧しい民族だというのは正論であるというだけではない。実際に旅をし、さまざまなユダヤ人の寄留地を同情の眼《まなこ》でつぶさに見てきた人にとっても、それは火を見るより明らかな事実なのである。

ユダヤ人がこのように大挙して西洋に押し寄せている今日となって、ようやく人々はこのことに気づき始めている。すでに一世代も前から、西洋（特にフランス、イングランド、アメリカ）で数少ないユダヤ人が商人や金融業者となっていた頃から、その中のほんの一握りの富裕層と赤貧の大衆との資産格差がどれほど大きいかを、私たちの実体験として見てきている。しかし今日、同じユダヤ人でも、例外的な資産家や比較的小規模な中流階級よりも下流の階級になると、ユダヤ民族は何百万もの極貧家庭の集まりにすぎないという事実があることを理解できるのだ。

西洋の外側からユダヤ人を注視した人々、ユダヤ民族の大半がいまだに寄留する東側の大規模な共同体やロシアの境界地帯でユダヤ人を見てきた人々は、このことに大いに頷《うなず》くだろう。ユダヤ人の私たちに対する不満のほとんどは、まさにユダヤ人の大半がこのような貧困に追いやられていることにあるという事実を認識すれば、私たちがユダヤ人問題を理解する上での一助となる。迫害と抑圧を受けていると訴えるユダヤ人の不平を嘲《あざわら》笑い、不平が起きるたびにロスチャイルド家、サスーン家、モンド家、サミュエル家などを皮肉交じりに引き合いに出しては、その数少ない一族が巨万の富を築いていると反論すれば、全く仰《おお》せのとおりである。だが、平均的なユダヤ人の視点からすれば、全くの見当違いというものだ。ユダヤ人が気づいているのは、それも正しく気づいていることは、健全なヨーロッパ共同体の印である富に、すなわち分配が行き届き、堅実で、永続し、相続される富に自分たちが一切関与していないということである。

さらに（途中ですでに触れた非常に重要な点だが）、これらの巨万の富は一時的なものだということである。

ヨーロッパ諸国では、数においても総額においても、ユダヤ人の金融資産をはるかに凌駕《りょうが》する莫大な資産が過去にはあったし、私たちの社会が健全であれば、常にそれが消えることはない。それらは、偉大な一族という形となって、あるいは「貴族」という形となってヨーロッパ史に伝わっているのだ。

この国の名門領主は何世紀にもわたって裕福であり、今も変わらず築きあげた富を持ち続けている。概して同じことが偉大なイタリアの名家にも当てはまる。明らかにドイツの名家にも当てはまる。一世紀半にわたる大変化があったにもかかわらず、古いフランスの名家にも大抵は当てはまる。

しかしユダヤ人の一族には当てはまらないのだ。歴史にその特徴を残した膨大なユダヤ資産は突然に膨れ上がったが、ほとんど突然に消失してしまったのだ。たとえば、一人のユダヤ人が、非常にささやかな一歩を踏み出したとしよう。リバプールの質屋の主人とか、フランクフルトの小さな本屋の主人といった具合である。その息子はやがて大手の銀行員となり、孫は一世を風靡《ふうび》して政治を牛耳《ぎゅうじ》るくらいの大金持ちとなり、そして最後には、それもたちどころに、その一族の名前が再び消え、そして永久に消えてしまうのである。

イングランドで現在、今日を代表するような、中世初期から続く数少ないユダヤ人大資産家を挙げるとすると、誰がいるだろう〈注5〉。彼らは二十世紀の終わりを前にしてことごとく没落した。ライン地方で、その後の時代を代表するユダヤ人大資産家を挙げるとすると、すなわち十六世紀と十七世紀初頭の富豪のことになるが、誰がいるだろう。彼らは姿を消し、見る影もない。中世のヴェネツィアにかなりいた代表的なユダヤ人名家で誰が残っているだろう。ジェノバではどうか。ローマではどうか。

このように急速に変動したのには多くの原因がある。どの原因も、ユダヤ人の特異な性格はもちろんのこと、その立場にもあると考えられる。当然、ユダヤ人で知性の持ち主が心中に抱く投機熱にも、部分的にその原因があると思われる。それよりももっと多くの原因があると思えるのは、よそ者のユダヤ人を取り巻く環境下で、ユダヤ人への本能的な抵抗が延々と繰り返されたからである。

やはり、この最後の点を覚えておくことは重要である。私たちの視点からすれば、ユダヤ人が裕福になると、あまりにも裕福になりすぎているように見えるし、裕福になるのがあまりにも時期尚早のように思えてしまう。そしてユダヤ人はその富を駆使して強大すぎる権力を行使する。というのも私たちは、ユダヤ人がいかなる地位に就く権利もないよそ者だと四六時中考えているからだ。

しかし、ユダヤ人は全く違う見方をする。ユダヤ人の見方からすれば、蓄財の努力をしようとすると、いつも誰かに足を引っ張られてしまうというのだ。ユダヤ人が成功したといって

〈注５〉前述したロスチャイルド家、サスーン家、モンド家、サミュエル家などは、中世から続くユダヤ人富豪ではない。ロスチャイルド家の家系を遡ると、十八世紀後半にフランクフルトのゲットー出身ながら、銀行家として成功したマイアー・アムシェル・ロートシルト（一七四三～一八一二年）がいる。サスーン家では、イギリスの東洋貿易やアヘン貿易で重要な役割を果たした、イラクのバグダード生まれのダーウィード・ベン・サスーン（一七九二～一八六四年）、モンド家では、ドイツ出身で、ウェールズでモンド・ニッケル会社を創設したルードウィッヒ・モンド（一八三九～一九〇九年）と、その息子でイギリスの実業家・政治家のアルフレッド・モンド（大英化学コンツェルンI.C.I.初代社長）、サミュエル家では、ロスチャイルドとの関係で石油産業に乗り出し、後にロイヤル・ダッチ・シェルの隆盛を築きあげたマーカス・サミュエル（一八五三～一九二七年）がいるが、いずれも十八世紀から十九世紀、あるいは二十世紀初頭にかけてその地位を築いた名士たちである。

も、自分自身の粘り強さと愛国心溢れるユダヤ同民族の協力があっての成功にすぎない。その新たに手にした富にしても、いつ何時失うかわからない危険な状態で保持しているのだ。私たちにしてみれば、投機の失敗が原因でユダヤ人が破産したように見えることでも、ユダヤ人にしてみれば、終わることのない妨害が周期的に繰り返されたために致命的な結果がめぐってきたと思えるわけである。

ユダヤ人の富豪にへつらった人々

もちろん、ユダヤ民族が裕福だという幻想については、すでにごく簡単に触れた問題を孕《はら》んでいる。すなわち、ユダヤ人よりも裕福な私たちの支配者階級と、現時点でのユダヤ資本との関係である。すでに申し上げたように、その幻想の大部分は、どの時代でも、紳士階級がもっぱら金持ちのユダヤ人とだけ接触するようになったという事実から生じたものである。それは私たちの紳士階級が近代に犯した重い罪悪であり、富を増やすことへの情熱と屈従以外の何ものでもない。そのことがこの危険な誤解を生む原因となってきたのだ。

今日の西ヨーロッパで皆さんの周りを見回し、このユダヤ人の富の物語に登場する人々がどのような人物かをご覧いただきたい。その物語を絶えず引き合いに出し、その考え方を広めているのは誰かをご覧いただきたい。その張本人は、裕福なヨーロッパ人なのである。彼らは、あからさまな富に屈従し、その富を物差しにしてすべてを判断し、富を増やすためには、どのような侮辱的待遇をも甘受することを慣習とし、自分たちの娘をユダヤ人に嫁がせては、ユダヤ人の利益を助長してきたのである。

背後では常にユダヤ人を嘲笑しつづけながらも、面と向かうと、もっとも親しげな名前で呼びかけ、ユダヤ人のもてなしを最大限に利用する。彼らの中で誰が、貧しいユダヤ人のことはいわずもがな、中流階級のユダヤ人のことを知っているのだろうか。いやはや現実は、彼らの大部分が、このような貧しいユダヤ人が大勢いるという事実さえ知らないのである。

彼らがユダヤ人に仕えるのは、ユダヤ人が裕福なときである。いや、ユダヤ人が裕福なときだけなのである。彼らがさもしくもユダヤ人を羨《うらや》むのは、ユダヤ人が金持ちだからである。いや、ただ金持ちというだけで羨むのだ。彼らは利益のために品位を売り、ヨーロッパの同胞を売る。それはユダヤ民族に対し純粋な好意を抱いているからではなく、単なる金銭欲からである。そしてその金銭を持っているのは、ごく少数のユダヤ人門閥《もんばつ》であることを知るのである。

大いに注目に値するのは、富裕階級や貴族階級（そして国家）が、それ以外のユダヤ人の活動の側面を活用していないということだ。それらを活用するのが賢明か否かは、また別の問題である。いずれにせよ、活用しないままにしている動機は、それらが富に関係していないことにある。政治家の政策に何度か役立ったかもしれないユダヤ人の知性も、ほとんど活用されないままである。ユダヤ人の世界主義的な立場が活用されるとしたら、スパイ活動ぐらいが関の山だろう。あの底力、ユダヤ人の歴史の記憶も同じように、ほとんど無視されている。無視するから、必然的に悪い結果がついてくるのである。その結果とは、ユダヤ人とともに生活する国民とユダヤ人との間に利害衝突があることで必ず発生するトラブルから、特に今日のヨーロッパの支配階級が、自分たちの社会を守ることができないということだ。

矛盾めいて聞こえるかもしれないが、次のことは事実である。すなわち、もしヨーロッパの政治家と、今でもヨーロッパ諸国で指導的な役割を果たしている世襲貴族が、ユダヤ人の金力よりもユダヤ人全体のことをもっと考えていたなら、全く違った形で双方の側に有益だっただろう。東ヨーロッパでは、ユダヤ人がわざとらしく保護されている姿を目にした。個々の政治家が、非常に裕福なユダヤ人銀行家の言いなりになり、いつもペコペコしてきたからである。だが、物事のやり方としては、ぎこちないものだった。そのやり方では、東側の独立した国民——ユダヤ人というよそ者の少数派の存在とは切っても切り離せない困難を経験したポーランド人、ルーマニア人、ハンガリー人——から、単に怒りを買うだけだからである。私たちの政治家は、万事を外面だけで機械的に処理し、理解もしようとせずに、ただ言いなりになっているだけだった。

私たち西洋の政治家がそのような干渉をしたことで招いた最終的な結末は、あいにく議論の余地のないほど厄介《やっかい》なものである。東ヨーロッパでのユダヤ人の最終的な状況は、最初の状況よりも悪化するだろう。ユダヤ人の苦しみは過去よりも大きいだろう。というのも、政治家たちは、ユダヤ人の困難を理解しようとしたり、同情心を持って理解してから行動を起こしたりするのではなく、少数のユダヤ人富豪の僕《しもべ》として行動してきたからである。彼らは、単にこれらの富豪の言いなりになってきただけであり、いつも自ら報酬に屈従するときには、不本意な気持ちを感じながらも、それを隠しながら、しぶしぶそうしてきたからである。

ユダヤ人の永続的な力、少なくともユダヤ民族の名声があることと、ごく少数の個人がユダヤ民族らしい投機へ情熱を持ち、コスモポリタン的な地位を得ていたおかげで、たまたま富が蓄積されていたこととは、全く別物である。歴史を一通り調べてみれば一目瞭然であろう。

歴史上に次々と異彩を放ったユダヤ名は、道徳的テーゼあるいは知的なテーゼを熱心に追求したユダヤ人の名前である。その大部分は（それら全部と言いそうになったが）貧しい人々だった。そしてその大部分が、自ら好んで自分の意志で貧しさに甘んじたのである。というのもユダヤ人の性格として、他のどの仕事よりも手元にある直近の仕事を好むからである。

後世に永遠に残るのは、このような名前であり、ユダヤ民族の栄光なのである。

＊＊＊＊＊＊＊＊＊

このようなユダヤ人の富については、ユダヤ民族と受入れ側の国民との摩擦の一般的原因に入れるべきか、それとも特別の原因に入れるべきか、躊躇《ちゅうちょ》するところである。

それはユダヤ人の性格全体に関係し、そのような性格的行為の特別の流儀と何の関係もないという意味で、それは確かに一般的原因に入る。つまり、それはユダヤ人の本性に関係しており、その本性は変えられないということである。その一方で、それがごく近代的で一過性の性格を持つという理由から、特別の原因の中に入れることができるかもしれない。そしてこの摩擦の原因は、「ユダヤ人による独占」があるということだ。

現在の状況では、それはきわめて危険な点である。ところがユダヤ人は、危険が増すことで自分たちもリスクを冒しているということを十分に理解しているとは思えない。大型融資では、すでにユダヤ人の独占のようなものがある。たとえば、演劇関係の職業でユダヤ人の独占傾向は増えているし、ロンドンの果物取引もそうだし、タバコ取引はかなりの程度まで進んでいる。銀の取引、銀以外の種々の金属、特に鉛、ニッケル、水銀の統制でも同じようにユダヤ人による独占の事実がある。

そして何よりも不安なのは、この独占傾向が疫病のように広まっていることだ。ある地方から別の地方へと、その影響が次々に広がり、苛立ちの種となって猛威を振るうのである。ひょっとすると、それは、私たちの誰もが恐れ、願わくは私たちのもっとも優秀な人々に回避の努力をしてもらいたい反ユダヤ人暴動の直接の原因になるだろう。

もちろん、このことは、ユダヤ民族全体からすれば、ほんの少数に当てはまるものである。鉛、ニッケル、水銀などを牛耳るユダヤ人と言っても、せいぜい小部屋一室に入るくらいの人数である。また、その部屋に入る者たちは、ユダヤ民族の手本となるような愉快な面々ではないだろう。

国際金融を牛耳るユダヤ人の大物銀行家を集め、大型のディナーテーブルに着いてもらうこともできる。以前、彼らのほとんど全員が一堂に会してディナーテーブルを囲んだことを私は知っている。この世界を支配する戦略的な地位にいる独占者は、何百万人もいるイスラエル人の中のほんのわずかな一握りの人々である。しかしながら、このために、ユダヤ人全体が憎まれることになるのだ。

このことが当然のごとく憎しみの対象となるのは、それが、はなはだしく不自然であり、独裁的だからである。私たちの必需品の供給が妨害されるとなれば、相手が私たちの国民といえども、独裁的になるだろう。それが私たちのよそ者の民族ならば、決して許されないことである。次章でユダヤ人が不幸にも利用している秘密について論じるようになれば（おそらく、ユダヤ人たちを現在の危難に至らしめている最有力の特別の原因）、この近代的な支配力の独占には、もう一つの憎むべき性質があることをより深く理解できるだろう。それは、独占が地下へ、秘密裡の世界へと広がっているため、その様子が目に見えないことである。いろいろなユダヤ人が、それぞれに自分が支配する重要事の主人になっていることを、一般の世間では知らないことである。

端的にいえば、これらの独占には、終止符が打たれなければならないのだ。

大戦以前、ヨーロッパ全土で意識されていたことは、たった一つのことだけだった。それは金融の独占だった。しかし金属の独占は、この金融の独占と比べると、はるかに不完全だった。ところが大戦によって、何千もの教育を受けた人々が（臨時の役人として公務に就いていたので）、それまで一度も疑ったことのない驚愕の秘密が明るみに出ることになったのである。それは、金属という国家の存続に絶対的に必要なものが、六人たらずのユダヤ人によって完全に支配されているということだ。そのユダヤ人たちは、その戦争で生き残るのが私たちなのか、それとも敵なのかについて全く無関心なのである。

ついでに言えば、まさにこうした理由から、これらごく少数のユダヤ人大富豪の富が、戦争によってあきれるほど増大したのだ。私が本書を認《したた》めているこの時点でも、ユダヤ人問題を自由に論じさせたら他のどの新聞よりも経験の長いフランスの新聞は、ロスチャイルドの鉛鉱山の価値が忌まわしいほど増大したこと、つまり人殺しの銃弾に鉛を使ったことで増大したことをすっぱ抜いている。

しかし、すでに申し上げたように、鉛は数ある独占物の一つにすぎない。新聞の監視網から無傷な集団がすでに存在し、そのシステムが疫病と同じくらい急速に拡張されているのだ。ユダヤ人問題の解決に手が付けられなくならないうちに、それを終わらせなければならない。それだけでなく、そのプロセスも逆戻りさせなくてはならない。もし諸国の内閣が、ユダヤ人の独占を保護するために介入をしないというのなら、ユダヤ人を相手に正義を貫こうとしてはならないのだ。ユダヤ民族の最悪の実例の中から、ごく少数の卑《いや》しむべき数十人を取り出し、これに怒りをぶつけて筋を通そうとすれば、イスラエル全体がその犠牲となるだろう。

このような独占の組織化には、ユダヤ人の行動につきものの人種的な性格の要素が存在する。その要素は、独占よりももっと評判のよいユダヤ民族の活動でも、それ以上に有名であってしかるべき活動でも、そしてユダヤ民族の栄光でさえも、同じようについて回るのである。

このような多方面にわたる独占がユダヤ人によって組織されている理由は、ユダヤ人が国際的であり、自分に課された務めは最後まで断固としてやり遂げる粘り強さがあるからである。ユダヤ人は、どのような取引をするにしろ、それをできる限り完全に自分の支配下に置くまで満足しない。その支配を拡張しようとすれば、世界中の同業者仲間からの援助がある。それと同時に、ユダヤ人には、その努力の支えとなるような国際的な知識と国際的な無関心とが備わっているのだ。

＊＊＊＊＊＊＊＊＊＊

たとえ、これら少数のよそ者のユダヤ人支配者から、ごく最近の金属やその他の貿易の独占権をしかるべく取り上げたとしても、部分的な独占は残るだろう。それは少数のユダヤ人が、今日だけでなく歴史を通し、最大級の大型金融取引で繰り返し行なってきた独占である。すなわち、諸国民の預金の支配である。したがって、今日では、これまでにないような世界の産業領域全体に及ぶ支配となるのだ。

あの部分的な金融独占が是正されないままだとしたら、それによってユダヤ人への敵意が生まれ、次にその敵意から、ユダヤ人への総攻撃が引き起こされることになろう。

ユダヤ人の支配が今まで長期間にわたり続いていることからして、そのような懸念には根拠がないと言えるかもしれない。その支配は、現在でも決して完全な形ではないとはいえ、一世代にわたって続いてきたのである。その実際の操作は世間一般の目には見えないし、富裕階級全体の利益と混ざり合っているので、その支配は安全である。

残念ながら、このような議論は当てはまらないだろうと思う。ユダヤ人の金融支配は、社会全般に関係するものではない。しかし、高学歴の階層から比較的に学歴の低い社会階層まで、すべての人々がそのことに十分に気づいているのである。そしてそれに気づくと、誰もが憤る。これについては、怒り方は違うけれども、非ユダヤ人とほとんど同じくらい貧しいユダヤ人の大衆も憤っている。

繰り返すが、この金融の独占は民間の市民の経済生活に直接に影響を及ぼすことはない。だが、それがどのような間接的影響を及ぼすかについて、市民はますます理解を深め始めているのだ。たとえば、それは愛国主義を通して市民に影響する。これらよそ者の銀行家の便宜を図るために、戦争に勝利する権利を捨てなければならないとか、これまで正当に懲らしめてきた敵がその懲罰を免れても、大目に見なければならないとか、市民は言われたくはないだろう。市民がそれ以上にしつこく拒絶するのは、戦争の過程で理不尽に加えた損害に対し、市民が支払う国家賠償にユダヤ人銀行家が干渉する権利であろう。

もう一度繰り返すことになるが、国際金融は、民間の個々の活動と切り離して存続することはない。それは最終的に多数の個々の企業と関係する。そして民間の市民集団は、これらの個々の企業を通してその金融活動に疑問を投げかけ、検証するのである。

さらにまた、このように国際金融を牛耳っているユダヤ人は、それ以外にも多くの地位に就いて仕事をしている。たとえば、彼らの中には、一般大衆から毛嫌いされている巨大な産業保険計画の後押しをする者もいる。それに反発する行動は、いつ起こってもおかしくない状態にある。

もしそのような反発行動が起これば、次のようなことを確信することになるだろう。攻撃される個人は、貧者の失効した保険金で私腹を肥やした者と言われるだけではなく、国際金融家という地位を持つ者としても記憶されるであろう。一世代前の人々は無知ゆえに無関心だったが、今日では教育を受けた社会層の誰もがみな、このことに気づき、深く憤っているのだ。したがって遅かれ早かれ、この独占という特性は、さらに低い層にも理解され、同様に憤りの対象となろう。それに対して反発が起こり、憤りが社会に充満すれば、次に起こるのは爆発だろう。その爆発によって直接に関係するユダヤ人富豪が攻撃されても、誰もあまり憤らないだろう。また被害もほとんどないだろう。しかし厄介な問題は、それによってこれら個人の属する国家全体に、ほとんど確実に影響が及ぶことである。

議会政治が根深い腐敗を抱えたまま続く限り、この現状に終止符を打つことなどできないと言われるかもしれない。この規模になれば、よそ者による独占という金権政治悪に対処できる唯一の勢力は、国王だと言われるかもしれない。でも、近代国家には国王はいないと言われるかもしれない。これに対しては、議会制度は永遠には続かないだろうと私なら答える。私たちの間では議会制度はすでに音を立てて瓦解《がかい》しつつある。他のどこでも、大打撃を受けている。国王は、人々が考えるほど、遠く離れた存在ではないかもしれない。

いずれにせよ、何とかして事態は終わりを迎えるだろう。多分、暴力で終わることだろう。危険なのは、もし暴力で終わるならば、数多くの無垢《むく》な人々が、その犯罪に巻き込まれるということだ。

第5章　摩擦の特別の原因

敵意に油を注ぐもの

1．ユダヤ人の秘密主義

忌まわしき偽名の慣習

ユダヤ人と受入れ側の摩擦感を増長し、持続させている原因として、ユダヤ人側で挙げられる大きな二つの要因は、第一に秘密主義、第二に優越感の誇示である。

ユダヤ人は、秘密という武器に頼ることが、何世代にもわたって慣習化されてきた。そのため、どのユダヤ人集団でも、それがほとんど習い性のようになっている。秘密結社、秘密にされる言語、偽名の使用、ユダヤ人集団の中の分派間での秘密の関係などである。これらすべての慣習が、ユダヤ民族の常套《じょうとう》手段となっているわけである。

このようなやり方が嘆かわしく思われるのは、その侮辱的な言動や欺瞞《ぎまん》によって、ユダヤ人の品位が下がるからではなく（それは私たちの知ったことではない）、むしろこの手段をとることで、私たちとユダヤ人との相互関係に弊害が生じるからである。そのため、人種的な違いによってすでに引き起こされている敵意に油がそそがれ、より一層激しく燃え上がらせているのだ。

しかし、その前に公正であることが重要である。

ユダヤ人の秘密の慣習（偽名を使用すること、生まれがユダヤ人でないふりをすること、諸関係を隠蔽《いんぺい》すること、そしてそれ以外の慣習）は、多分、ユダヤ民族の経験から生まれたものだろう。ユダヤ人の立場に立つ者なら、このように考えることが、いかにまっとうであるかがわかるだろう。離散の憂き目にあい、迫害され、しばしば軽蔑され、いつも白い目で見られ、移り住む土地の人々からは大抵憎まれる民族は、物理的な圧力のようなものにさらされ、否《いや》が応でも秘密というやり方に頼らざるをえないのだ。

偽名という独特の習慣を取り上げてみよう。私たちからすれば、この偽名にはとりわけ不快感を覚える。そのようなごまかしの手口を使う輩《やから》に対し、私たちは軽蔑の表情を浮かべるが、そのときも、当然受けるべき報いを相手に味わわせてやっていると思っている。そのようなごまかしは、犯罪者や無頼漢を連想させる卑劣な行為だからである。こそこそと取り入ったり、こっそりと忍び寄ったりするようなものだ。そのようなことをする輩は、世間に知れたら赤恥をかくようなことを隠したいと思っているのではないか、あるいは、商売で嘘をついて自分の同僚を出し抜きたいと思っているのではないか、と私たちは疑ってしまうのだ。

しかしユダヤ人には、それとは別のもっとまともな動機がある。何年か前、シティでの夕食の席で、私がユダヤ人の一人とこの件について話し合っていたとき、彼は語気を強めてこう語った。

「本名で仕事をすると、あなたたちからユダヤ人だと口汚く罵《ののし》られます。そこであなたたちの名前で仕事をすると、今度はペテン師だといって罵られてしまうのです」

ユダヤ人は、自分が誰かを名乗り出れば、自ら大きなハンディキャップを背負わされてしまう、そう思うことがしばしばあったのだ。だから、私たちなら絶対に手を染めることのない行為でも、半ば強いられて、あるいは少なくともあえて危険を冒してでも、行なうはめになったのである。父称の偽名に、そのように注意深く考えられた決まりがあるのは（ソロモンにはスタンリー、コーエンにはカーゾン、スレイジンガーにはシンクレア、モーセにはモンタギュー、ベンジャミンにはベンソンなど）、きっとこのことに原因があるのだろう。

この慣例が情状酌量されれば、ユダヤ人はもっと申し開きをすることができるだろう。私たちの場合と同じで、ユダヤ人の名字も、中世時代に自然に生まれたわけではない。私たちのヨーロッパ社会の中流階級や下層階級でも、その慣習が長く維持されたように、ユダヤ人にも一つの個人名があり、仲間と区別するときは父親の名前を名乗るという単純な慣習を守っていた。だから十六世紀では、ちょうど同世代のクロムウェルの祖先がウィリアムズ・アプ・ウィリアムズ（ウィリアムズの息子ウィリアムズ）であったように、あるユダヤ人もモージズ・ベン・ソロモン（モーセの息子ソロモン）と呼ばれていた。ユダヤ人には、私たちが氏名や姓（名字）と呼ぶものがなかった。

同様に時代がいろいろと移り変わるまで、フランスやイングランドやその他の西洋諸国の初期の時代では、そしてウェールズ、ブルターニュ、ポーランド、東側のスラブ諸国ではずっと後になっても、個人名だけで通し、もし必要なら父親の名前を名乗るか、場合によっては種族名を出しては区別していた。

正確にいえば、ユダヤ人には名字がないということだ。ならば当然のこと、「私たちはむりやり氏名をつけさせられたのだから（ドイツの場合がそうであるし、その他の場所でもそうである場合があった）、私たちがこの慣習を特別にありがたがらなくても、あなたたちから責められる覚えはない」とユダヤ人は言うかもしれない。当たり障りのないユダヤ人名のついたユダヤ人が、よそ者の圧力によってフラワーフィールドという派手な名前をむりやりに付けられたとしても、それはユダヤ人の責任ではない。もちろん、それ以外の名前を自分で選んで自由に付け替えることはできる。

一方、政府には、ユダヤ人に氏名を強制するそれなりの正当な理由があった。つまり、ユダヤ人を名簿に登録さえしておけば、その行動を追跡することができたのだ。しかし、それはユダヤ人にとっては強要されたものであり、道徳的な義務ではなかった。

以上のことはすべて事実だが、そのような弁解だけでは説明できない要素も残っている。私たちの誰もが経験しており、それも漠然とその経験を繰り返しているからわかるのだが、欺《あざむ》くことで旨味《うまみ》があるという理由以外に、どのような申し開きもできない人々がいる。その人種的背景を知っている人々は、誰もが恥ずかしげもなく仮面として偽名を使うだろう。一、二年もして、もとの本名がしかるべき場で使われれば、それは侮辱だといわんばかりのふりをするだろう。このことは、特に偉大な金融家一族の場合に当てはまる。実際、その中には、本家の父祖の名を名乗り続けることを誇りとし、いかなる子孫もそれを変えてはならないという人々もいる。しかし、大多数の人々は、ありとあらゆる空想的な氏名をつけては、互いの関係を隠したのだった。そのような経緯からすると、人を欺くということ以外に目的はありえない。しかし、それが防御の一種であるということは、はっきり認めたいと思う。特に初めの頃は、主に自己防衛の必要から生まれたものであったことは認めよう。

しかし、今日では、そのような慣習は、ユダヤ人にとっても百害あって一利なしだと申し上げたい。迫害された人種は他にもいて、多くの人々が世界中を行き来している。だがその人々にも、この種の、偽名の慣習があるとは思えない。

繰り返すが、西洋諸国が関係する商業で、今日、ユダヤ人名を名乗ればハンディキャップになるとか、少なくともごく最近まではそうだったとか、誰がいえようか。東側の諸国なら、当地のユダヤ人ははっきりと見分けがつくので、偽名は何の役にも立たないのである。とすれば、きっと別の動機があるにちがいない。

人間関係を隠す必然性とは

それ以外の形の秘密についても、同じような賛否両論がある。秘密がなければ、ユダヤ人嫌いが高じてお門違いの迫害が起こるかもしれないと弁解するかもしれない。特に知的な仕事となると、ユダヤ人はすこぶる個性的である。ユダヤ人は自分が敷いた路線を進む。並外れた勇気を持って自分の意見を表明する。時として、そのような個人的意見は、ごく懇意にしている人々の意見とまるで違うことがある。イングランドで著名なユダヤ人ジャーナリストが次のような発言をしたことは、よく理解できる。

「モスクワやニューヨークにいる私の従妹や甥が、しかじかのボルシェヴィキ主義者だと知った人々から、どうして私は傷つけられなければならないのでしょうか。私は保守的な気性の持ち主です。自分が暮らす国家にはいつも忠実に仕えてきました。私は、このボルシェヴィキ主義者のような人々の見解や行動には心底賛成していません。ですが、もし彼らとの関係が知られれば、私は寄ってたかって非難を浴びることになります。それでは不条理でしょう。だから関係を秘密にするのです」

なるほど、この弁解は筋が通っているけれども、それで問題が説明しつくされるわけではない。たとえば、移住先の異質な社会で、同じように著名で、同じように世間から認められた人々にも、その関係を秘密にする慣習があることの説明になるかというと、不十分である。それでは、次のような事実が、どうして私たちに知られてはいけないのかということの説明にはならないのだ。つまり、私たちが最良の仲間の市民として扱っている人が、別の国で同じように敬意をこめて扱われている別の人との関係まで隠しているという事実である。国家の紛争によってその説明がつく場合もある。兄弟がドイツにいて、父親がコンスタンチノープルにいるイングランドのユダヤ人が、一九一五年にモンモランシーと名乗っても許されただろう〈注1〉。

だが一方で、それ以上に関係を隠す必要がある場合でも、その関係が全く隠されていない例もしばしば見られることに、私たちは気づくのである。それどころか、その関係が公に堂々と宣伝されている場合もある。

誰もが思い出すのは、戦時中にもっとも不当な扱いを受けた一人のユダヤ人の名前である。彼はこの国に忠実に仕えていた（少なくとも私の考えではそうだし、この問題を判断できる大部分の人々にとってもそうだと思うのだが)。この国と彼との関係が断絶したのは、紛争中のイギリスにとってすこぶるかんばしくないことだった。それでもその人物は名前を変えなかったし、彼自身が、別の首都で私たちの敵国の金融政策を支持した人物と兄弟関係にあることも隠そうとはしなかった。

さらにヨーロッパ各地の首都にいるロスチャイルド家は、一族の相互の人間関係を隠すような素振りをしたことなど一度もない。彼らのことを悪く思うものは誰もいないし、このように身元を明かしても、彼らの経済力が衰えることもない。

つまり、この人間関係を隠すという行為には、差し迫った必要性以上の何かが作用しているにちがいないのだ。何か本能的なものなのか、あるいは継承している伝統があまりにも根強いので、それを頼みとするのが当然と思えるのではないだろうか。

ただし、このような形(秘密結社を通して仕事をする、偽名を使う、人間関係を隠す、ユダヤ人という出生を否定する)のいずれであるにしろ、秘密があるからこそ、ちりぢりばらばらのユダヤ人が、こちら側、すなわち私たちヨーロッパ民族の怒りを買っているということを、あまりに力説しすぎてはならないだろう。秘密は、遅かれ早かれ、必ず暴かれるものだ。たとえその慣習が害にならないものであり、儀式らしきものにただ従っているにすぎない場合でも、それが暴かれれば、人々は常に騙されていたと、怒りの感情を抱くものである。

このことがいかに強い逆風となるかということを、はたしてユダヤ人が知っているのかどうか疑わしく思う。もしある男が「私の名前は誰それであり、私の父はガリシア〈注2〉のしかじかの場所で生まれ、私の母は、しかじかの仕事をしてまだその地にいます」と言ったとしよう。もし彼が洗いざらい私たちに打ち明けていたら、その人の海外にいる家族が、私たちの賛同しない運動にかかわっていることが後にわかったとしても、そのことで悩み苦しむことはないだろう。そう、私たちの政府と激しく対立する外国政府とかかわっていても同じである。

ユダヤ人が国際的に置かれている地位については、誰もが知っている。ユダヤ人がその地位から逃げられないことも誰もが知っている。誰もがそれを斟酌《しんしゃく》している。だから、このような秘密の慣習を捨てることはできると思うし、そうすることが民族全体にとっても大きな利益となるだろう。

〈注1〉この場合の国家紛争とは、第一次世界大戦のことであろう。この大戦は、ドイツ・オーストリア・イタリアの三国同盟とイギリス・フランス・ロシアの三国協商との対立を背景として起こり、前者の同盟側にはトルコやブルガリアなどが、後者の協商側には同盟を脱退したイタリア、ベルギー、日本、アメリカ、中国などが参加した世界的規模の戦争であった。この国際的な対立図式に文中のユダヤ人の家族関係を当てはめると、兄のいるドイツと父親のいるトルコ（コンスタンチノープルは一九三〇年イスタンブルと改称）は、このユダヤ人のいるイギリスとは敵対関係にある三国同盟側の同盟国である。そこでユダヤ人は三国協商でイギリスと同盟関係にあるフランスの名前、モンモランシーを用いたのであろう。ちなみにそれは、ヴァル＝ドワーズのモンモランシーを治めるフランス貴族モンモランシー家の名前でもある。

〈注2〉大西洋とビスケー湾の間にあるスペイン北西部の地方（かつての王国）。

祖先を秘密にするユダヤ人

たぶん、もっとも愚かな形（もっとも危険な形ではないが）は、著名人がユダヤ系祖先のことをずっと秘密にしていることだろう。ユダヤ人とその親族はしばしばそれを完全に隠すか、せいぜいぼかして触れることがたまにある程度である。どうしてそのような振る舞いをしなければならないのだろう。世間に広く名前が知れ渡り、大部分の人々から尊敬されている数百人の中から、無作為に二人のケースを取り上げてみよう。作家のチャールズ・キングスリと、救世軍の創始者のモス・ブースという名前である〈注3〉。

さて、この二人の男は、その活動分野が大きく異なるものの、イギリスの生活では大きな役割を演じ、二人とも、その才能や容貌のほとんどをユダヤ系の母親から譲り受けていた。この事実が広く知れ渡れば、ユダヤ民族と関係のある個人にとっても利益になっただろうと私は思う。彼らのほんとうの血統がわかったからといって、人々の眼から見て、チャールズ・キングスリの文学的才能や、ブースの組織力などの能力が衰えて見えるわけはないし、どちらかと言えば、輝いて見えるのである。それなのに、世間ではユダヤ家系を口にするだけで、あたかも一種の侮辱であるかのように扱われてしまう。私が耳にしたのは、ユダヤ民族を熱烈に弁護するあまり、彼らに能力がないわけではないことを証明するために、うっかり家系を口にする場合である。だが、一般にユダヤ人家系が公表されたことは一度もない。

そんなことをするよりも、著名な人々が、ユダヤ人の血統を引くことや、ユダヤ人の血が部分的に混じっていることをことあるごとに強調し、ヨーロッパ人がユダヤの血統からどのような恩恵を受けているかを示したほうが、きっと理にかなっているだろう。この問題を一種の神聖な迷宮のように考えたり、胸ときめかせて内部を盗み見ても許される神秘的な寺院のように考えたりするのは、ばかげたことである。ユダヤ人とて、同時に両方ともよいことはできないのである。ユダヤ人が優れていると主張する血統を受け継ぎ、そのような大昔からの伝統に属していることが、彼らの目から見て、誇りの問題だというなら（確かにそうであるにちがいないが）、それが同時に侮辱の問題となることはありえない。それにもかかわらず、ユダヤ人自身がその因習を必死になって守っているのだ。

ある人が私に自分はイギリス人が大嫌いだと言い、それに対して私が「それはあなたがアイルランド人だからでしょう」と答えても、その人が私の喉元《のどもと》に食いついてくることはない。アイルランドにはイングランドに統治された歴史があるので、当然、そのようなことを言っても許されると思っているのである。アイルランド人と呼ばれることは侮辱にはならず、それどこ

〈注3〉キングスリは、イギリス国教会の聖職者、社会改革者、作家（Charles Kingsley　一八一九～七五年）。社会改革に強い関心をもち、キリスト教社会主義運動をはじめ、数多くの小説を通して啓蒙活動を展開した。児童文学の分野では『水の子』（*The Water-Babies; A Fairy Tale for a Land-Baby*　一八六三年）などで知られている。母親はメアリー・ルーカス・キングスリ（Mary Lucas Kingsley）。

モス・ブースは、イギリスのメソジスト説教者、救世軍の創立者で初代大将であったウィリアム・ブース（William Booth　一八二九～一九一二年）のこと。モスというのは母親の名（Mary Moss）から取った呼び名である。

ろか、逆にアイルランド人でないと言われたほうが、侮辱されたように思うことだろう。

抑圧と迫害に苦しんできたのは、ユダヤ人以外の数多くの民族も同様である。ユダヤ人の場合にだけ正反対の政策をとることには、何ら合理的な根拠が見出せない。さらにその慣習があることで悪影響がもっと広がることになろう。人々は自分の嫌いなものをユダヤ人の性格のせいにするので、ユダヤ人種への憎悪が不当に拡散されてしまうのだ。

反国家的な外国人の運動、不人気な公人、嫌悪される学説には、「ユダヤ人」というレッテルが貼られる。憎悪の範囲がすでに危険なほど広がっていて、とどまることなく拡散されている。「ユダヤ人はそのような関係を認めていない、その名前はユダヤ人のものではない、明らかなユダヤ的要素は何もない」と言っても無駄である。それに対しては「ユダヤ人はそのような関係を絶対に認めないものだ、誰もが認めるように、ユダヤ人は偽名を名乗って姿を隠す、ユダヤ人の行動は、決して表立ったものではない」という答えが返ってくる。目下のところ（事情が変わるまで現状のままであるが）その返答を否定することはできない。そう答えた人の判断は、あなたの判断と同じくらい見当違いかもしれない（私はシン・フェイン党員〈注4〉がユダヤ人と言っているのを聞いたことがある！）。だが、この秘密主義という情けない慣習が守られるかぎり、その判断を是正することはできないのである。誰もが抱く疑惑は、さらに大きく広がってゆく。

隠密行動という要素はこれくらいにしておこう。それについてはもっと書けるかもしれないが、事を大きくしないのには、二つの理由がある。まず、事細かに論ずれば、あまりにも多くの紙面を割《さ》くことになるからだ。第二に、本書で私が特に避けたいと望んでいることを蛇足として付け足してしまいそうだからである。つまり、ユダヤ人の間違いを強調してしまうことだ。そうなれば口論が続くことになろう。本書の目的は、もっぱら和解を見出すことだけである。

2. ユダヤ人による優越感の誇示

困惑させるほどの異常な優越感

これは非常に異質な問題である。単なる優越の感覚については、何か特別の政策を推奨しても、どうこうできるものではない。優越感は実在するのであり、それを取り除くことなどできないからである。それはユダヤ人の態度全体につきものの属性である。しかし、それを表現するのを抑えることはできる。そのために優越感を定義して書き記し、私たちの問題にどのような影響があるかを見極めるのは、価値のあることだろう。

〈注4〉一九〇五年頃に結成されたアイルランドの民族主義政党。英国から統一アイルランドの完全独立とアイルランド文化の革新を主張した。「シン・フェイン」とは「われら自身」の意。一九一八年の総選挙で圧勝して非合法政府を樹立し、一九二二年のアイルランド自由国の実現に貢献した。現在はアイルランド国会のほか、北アイルランドの地方議会や英国の国会でも活動している。

ユダヤ人は個人的に自分たちのほうが、どのような人種よりも、とりわけ私たちのような白人種の非ユダヤ人の隣人よりも優秀だと感じている。ユダヤ人は、自分たちの民族が他のどの人類の共同体よりも、とりわけヨーロッパ近代国家の私たちの共同体よりも、計り知れないほど優れていると感じている。

「ユダヤ人が優秀であると自分で思っている」という単純極まりない根本的な事実をずけずけと言ってのけるようなことは、まずもってなされない。そのようなことが耳に入れば、多くの人々にとって衝撃的に響くだろう。他の多くの人々には、衝撃的というよりも滑稽《こっけい》に聞こえるだろう。またその他の多くの人々は、それ以上に仰天することだろう。

ユダヤ人の持つ、自分たちのほうが私たちよりも優れていると思うべきだという考え方は、私たちには到底理解しがたいことなので、私たちはそのような優越感情があることについてさえ、つい忘れてしまう。

ことあるごとにそのような考え方が何度も蒸《む》し返されるのなら、この大きな政治的な難題に対処するため、しぶしぶその考え方も認められることになるかもしれない。しかし、それでも困惑する異常な事実であることに変わりはないだろう。

これまでの私たちの失敗の大きな原因は、そのような事実を忘れてしまうこと、そして政治家の頭の中にその事実が常にしっかりと入っていないまま問題を解決しようとしたことである。身振りや声の調子や態度や社会的主張などで、ユダヤ人が堂々とその優越感のおもむくままに行動することが、ユダヤ民族と私たちとの間で論争を巻き起こす非常に重要な要因となっているのである。

これまで、ユダヤ人の優越感がもたらした、このきわめて重要な対立で政治家がとってきた姿勢を考えていただきたい。どのような姿勢をとるにしろ、ユダヤ人は自己の優越性を信じて疑わないという点が忘れられていた。

自分たちの中にいるよそ者ユダヤ人という要素に対し、ヨーロッパの政治家がこれまでとってきた姿勢は、次の三種類のうちのどれかであった。

1、あたかもユダヤ民族が存在しないかのように振る舞うか、さもなければ、ユダヤ民族が他民族と同じ民間人、すなわち独特の慣習は持っているものの、周囲の人々と本質的には違わない人々であるかのように振る舞ってきた。
2、侮辱と暴力によって、ユダヤ人を抑圧、追放、殲滅《せんめつ》しようとした。
3、ユダヤ民族の存在を、自分たちが統治すべき自国民とは別のものと認識しながらも、一種の協定を結ぶことによって均衡を得ようとした。その協定下では、ユダヤ人は政治的な独立は認められた。しかし、法律上は無資格な条件下におかれていた。

さてこの三つの方法のどれにしても、ユダヤ人の優越感に対する認識がない。

第一に、その認識が明らかに欠如しているのは、ユダヤ民族という全体的な考え方がないからである。同じように、第二の方法、すなわち迫害という方法でも、それは明らかに欠如している。迫害者たちは、あたかもユダヤ人が自らを劣等者だと感じているかのように考え、本能的に行動する。三番目の方法でも、理論上だけでなく、実践上でも優越感という考え方がない。今までこのように行動してきた政治家は、ユダヤ人に別の地位だけを与えようしたのではなく、実際のところは、ほとんどいつも劣った地位を与えてきたのである。そうすることで、彼らはユダヤ民族の感情をさらに悪化させてきた。

たとえば、特定の国家は、居住の自由を禁止したり、登録を強制したりして、ユダヤ人を別個の国民、すなわち、よそ者扱いをしてきた。しかし、税金や兵役免除になると、ユダヤ人という特別の認識すら全くなかった。

実際には第四の姿勢がある。国家が衰退期にあったときか、野卑で脆弱《ぜいじゃく》な人々の手に渡ったときには、それが歴史の舞台の上にしばしば登場することになる。賄賂《わいろ》をもらい、ユダヤ人から圧力を受けた為政者たちが、権力と富を誇る少数のユダヤ人に大げさなお世辞を言ったり、支援の手を差しのべたりすることである。私たちは今日でもその被害を被《こうむ》っている。

しかしこれらの例外的なケース（それは常に国家の大惨事に至った）は、この問題での「政治家のとった態度」という本来の範疇には入らない。またこのように自分たちの同胞市民よりも少数のユダヤ人に利益を実際に与え、特別の名声や権力まで差し出す人たちでさえ、ユダヤ人に優越感があることを理解しているというよりは、むしろ主人となっているユダヤ人に対し、密かな憎しみを抱いているのである。

利益を得たり、世間の注目をあびるためにユダヤ人に追従してきた人々が、彼らを密かに攻撃するとなると、どの場合でも辛辣《しんらつ》なものになる。そして政治家の私的な談話ほど辛辣なものは他にない。

　政策であまりにも多くの失敗を犯し、どの失敗でもこのユダヤ人感情を認識していないとい

う共通点があったことからすると、私たちがその感情を全面的に容認しないかぎり、成功はあ

りえないように思えるだろう。共同体を統治する人々が、このユダヤ人の精神状態を十分に受

け入れ、その悪化を慎重に回避するまで、よそ者である少数派のユダヤ人と彼らが寄留する共

同体の間には、決して和解などありえないと申し上げたい。

　他のどの形の人間行動でも同じだが、政治家が手腕を発揮するには、正確な定義をすること

がまずもって重要である。手始めに、このユダヤ人の優越感と真の優越感とを区別しなければ

ならない。政治家は、このユダヤ人の態度の善悪に関心があるのではない。それは非常にばか

げた幻想であるかもしれないし、非常に深遠なヴィジョンであるかもしれない。政治家はそれ

とは何の関係もない。規模の小さいよそ者の少数派でも、寛大に扱われなければならないし、

その小集団と大いに異なる共同体の中にあっても、少数派はできるかぎり幸福に暮らすことが

許されなければならないと決定されたら、政治家が次に果たすべき義務は、自分が働きかけ、

対処しなければならない人物の性質を、十全に理解することである。

　政治家は、ユダヤ人の優越感を知って、にこりと微笑《ほほえ》むかもしれない。あるいは、個人とし

て憤慨することさえあるかもしれない。しかし、それが、政治家の解決すべきユダヤ民族の永

久に変わらない部分だと確信しなければならない。それは絶対に取り除けないだろう。

ロンドンのイースト・エンドのユダヤ人は、貧者の中の最貧者であるが、自分をその前に引き出した行政長官よりも、また町の通りの秩序を維持する警察官よりも、自分のほうが優れていると感じている。軍隊や船乗りという仕事は、いかにも私たちヨーロッパ人種らしい仕事であるが、そのお人好し顔の兵士や水夫よりも、ユダヤ人は自分のほうがずっと優れていると感じている。ユダヤ人はもっと馴染《なじ》みのある人々（手形譲渡人、すなわち抜け目のない悪知恵で生計を立てている人々）よりも自分たちのほうが優れていると感じている。

私たちの顔の表情や身振りやマナーからしても、また私たちには、鋭さでは劣るものの、より幅が広い心があるという紛れもない事実からしても、ユダヤ人にそのような感情があることを確かめることができる。

このような、ありとあらゆる局面や関係で表われる優越性という固定概念を、ユダヤ人は当然のことと見なしている。私たちの間にいるユダヤ人でもっとも貧しい人々や抑圧を受けている人々も、また経済的にもっとも恵まれない不幸のどん底にある人々も、優越感を抱いている。不幸にもこれがさらに進むと（そしてこれが核心であるが）抑えのきかない表現となる。腸《はらわた》が煮えくり返るのは、この点である。口論をさらに悪化させるのは、この点である。和解を期待するつもりなら、自制しなければならないのは、消すことのできない優越感を抱くことではなく、それを表現することである。

誰もが知っているように、国家の指導者階級が懇意にしている少数のユダヤ人大富豪の行動や態度には、その優越感が驚くほど強調され表面化している。しかし、全く異質で敵対的な環境だけに悩まされている富豪であろうが、みすぼらしさ、貧困、侮蔑など、人を貶《おとし》めるあらゆる影響力に苦しむ貧者であろうが、ユダヤ人は自分たちが受入れ側の人々の潜在的な主人であると感じているし、それを態度で示すのである。

ユダヤ人は、ディズレーリ〈注5〉が「ユダヤ人を吸収することはできない。優越した民族が劣等の民族に吸収されることなどありえない」と言ったときに感じられたような自信を拠り所にしている。しかし不幸にも、ユダヤ人はその思想的根拠をいつまでも考え続けているだけでなく、それに従って行動を起こすのである。非ユダヤ人には、そのことが許せないのだ。

つまり、私たちは、どのような解決をするにせよ、この感情は見込んでおかなければならない。またその感情がもたらす結果も学び知らなければならない。さもないと説明できないと思えるような現象が起こって、困惑させられることになろう。だが、ユダヤ人が私たちをあからさまに軽蔑する態度は、斟酌する必要がない（それどころか、積極的に非難すべきだ）。

〈注5〉イギリスの政治家、ベンジャミン・ディズレーリ（Disraeli, Benjamin, 1st Earl of Beaconsfield　一八〇四〜八一年）のこと。一八三七年、保守党から下院議員になり、ダービー内閣で三度も蔵相となった。ロンドン生まれだが、家系はイタリアからの移民で、セファルディ（スペイン・ポルトガル）系のユダヤ人だった。父親は、十八世紀文人の逸話集『文学的珍品録』（*Curiosities of Literature*）で有名な作家のアイザック・ディズレーリ（D'Israeli, Isaac　一七六六〜一八四八年）である。

それがもたらす危機的状況

このように優越性を公然と表現することで生じる結果（ユダヤ民族と私たちの関係を見れば、今日の私たちの誰もが気づく結果）がいくつかある。その結果により、彼らにとっても、私たちにとっても、非常に危険な状況へと導かれているのだ。

まず、皆さんがご存じのユダヤ人によるヨーロッパ問題の処理がある。それによってヨーロッパ人の怒りが絶えず掻き立てられているわけである。一方、ユダヤ人も、自分たちによる危害とは、一体どのようなことがありえたのかと驚いている。だからユダヤ人は当然のことのように私たちの宗教を愚かな教えだと考え、そのことをものに書くだろう。それでまた私たちの感情を損ねては、そのことに驚くだろう。さらに私たちの国民的な議論に首をつっこみ、助言をするだけでなく、政策まで指示しようとするだろう。そして国民感情に対するユダヤ人の無関心が違和感を招いていることに気づいて困惑するだろう。ユダヤ人の気性が私たちの気性と違っているとしても、好き嫌いに関係なく、私たちは無理にでもその気性を受け入れなければならないと、ユダヤ人は主張するだろう。

人は誰でも、自分よりも劣等者だと見なすことが当然だと思っている人の前では本能的な行動に出るが、それと同じように、ユダヤ人もこれらすべてのことで行動するわけである。人々が「ユダヤ人の傲慢」だとか「ユダヤ人の冷笑」とか言うときは、暗にそのような態度のことを意味している。

だが、これらのことを意図的な侮辱だと解釈したら間違いである。ユダヤ人の行為は、それが優越感から出ているかぎり、意図的でもないし、故意に敵対的なものでもない。私たちでも、自分たちより劣っていると見下している人々と交わるときは、同じような行動をとっている。しかし、私たちがそのことを指摘し、憤慨し、非難し、必要とあればやめさせるのは、正しいことである。

私たちが優越感を大目に見、それが避けられない悪だと見なし、それを目の当たりにしても怒りを抑えこんでいる限り、ユダヤ人問題は決して解決しないだろう。優越感がますますあからさまに表現されるままにしておいても、この問題は解決されないだろう。

この態度は別の結果をもたらしている。そのような態度があるために、ユダヤ人は、自分が寄留する国の大部分の国民と接する努力をまるでしようとはしない。ユダヤ人は大衆から分離したままでいることに満足し、分離せずにはいられないと考えている。その上、それを態度に表わすのだ。

ユダヤ人は、エリートや、指導者や、何らかの特別の機能を持つ人々と交際することには同意しても、それ以外の人々と親交を持つのは時間の無駄と思えるようである。そしてそれを態度に表わす。ルナン〈注6〉がユダヤ人はすべての民族の中でもっとも民主的でない民族だと

〈注6〉ジョゼフ・エルネスト・ルナン（Joseph Ernest Renan　一八二三～九二年）。フランスの宗教史家、思想家。近代合理主義的な観点によって書かれたイエス・キリストの伝記『イエス伝』（*Vie de Jésus*　一八六三年）の著者。

言ったのは、まさにそのことである。ルナンは、ユダヤ人から資金援助を受けて生活し、その傑作を書いている間も、ユダヤ人の出版社を頼りにしていた。ルナンは、イスラエル史にとても魅了され、ありとあらゆるヘブライの風物を研究する学者になろうと自ら決心したが、ユダヤ人のことは全く理解していなかった。ユダヤ人に対する判断はいつも表面的であり、真理の片面しか見ていない。それは外国人の判断である（彼は称賛を惜しまない外国人ではあるが、共感的な外国人ではない）。そしてユダヤ人は民主的ではないと言うけれども、彼はユダヤ民族が心の奥に秘めた政治的本能に対しては判断を下さず、もっぱら外面的な現象だけに注目していたにすぎない。というのも、実際のところ、ユダヤ人は、同族間の民族関係では熱烈に民主的（これほど強固な国民はいない）なのである。ユダヤ人は、寄留する場所で暮らしている私たちをあからさまに見下しているため、私たちには民主的でないかのように見えるというだけだ。

ユダヤ人の優越感が別の形で公然と表現されることもある。それにより、私たちの国家では、ユダヤ人のどの行動も、ある種の図々しさや連帯感につながってゆくわけである。なるほど彼らの抵抗力は格段に強化されているが、彼らの不幸もまた引き起こされているのである。

歴史を宗教的に解釈する人は、ユダヤ人がありとあらゆる障害に直面しても、民族集団として奇跡的に生き残ることを神が意図し給うたのだから、この優越感は神から特別に与えられたものだと言うかもしれない。他の民族ならたぶん一〇〇年以内に滅亡したであろう状況下でも、ユダヤ人は二〇〇〇年間も生きながらえるようにしようと神は考え給うたのである。しかも苦しむことを予定し給うたのだと。

合理主義者は、次のように言うであろう。優越感の表現とそれに伴う抵抗力は、同じことを別々の名称で呼んでいるにすぎない。あのように優越感を表明しなければ、抵抗を続けることはできなかったであろう。抵抗がなければ、迫害もありえなかっただろう。この問題には何の意図もなかったのである。特別の資質が偶然あっただけである。それによって、当然で必然的な結果が生み出されたのだ。

しかし、どちらが信頼できる説明であるにせよ、次のような歴史的事実は残る。ユダヤ人が感情を自由に発散したときはいつでも、その優越感が傲慢にも、公然と表現されたということだ。その重大な結果として、ユダヤ民族のアイデンティティ、永続性、生存が強化されたけれども、別の重大な結果として、その歴史において、自由な期間が終わった後は、必ず抑圧の期間が繰り返されたのである。

もう一方の側の真実

最後に一つ言っておくべきことがある。それは、苦痛を与える危険や、問題を混乱させ、解決をさらに難しくする危険を抜きにしては語れないことだ。しかし、言わなくてはならない。なぜなら、もし私たちがそれを避ければ、問題がより一層ぼやけてしまうからだ。それはこうである。ユダヤ人が受入れ国の人々よりも自分たちのほうが優っていると感じているのは事実であり、今後もそうありつづけるだろうが、受入れ国の人々も自分たちのほうがユダヤ人より格段に優れていると感じているのも、また事実だということである。私たちが英連邦の中で特別の地位を与えてきたよそ者のユダヤ人は、いつも自分たちのほうが私たちよりも優れた人間だと考えている。このことを思い出すことでようやく、私たちが抱える困難な問題を、公正で平和的に解決することができるのだ。

しかし、ユダヤ人側ではいかに認めがたくとも、ユダヤ人は次のことを認識しなければならない。ユダヤ人がその中に交じって生活し、その劣性を当然のことのように見なす人々も、彼らの側から見れば、ユダヤ人は自分たちよりもはるかに劣っていると見なしているということを。

このように言うと、きっとユダヤ人はびっくり仰天するであろう。でもそれは、逆のことを言えば、私たちがびっくり仰天するのと同じである。それは突拍子もないことだと思えるだろうし、信じられないだろうし、反応もその他にいろいろあろう。しかし、それは事実であり、永遠の真実である。ユダヤ人がその事実を認めなければ、不幸は終わることなく続くだろう。

財産が乏しく、あるいは品性がとても野卑なヨーロッパ人でも、相手がユダヤ人となると、いかに裕福で、いかに権力があり、そして（もう一言つけ加えさせていただきたいのだが）いかに善良であろうとも、自分のほうがユダヤ人よりも断然優れていると感じない者は誰もいない。

なるほど、美徳には、隠しておけないそれ自体の優越性がある。だから、冷酷で不実で堕落したヨーロッパ人といえども、公正で、自制心があり、慈悲深く、寛容で、その他もろもろの美徳を持つユダヤ人であれば、自分のほうがユダヤ人より道徳的に劣っていると感じざるをえない。

しかし、それが国民感情になると、どうなるのかを私たちは知っている。私たちにとっては、類型のほうが個人よりも強烈なのである。個人のある種の優れた特質は認めるかもしれないが、その一方では、人種や共同体社会について考えている。私たちの形体とよそ者の形体とを対比するときは、いつも後者にとって不利な対比なのである。

ユダヤ人がこの問題の要因を正しく認識するのは非常に難しいことなので、私たちの側の認識不足と同じくらい、ユダヤ人側の認識不足により、これまで難題が生み出される大きな原因となってきた。私たちの目から見て、ごく普通に優越者として行動しているだけでも、ユダヤ人には私たちが横柄に映るのである。

私たちの財閥のなかで高い指導的地位に就いたユダヤ人の商人、あるいは金融商が、貧しいイギリス人とばったり出会ったとしよう。その照れくさそうな三文文士にすぎない人物の身振りや声の調子から、はっきりとした優越感を感じとったら、どのような感情が湧いてくるのだろうか。全く横柄極まりない男だと、このユダヤ人は思うにちがいない。（彼は心の中で囁《ささや》くだろう）「一体どんな権利があって、この異教徒から、それもこんなに売れない異教徒の貧乏作家から、まるでこの私がこの男よりも劣っているかのような扱いを受けるのだろうか。私は巨万の財をなし、この国の指導者と私の望みどおりの支配をし、やりたいことをやっている。私は、ほとんど自分が選んだとおりにこの国の身の振り方を決め、他のどの民族よりも完全に上位にある民族、ユダヤ民族に属しているのだ」。

このような感情がもたらす結果を、ユダヤ人は至るところで目にしているのである。ただし、ユダヤ人にとって、相手側の優越感はわけのわからないものなので、それがあることさえ認知できないのである。

だが、ユダヤ人がそれを認めたがろうとなかろうと、それは現存するのだ。ともかくユダヤ人問題を解決すべきなら、私たちにも優越感があるということを、ユダヤ人に警告しておかなければならない。

ユダヤ人の場合も、ちょうど私たちの場合と同じように、正しい解決案に到達できる。それには、相手側にも優越感があることを率直に認め、それが勘違いだろうと現実を反映したものだろうと、今後もその状態に変わりはないという確固とした知識を持ち、しかしその一方で、私たちの相互関係では自らの感情を抑えるしかない。

この捉えがたく奥の深い障害の原因をまとめるにあたり、さらなる事実をつけ加えることにする。この種の矛盾は、たぶんこれほど強調されはしないだろうが、他のどの政治問題でも見つかるはずである。外国の首都に住んでいる外交官は、駐在国の人々が自分よりも劣っているという確信が自分にあることを考えるだけでなく、相手方にも自分のほうが優れているという確信があることにも、思いを馳《は》せなくてはならない。戦場にいる司令官というものは、敵よりも優勢だと確信しているかもしれない。しかし、まだその敵が敗北していないのならば、次のことをうっかり忘れているのかもしれない。すなわちそれは、自分と一歩も引けをとらない自信を持った相手と戦っていることをである。

商業の取引となると、手形譲渡人は、より一層この原則に基づいて行動し、そのことを承知もしている。さもなければ、破滅を招くことになる。というのも、商人が隣人を出し抜こうとする場合、成功のチャンスがあるかないかは、その隣人をどう扱うかにかかっているからだ。扱う相手が、打ち負かすことのたやすい、活力も簡単に殺《そ》げる愚かな自惚《うぬぼ》れ屋であるかもしれない。しかし、そのカモになると目論んだ男でも、こちらが相手に対して持っているそうした気持ちを表に出せば、取引のチャンスを逃すことになるだろう。

一般的にいって、他者の自己判断がいかに間違っていると思っても、それを知り、それを大目に見、それに従わなければ、他者を制して成功することはない。ましてや（それよりもはるかに必要なことだが）他者との永久の協定を実現させることはできない。

このユダヤ人とヨーロッパ人との闘争を例にとると（というのも、私たちの現在の問題は、ユダヤ人と西洋人種の間で起こっている問題であるからだ。もっとも同様の問題が、ユダヤ人とともに暮らす他のどの人種の間でも起こっている）両方が正しいということはありえない。

人類よりも優れた存在がいるならば、私たちの取るに足らない言い争いを見て、対立する二者のうち、どちらがより真実に近いか、私たちがユダヤ人を軽蔑するのがもっともなのか、それともユダヤ人がそうするのがもっともなのか、裁定を下すことができるかもしれない。

しかしそのような指導的な助言を受けずに、私たち自身で解決しようとすれば、それぞれが相手方の勘違いだと思うことでも、それを当然だと見なすこと以外に、双方に通用するルールはない。そして和解に達するためには、それを表現することを抑えるのである。双方が到達する和解では、それぞれが相手方の愚行だと肚《はら》の中では思っていることでも、どうしようもない愚行を除き、必然的かつ永久的に存在する要因として認めることである。

そのような自己抑制策をとらなければ、従属、その結果としての恥辱と暴力を伴う怒り、そしてその後にくる良心の呵責《かしやく》という古いサイクルに後戻りすることになる。

第6章　私たちの側の摩擦の原因

不誠実と無知

双方の側にかかる責任

ユダヤ人側の原因については、簡潔だが検討したので、次は私たちの側の原因に目を向けなくてはならない。

しかし、そのような作業に取りかかるには及ばないと、すぐに思えるかもしれない。作用と反作用は同じものであり、その逆もまた真だからである。なぜAがBを苛立たせるのかを示したならば、なぜBがAを苛立たせるのかということも、おそらく示したことになるだろう。あるいはまた、社会の中の少数のよそ者たちが、苛立ちの原因だと考えたら、そう考えただけで、すでにその状況の問題点が十分に明らかになったように思える。それに、この件で苛立った人々がどのような役割を演じたかを、わざわざ検証する必要もないだろう。寄生虫の類《たぐい》は、最悪の場合、全身を食い荒らし、一番ましな場合でも体調を乱すわけである。身体は、障害の原因に反発し、できればそれを排除する以外に手立てはない。その原因をつくったのは身体ではないので、これ以上、身体側の責任を追及する必要はないはずである。

これをいまの問題に置き換えると、この家は私たちのものである。ユダヤ人は「侵入者」である。これ以上付け加えることはないわけだ。しかし事態はそれほど単純ではない。きっとユダヤ人は、自分たちの行動について、そのような言われ方をされるのを許さないだろう。

それはさておき、次のような明らかな真実がある。すなわち、人間の二つの要因を扱う際、この二つの要因には共通の性質があるがゆえに共通の義務も生じるということだ。

そして、私たちはその意思が自由だと知っている。人は、一人としても集団としても、ある特定の審議中の問題に対し、善処することもできれば、害を加えることもできる。どの集団も、接触のある別の集団に対する責任から逃れることはできない。

私たちとユダヤ人との論争でも、私たち自身が役割を演じていることは間違いない。それはある程度避けられない役割である。というのも二つの民族の性格の単なる違いが、その大もとにあるからだ。しかし、意志の力で修正できる部分も残っている。

私たちの性質に本来的に備わる要素を変えられないのは、ユダヤ人も同じである。だが、それを理解するだけでも、とても重大な変化が生まれる。さらに私たちの意思に本来備わっている要素は、きっと変えることもできる。

このことを証明するものとして、この二つの民族の関係を認《したた》めた長い物語を紐解《ひもと》くと、その中のいくつかの章には、前にも触れたように、いろいろな時代、さまざまな場所で、例外的に平和な時代を描いた箇所があることを挙げることができる。もし双方で、特に私たちの側で、摩擦の原因を改めなかったら、これらの平和は維持できなかったであろう。

単なる性格の違いから生じる摩擦が原因なら、どれもごく簡単に指し示すことができる。それは、以前にもお話ししたものだが、すなわち、ユダヤ人と私たちの本質的な違いである。もしユダヤ人流の正義、ユダヤ人流の寛容、ユダヤ人流の忠誠が、実際に私たちのものと質的に異なるとしたら、もしユダヤ人の欠点にも同じような質的な違いや、外見的な違いがあるとしたら、そして私たちが実際そうであるように、もしこの差異が原因で摩擦が生じているのであれば、おそらくユダヤ人も、私たちと関係するにあたり、それ相応の摩擦を感じることになる。そのままであれば、双方とも、そのような状態を変えることはできないだろう。私たちはそのことを認め、その本質を理解するように努めなければならない。

ユダヤ人の背後で交わされる陰口

とりわけ、私たちと異なっていることが、相手側の汚点だと当然のごとく見なしてはならない。これは声を大にして言っておくべき点である。

無生物界や知性のない生物界を扱うとき、私たちは動機が存在するとは見なさない。あると見なすべき動機がないからである。スズメバチの目的は人間の目的とは大きく異なるし、両者の利害も衝突する。けれども、人間は心の中で苦しみを感じながらスズメバチへ反撃をはじめるわけではない。人間はスズメバチを不道徳呼ばわりしないし、自分の気を紛らわす場合を除き、スズメバチにいかにもありそうな名前をつけることもない。スズメバチを非難することもない。ましてや、スズメバチ全体を非難することはない。あるいはハチ以外でも、周囲の自然界で人間に不利益をもたらす動物を、相手かまわず非難することもない。

しかし、他の人間を扱わなければならないとなると、ただちにその人には動機があるように見なす。人間なら、そうするにちがいない。というのも自分自身の場合も含めて、動機がすべての人間行動の源泉であることを知っているからだ。その行動が自分のものとは異なっていたり、対立したり、どのような程度であれ反目したりすると、悪意に満ちた動機があるように見なす傾向がある。このようなことは、大昔から自明の理である。

自分と違う人々と一緒に暮らさなくてもよいのなら、大きな危害を被《こうむ》ることはない。しかし、そのような人々を生活の一部として受け入れなければならないとなると、別問題である。国家の秩序維持にとって、どうしても必要なのは、このような直接的で敵対的な動機があるという幻想が現存することに対して用心し、それを抑制することである。

だが、このいずれの場合にも関係するのは、摩擦の単なる原因というよりも、むしろこの問題で私たちが果たすべき義務のほうである。

摩擦の最初の原因は、あの差異である。それは、よそ者の視点からだろうが、私たち自身の視点からだろうが、同じものである。

意思の領域内の摩擦の原因は、直接に修正すべき問題であり、種類もさまざまである。その中で最初のものは、まちがいなく私たちがユダヤ人を不誠実に扱っているということだ。

このような不誠実な態度は、私たちの日々の習慣から歴史の扱いにまで蔓延《まんえん》している。それは大部分の人々が気づいている以上に根が深く、それに気づいた人々が認めようとしているよりも、もっと範囲が広い。不誠実な態度は、私たちとユダヤ人との関係にその影響を及ぼす。それは、私たちがユダヤ人を攻撃するときにも言えるのだが、国内のユダヤ人の地位を守ろうとするときにも、全く同じことが言える。実際は、攻撃するときよりも、守ろうとするときのほうが、私たちの関係に悪影響を及ぼすように思う。

ユダヤ人を扱う上で完璧なまでの率直な態度を見せるのは、二種類の人々だけである。まず一つは全く無知で騙されやすい人である。ユダヤ人を見てもユダヤ人とは言えず、宗教上の違い（重要でないと教えられてきた）以外には何の違いもないという古い虚構を事実だと受け入れている人だ。そしてもう一つは「反ユダヤ」と呼ばれる人である。

これらのタイプの人々は、両方とも、自信を持って自分の意見を発する。だからこそユダヤ人は、両方とも知的には軽蔑すべきだとしても、心の奥底ではありがたく思っているわけである。私が思うに、ユダヤ人はこれらのタイプのどちらかに会うと、「少なくとも自分の立ち位置がわかる」と感じるのだ。

しかし、人々の大半は、特に教養の高い人々は、ユダヤ人の扱いとなると、誰もが著しく不誠実である。それは私たちの側の大きな欠点であり、ユダヤ人側の秘密という欠点に相当するものだ。

ある男とその友人が、顔見知りのユダヤ人と通りでばったりと出会うとしよう。二人はユダヤ人と日常的な挨拶《あいさつ》をかわす。そして二人は先に進む。ところがユダヤ人が背を向けた瞬間に、二人はそれぞれに今通り過ぎたユダヤ人の性格について噂話をする。たいていいつもユダヤ人の悪口である。

このような振る舞いを非難しているからといって、皆さんがユダヤ人の知人と出会えば、背後に隠れて言うような陰口でも、相手の感情を損ねようが、面と向かって言うべきだと申し上げているのではない。それはとんでもない皮肉というものであり、実際問題としても常軌を逸している。

私たちは、生活のどのような関係の場面でも、このような行動はしない。しかし、態度にしジェスチャーにしろ、声の調子にしろ、私たちはユダヤ人との関係で意図的に虚偽を演じているのだ。他国の人々との関係では、そのような役割を演じることはない。特別の見せかけ、ユダヤ人が相手のときだけに行なう見せかけが、巧妙に続けられているのである。

その際、私たちの本当の態度や違和感を示すこともなければ、それを認めることもない。だから私たちは不自然な緊張に悩まされるわけである。そして無視するふりをしてきたユダヤ人との違いを大げさに誇張することで、その直後にやっと緊張感を解き放つのだ。それはこの一つの事例に特有なものなので、特に非難されるべきことである。

もし私たちがユダヤ人をユダヤ人として認め、ユダヤ人と私たちの胸中にある一番大切なことについて語り合い、私たちの中にいる他の外国人と同じようにユダヤ人を扱っていたならば、何の被害もなかっただろう。実情は、その嘘が（ユダヤ人と私たちに）二重の被害をもたらしていたのである。

私たちが被害を受けるのは、自分たちが激高するからであり、それは自分たちの全面的な落ち度である。ユダヤ人が被害を受けるのは、自分たちが本来の立ち位置にあるかのように欺《あざむ》かれているからだ。

今日、トップの富裕階級と交わっているユダヤ人でも、特にロンドンでは、相手側の目から見て自分が実際にどのような立ち位置にあるのか、本当のところは何も知らないのだ。その落ち度はユダヤ人から見て、相手側にある。

私は誰にもわかる日常の実例を引き合いに出した。それは表面的であり浅薄なので、少しも重要ではない。だが、この不正直な態度は、もっと永続的な諸関係へと拡散するのである。ある男がユダヤ人と商売を始め、彼をパートナーとして受け入れ、いつも一緒に仕事をしている。だが、心の中では相手への不信感を募らせている。それは常に起こっている現象であり、二つの民族の関係を台無しにしている。

伝統も人格も根本的に異なる人と、このような永続的な関係に入る用意のある人物なら、その因果関係にも果敢に立ち向かわなければならないのである。もし正直者でいたいのであれば、因果関係の一つの結果として、ユダヤ人と関係を築くことで生ずる自分の立ち位置を、それが意味することまですべてを踏まえながら受け入れることである。

ユダヤ人の冷静さ、ユダヤ人の粘り強さ、ユダヤ人の思想の明晰《めいせき》性、ユダヤ人の国際的人脈、同胞の支援によるユダヤ人的な出世の機会といった強みを、誰もが持つことはできない。そこで、陰でこっそりと相手のユダヤ人を思う存分軽蔑し、毛嫌いしては、相手のいないところで抑圧された感情を発散させるのが、人の常である。今なお、ビジネスの世界では、このようなことが日々行なわれているわけだ。

ユダヤ人と親密な取引関係にあった人が、不幸に見舞われた話を聞いてみるといい。彼はユダヤ人という人種、そして不幸な目にあわせたユダヤ人の相棒を非難して余生を送るのである。だが、彼にそのようなことをする権利はない。それはあまりにも自尊心に欠けた行為であり、子供じみてもいる。何よりも悪いのは、不正であることだ。どうころんでも面倒なことになるような関係に入ったとき、自分が何をしているのかを、彼はきっとわかっていただろう。吉と出ようが凶と出ようが、その関係の結果として現われる因果は、受け入れるしかないのだ。

ユダヤ人とビジネス提携をして成功している人々の態度を見ると、これよりもさらに悪質なものがあることに気づく。というのも、この場合、道義にかなった行為には感謝をすべきなのに、感謝の念は、ごく稀《まれ》にしか表明されないのである。それどころか、非ユダヤ人のパートナーは自分の分け前が少ないと、いつまでも不満の気持ちを抱いている。ユダヤ人に出し抜かれ、いじめられ、奪い取られたと、いつまでも不満に思っているのだ。例外としては、ごく稀に圧倒的な成功を収め、あっという間に財を築いたので、恨みを抱く余地がないという、すこぶる珍しい事例があるだけだ。それ以外のほとんどすべての場合では、私がこれまで出会ったものだが、成功という条件下でさえ、あの本領が発揮されるのだ。すなわち、ユダヤ人の背後で陰口をたたくわけである。

私たちの側の身勝手きわまりない態度

もう一方の側の言い分も私は重々承知している。ユダヤ人の粘り強さや、その他もろもろの要素だけではなく、取引関係上でのユダヤ人の「冷酷さ」のために、競争が不平等なものになっているとは言える。ユダヤ人と非ユダヤ人のパートナーシップでは、実際のところ、非ユダヤ人はしばしば出し抜かれ、しばしば「動きがとれない」（近代の取引の気の利いた言い回しにあるように）状態にされると言える。

しかし、そもそもなぜ非ユダヤ人は、ユダヤ人と提携するようになったのだろうか。それはまさに、非ユダヤ人が、後になって非難する、このユダヤ人の資質を利用して、できれば利益を上げるためではなかったのか。取引で成功したユダヤ人の資質があれば、自分も得をするだろうと期待したのである。そのような提携の中でさえ、ある程度の競争があることはわかっていたはずだ。提携を結んだとき、諸条件を完全に承知の上で、自分の利益が上がるのをひたすら待ちながら、自分自身に賭けていたのだ。したがって、ユダヤ人との関係でもたらされた結果に対して、苦情を言うだけの正当な根拠はない。そのようなことをすれば、自分自身の判断に難癖をつけているだけだし、それについて自分の策略に自ら苦情を洩らしているにすぎない。

もしユダヤ人と私たちとの差異を大目に見られないのなら、あるいは商取引の競争でユダヤ人に打ち勝つだけのエネルギーがないと思うのなら、ユダヤ人との提携を避ければいいことである。それがもっとも簡単なやり方である。しかしユダヤ人の商業活動に首を突っ込んでおきながら、その結果にぶつぶつ不平を言うのは、卑《いや》しむべきことだ。

もちろん、取引関係よりもさらに親密な関係に対処するとなると、この種のことは何もかも悪化することになる。そういった関係は近代の世界で山ほどあり、ここで不誠実だと、最悪の形になることもありえる。特にもっとも裕福な紳士階級の人々は、個人的な利益を上げるという公然とした目的があり、ユダヤ人ともっとも親密な友人関係を結ぶだろう。その関係があれば、国家で重要な地位に就いたり、個人の資産を増やしたり、名声を高めたりするときの一助になると彼らは思うだろう。そのような計算をするとは彼らも賢明である。今日、ユダヤ人には、すべてのことで例外的な権力があるからだ。だから裕福な人々は絶えずユダヤ人とテーブルを囲むのであり、絶えずユダヤ人の身近にいるのである。生活のあらゆる関係で、彼らは、これ以上ない親密な友人なのである。

しかし彼らは、そのような不自然な状況で強いられる緊張を、ユダヤ人の友人がいないときに、お決まりの冷笑を浴びせることで和《やわ》らげている。そのような人々については、その虚偽を演じる状況が神経に障《さわ》っていると言えるかもしれない。それは富裕層を蝕《むしば》む一種の病気となっている。間違いないと確信しているのだが、機会が来れば、ユダヤ人の権力に対して大衆の反発が起こるだろう。反発が騒々しくなり、目立ちはじめ、やがて公になると、大衆は真っ先に復讐をする連中と化すだろう。それは言語道断ではあるが、事実でもある。

ありのままを伝えない歴史教育

こうしたことは友情だけでなく、婚姻にも当てはまる。富裕層のキリスト教徒とユダヤ人の婚姻は、興味をそそられる関心事であるが、その関係で生じる恨みは極端なものである。

このような不誠実な態度（ユダヤ人を扱う際、私たちヨーロッパ人の側が正直でないこと）、特に富裕階級と中流階級の間で蔓延《まんえん》している悪習（貧者の間ではずっと少ない）は、すでに申し上げたように歴史まで蝕んでいる。私たちには、歴史の本で、私たちの人種とユダヤ人の関係についてありのままの事実を教える勇気がない、あるいは教える意思もない。このような関係を綴《つづ》る物語があり、しかも歴史を動かす主要要因の中で有数なものであっても、そして歴史の背景に触れるときであっても、背景の目立たないところへ押し込んでしまうのだ。

歴史を教わるときに、生徒や学生がこれらの関係を目にするのは、わずか一、二行の記述だけである。教師は、エドワード一世の治世下のユダヤ人追放や、クロムウェル治世下でのユダヤ人の帰還について黙っているわけにはいかない〈注1〉。ローマ帝国の歴史を読めば、ユダヤ戦争のことを耳にしないわけにはいかない〈注2〉。イングランド憲法の歴史を読めば、中世の王政下でユダヤ人が特別の経済的地位に就いていたことを耳にしないわけにはいかない。このテーマは、二〇〇〇年にもわたって果てしなく広がり、永続的で色褪《あ》せない特徴を備えている。その偉大なエピソードも、普遍的な影響も、そのすべてが意図的に抑圧されているのだ。

たとえば、ローマ帝国のことなら、細かな点までよく知っていると公言する人々でも、一体何人が、ユダヤ人保護とユダヤ人迫害の布告が代わる代わる大量に出されていることに気づいているだろうか。特に後のローマ帝国でのユダヤ人の経済的地位や、離散の特徴に気づいているだろうか。ましてや、ユダヤ人とヨーロッパ人の間で恐るべき大虐殺と、それに対抗する大虐殺が繰り広げられたことなどは、一度も書かれたことがないのである。

ハドリアヌス帝の治世下のキプロスやリビアの都市では、周辺の非ユダヤ人社会に反発してユダヤ人による排斥運動が起こっているが、それは今日、私たちの話題を独占している最近のロシアの瓦解よりもはるかに激しいものである。大虐殺は大規模だったし、その報復も大規模だった。ユダヤ人はキプロスだけでも一〇〇万人もの人々を殺害した。ローマ帝国はそれに応戦して鎮圧したわけだが、情け容赦のない戦争だった。

実例を挙げればきりがないだろう。重要なのは、平均的な教育を受けた人にとっては、それらのことが全く寝耳に水だという点である。あの私たちの文明の源泉であるローマ国家で、ユダヤ人はどのような構成分子だったのだろうか。ユダヤ人は、ローマによる激しい敵対行動とそれに対するユダヤ人自身の敵対行動の応酬をどのようにして切り抜けて生き残ったのか。ローマの神々を崇拝することでユダヤ人に期待された特権とは何だったのか。ユダヤ人によるローマ財政の操作とは、どのようなものだったのか。それが後世とどのように密接な相関関係にあるのか。何も語られないままなのである。平均的な教育を受け、ローマ史をかなり全般的に

〈注1〉一二九〇年七月十八日に、エドワード一世（Edward I　一二三九〜一三〇七年）がユダヤ人追放令を発布し、ユダヤ人はイングランドへの入国を禁止された。このとき、一万六〇〇〇人のユダヤ人がイギリスを離れ、フランスなどへ逃れたと言われている。ユダヤ人がイギリスへの再入国を果たすのは、それから三五〇年後のことである。一六四二年にピューリタン革命が起きると、一六五五年、オランダのアムステルダムのユダヤ教のラビであるマナセ・ベン・イスラエルらが、イギリスのオリバー・クロムウェル（一五九九〜一六五八年）の政府に、ユダヤ人のイギリス復帰の嘆願書を提出し、一六五七年にユダヤ人の追放が解除されたからである。

〈注2〉ローマ帝国に対してパレスティナのユダヤ民族が行なった解放闘争で、エルサレムの徹底破壊に至る第一次のユダヤ戦争（六六〜七〇年）と第二次のバル＝コクバの乱（一三二〜一三五年）に分けられる。

教わった人は、ユダヤ人は（少しでもユダヤ人に気づいていればの話だが）歴史物語の取るに足らない細部にすぎないという印象を抱いたまま、歴史の勉強を終えているのだ。

十九世紀の歴史となると、その傾向はさらに極端になる。ユダヤ人の特質、秘密結社を通しての行動や諸外国でのさまざまな革命活動、金融を通しての急速な権力の獲得、政治的権力と社会的権力、何ひとつ教えられることはない。

十九世紀の歴史のある特徴について研究論文を書きながら、その物語のユダヤ的要素を読者に知らせないような人でも、非公式の場となると、いくつものユダヤ人の逸話で皆さんを楽しませるだろう。たとえば、誰それはユダヤ人だったとか、誰それはユダヤ人のハーフだったとか、ユダヤ人の愛人の言いなりになるのを流儀とする人がいたとか、しかじかの交渉で仲介役を務めたのはユダヤ人だったとか、これこれの一族にユダヤ人の血が入ったのは、しかじかの流れがあったとか、などなど。しかし、印刷される紙面では、一言も触れられることがないのだ。

このように意図的に隠蔽することは、同時代の記録でも同じように行なわれている。新聞の読者は、破廉恥きわまりない嘘で騙されるのである。「アブラハム・コーヘン〈注3〉、ポーランド人」、「M・モセヴィッチ〈注4〉、著名なルーマニア人」、「シフ氏〈注5〉とその他の代表的アメリカ人」「典型的なフランス人の明晰さをもつM・ベルグソン〈注6〉」、「マキシミリアン・ハーデン〈注7〉、常に勇気を出して自国民を批判」（彼自身はドイツ人）……そしてこれ以外にもくだらない嘘が満載である。それらは下火になりつつあるが、いまだに続いている。

もちろん、このような形の虚偽は、それを弄《もてあそ》ぶ人々の魂を蝕む。だが、そのことは本書の

〈注３〉モリス・アブラハム・コーヘン（Morris Abraham Cohen　一八八七〜一九七〇年）のことか。ロンドン出身で、ポーランドからの貧しい移民の家庭に生まれたとする伝記がある。実際は、ポーランドのラザノフで、貧しいユダヤ人の家庭に生まれたとも言われている。後に孫文《そんぶん》の護衛隊長、蔣介石《しょうかいせき》の軍事顧問を務めたが、晩年はマンチェスターで暮らした。

もう一人、モーリス・アブラハム・コーヘン（Maurice Abraham Cohen　一八五一〜一九二三年）という言語学者でユダヤ教育のパイオニアがいる。ウクライナのラヴァ＝ルスカでポーランド系ユダヤ人の家庭に生まれた。早くからイギリスに移住し、ロンドンのジューズ・カレッジで教育を受けた。ここでは、おそらく最初の人物であろう。

〈注４〉詳細不明。

〈注５〉ドイツ生まれのアメリカの銀行家で慈善家のヤコブ・ヘンリー・シフ（Jacob Henry Schiff　一八四七〜一九二〇年）。フランクフルトの代々ラビの家系のユダヤ教徒の家庭に生まれる。誕生時の名前は、ヤーコプ・ヒルシュ・シフ（Jacob Hirsch Schiff）というドイツ名だった。

一八六五年に渡米し、無一文同然の身から、銀行の出納係、クーン・ローブ商会就職、一八八五年にはソロモン・ローブの娘のテレサと結婚し、同社の頭取にまで登りつめる。鉄道建設、電信会社、ゴム産業、食品加工の分野にも進出し、成功したユダヤ人富豪。

〈注６〉フランスの哲学者ベルグソンの妹、ミナ・ベルグソン（Mina Bergson　一八六五〜一九二八年）のことであろう。生まれはパリであるが、家系はユダヤ系である。一八八八年初頭、「黄金の夜明け」団のＳ・Ｌ・マグレガー・メイザース（Mathers, Samuel Liddell MacGregor　一八五四〜一九一八年）と結婚し、モイナ・マグレガー・メイザース（Mathers, Moina MacGregor）と名乗った。

関係する重大事ではない。虚偽が二つの人種の摩擦の原因となるのは、それも除外できる摩擦の原因である場合だが、私たちの社会でユダヤ人の考える自分の立ち位置についての考え方に虚偽が影響を与えるときである。つまり、ユダヤ人の立ち位置についての概念が、全く歪曲《わいきょく》されてしまうのだ。それがあるために、ユダヤ人の間に間違った安心感が生じ、私たちの社会でユダヤ人が実際にどのように受け入れられているかについても、全く歪《ゆが》んだ幻想が生まれるのだ。

このような不誠実な行為がなされればなされるほど、それが発覚した後の驚きが、ますます大きくなる。またそのような驚きがあるために、私たちが受け入れているユダヤ人の中で引き起こされる苦しみと憎しみも、ますます道理にかなったものになる。このことが当てはまるのは、この国だけではない。ユダヤ人が匿《かくま》われ、一時期に保護されてきた他のどの国にも当てはまるのである。

だからユダヤ人はいつも、不快な事実に突然に気がついたとか、自分にとっては不可解で今まで見たこともない反感と思えるものに当惑したとか、友人に囲まれていると思っていたが、突然、人を裏切りそうな敵対者の中にいたとか、不平を漏らしてきたのである。もしこのように厄介な偽りの慣習をなくせないなら、このように溜め込んできた不平は、近い将来、その矛先が私たち自身に向けられるだろう。

このように、私たちの側では、不誠実であることが、摩擦の第一の原因である。

ユダヤ人に対する無知という罪

次に、私たちの側の第二の摩擦の原因は、ユダヤ人の扱いに無知なことである。もちろん、その無知は、先に述べたこちら側の不誠実な態度と結びついている。私たちは、これと正反対のことをユダヤ人から学ぶことができる。なぜなら、彼らの私たちに対する扱いは、いつも理性的だからである。ユダヤ人は自分たちが扱う人物をしばしば誤解するけれども、自分がこれらの関係で何を目論んでいるのかを知っている。しかし、私たちには自分たちが何を目論んでいるのかさえ知らないようなことが幾度もあったものだ。

たとえば、ユダヤ人だけを特別に丁寧《ていねい》に扱うことほど無知なことがありえようか。私がお話ししているのは、先ほどの不誠実を巡る論点で取り上げた、巧妙な偽りの友情のことではない。このよそ者の民族に対して礼儀を尽くそうとする純粋な試みのことである。ユダヤ人と親密な関係にない人々や、親密な関係になりたくないと思っている人々が態度で礼儀正しさを表わすことである。一般にユダヤ人を避ける人々の礼儀としては、ほとんどいつも表面上は支援を表わすものである。金持ちが貧乏人に示す儀礼にたとえてもよい。だが、世間でも見られるように、それは人を不快にさせるものだ。

〈注7〉ドイツで影響力のあったジャーナリスト・編集者（Maximilian Harden　一八六一～一九三〇年。誕生時の名前はFelix Ernst Witkowski）。ベルリンのユダヤ人商人の子として生まれる。一八七八年にプロテスタントに改宗し、一八八四年に演劇評論家として活動を始める。一八九二年からベルリンでジャーナル『未来』（*Die Zukunft*）を出版した。

そしてユダヤ人問題への対処でも、私たちは何と無知であろうか。たとえば、ユダヤ移民の問題だ。私たちは不正確な名称をつけてはそれを隠し、「よそ者問題」、「ロシア移民」、「東欧や中欧からの好ましくない人々の流入」と呼んでいる。これ以外にも、同じように不甲斐《ふがい》ない呼び方はいくらでもある。だが、それによって誰も騙されないし、とりわけユダヤ人本人は騙されないものである。

このような無知は、他の多くの分野にも広がっている。自著に空想のユダヤ人の英雄を登場させることで、いわば、以前にユダヤ人を迫害したことの埋め合わせをしようとする作家は、何という無知な試みをしているのだろう。特にこの点では、私たちは、私たちの父親の世代のヴィクトリア時代の人々ほど、人の感情を損ねてはいない。

ディケンズの悪意は深刻だった。彼は本能的にユダヤ人を毛嫌いしていた。ユダヤ人のことを自分の好みどおりに書くときには、ユダヤ人を犯罪者に仕立てあげた。このような行為は埋め合わせをしなければならないと人から言われると、彼はこの世の人間ではないようなユダヤ人を登場させた。アラブの族長と家庭用聖書の挿絵に登場する旧約聖書の人物とを合体させたような男だった。全体が、全く非ユダヤ的に潤色されていた。純粋にイギリス的な登場人物だった。

また、最高級の善意であろうとも、非ユダヤ人によるさまざまなユダヤ人の弁護は、何と無知なことだろうか。まるで意外な事実でも暴露するかのように、親切で機知に富んだユダヤ人がいるとか、ユダヤ人で立派なプロボクサーやフェンシングの達人がいるとか、真剣な顔をして話しているのを聞くだろう。

審美眼のあるユダヤ人がいると、私に一所懸命納得させようとした（あたかも私がそれを確信する必要でもあるかのように）老紳士のことを、よく覚えている。その老紳士は私に「私自身はユダヤ人の家の中に出入りしませんが、私の息子は出入りするのです。確かに趣味の良い飾り付けがたくさんあると息子が私に言うんです」と語った。

また、ある人が自分の意思を明らかにしていないから、国家に奉仕する理由があなたと同じでないから、それゆえにその人は永遠に怪しい人物だと疑われても仕方がないという考え方は何と無知なことだろう。それに輪をかけて無知なのは、その人がよそ者であるため、国家のある特別の部局では使うことができないという考え方である。

このような無知ぶりが特にはっきりしているのは、国際関係でのユダヤ人の扱い方である。ユダヤ人は遊牧の民であるが、非ユダヤ人は定住の民である。それなのにイギリス人や、フランス人や、その他の人々は、ユダヤ人があたかも定住者であるかのように常々思って、ユダヤ人に近づいている。ある特定のユダヤ人が海外住まいで、その人物にはイングランドに別名のユダヤ人の従弟、甥、兄弟がいるとわかると、あるいはその人物にミンスク〈注8〉やサンフランシスコにまた別名の縁者がいることを知ると、私たちは驚きのあまりショックから立ち直れないようだ。

〈注8〉ベラルーシ南西部の中心都市。

しかしながら、このことがまさに、ユダヤ人の立ち位置の本質なのである。私たちは、ユダヤ人が放牧の民であり、国際的であり、世界中に拡散しており、移住の民であることが当然だと見なすべきなのだ。ちょうど、渡り鳥にも同様の習性があるのを当然だと思うようなものである。それでいて、ユダヤ人の中に、同様の現象を見つけると、驚きのあまりショックを感じるというのは、愚かな中でも、もっとも愚かな過ちである。つまり自分のことを他人の中に読み込むという過ちを犯しているのだ。

二、三年前に揉め事に巻き込まれたドイツ名の男が、実は大臣の従弟だとわかったと人々が囁《ささや》いていたが、そのときの恐怖と反感を私は思い出す。別段、かまわないではないか。ユダヤ人の名前は必ずしも本名ではないことや、裕福な重要人物にもしばしば貧乏な親戚がいること、そして貧乏な親戚はしばしば恥ずかしい思いをすることがこわごわ暴露されて、人々は倒れんばかりに仰天したようだ。

彼らの観点からすれば、重要なことは今まで単純そのものだったのだろう。私たちヨーロッパ民族のある男が、財を築き、政治的地位を買収したものの、外聞の悪い親類から迷惑を被り、その男も同じ民族だと聞いても、別に驚きもしなかっただろう。しかし、ユダヤ人の場合は、外国人名と生まれが一致しないという二つの要素があったので、彼らは困惑したのである。彼らは、それがある意味で特別に恥ずべきものとさえ考えたのだ。彼らは自分たちが扱っている人材に対し、的確な判断を下せていなかったのである。それが無知の証拠なのである。

しかし、無知の骨頂、すなわち、ユダヤ人に対する無知な取り扱いでユダヤ民族が憤慨する定型といえば、間違いなく、いつまでもイスラエルに反対の声を上げつづけるだけで、何の提案もしない人であり、すなわち、あの典型的で優柔不断な対応である。抑圧しようという明瞭な勢いさえも持っていない人であり、現状には反対の声を上げても、それを正すために何もせず、机上の解決策さえ持っていないような人だ。

思いやりの欠如

ユダヤ人と私たちとの摩擦の主要原因の最後は、仁愛の欠如である。それは、ユダヤ人に譲歩するのを拒否することであり、私たちの社会でのユダヤ人の立ち位置や、それに対するユダヤ人の態度を理解するために、ユダヤ人の立場になって考えようとしないことである。それは、毎日のようにユダヤ人と交わり、ユダヤ人に依存し、ユダヤ人に媚《こ》びへつらう者にも、ユダヤ人に近づかない者にも共通する、普遍的な欠陥である。

それは、ユダヤ人問題に対処し、創意に富む必要な努力をしなければならない私たちの側の態度だとはとても思えない。しかも私たちには、格好の対比がある。ユダヤ人が私たちの中にいて感じているのは、私たちが外国に住むときに感じることである。ただその度合いがはるかに強いというだけである。すなわち、さすらいの身となった感覚、ただ外国のものという理由だけで、外国のものに対して抱く苛立ちの感覚である。ユダヤ人は、仲間づきあいをしたいとか、理解をしたいとかの強い欲求がある反面、自分が寄留する国の人々の運命に対しては、まるで無関心なのだ。領土がないので、領土としての故郷への愛着はないが、自国の民族へは、並外れた愛着がある。このような差異があることを、もし私たちがいつも心に留めておけば、私たちの側の摩擦は大きく緩和されるだろう。

非ユダヤ人からは、せいぜい公の挨拶ぐらいしか望まないユダヤ人の社会集団が数多くある。そういった挨拶が行なわれ、そういった社会集団への訪問もあるが、あるべき姿には到底及ばない。また優れたユダヤの文献もある。私が言わんとしているのは、ユダヤ人の視点から、特にユダヤ人を扱った書物が大量にあるということだ。しかし読まれもしなければ、知られてもいない。私がこう申し上げると、ユダヤ人は秘密主義であるという理由から、主な落度はすべてユダヤ人側にあると言われそうである。しかし、その反論が当てはまるとは思えない。いくらユダヤ人が秘密を駆使するとしても、ユダヤ人は、私たちが近づくために、そしてもし私たちにその意思があれば、できるだけ理解するために、そこにいるのである。だが、アプローチがなされていないと申し上げているのだ。

もちろん、それはそれで骨の折れることだ。そのことは誰よりも私が一番よく知っている。というのも、私がユダヤ人の聴衆の前で講演をしたことは一度や二度ではないが、非常に厳しい言葉を浴びせられたからだ。しかしそれは、いやしくもユダヤ人問題があると認める人ならば、誰もがすべき努力である。しかし実際には、ほとんどなされていない。大きな隔たりを超えるための努力というばかりではなく、多くの点で私たちの気に食わないからこそ、努力といえるのだ。

ユダヤ人以外の人種に関係する場合なら、人々は国家の目的のために、そのような努力を続けるものだ。だが、ユダヤ人が関係するところでそのような努力をすることのほうが、はるかに重要なのである。他のよそ者の人種も、現時点では私たちヨーロッパ人種の官憲によって統治されているが、永遠にそのように統治されることはないだろう。彼らと私たちの関係は短い期間だけである。それはつねに変化する関係である。一方、ユダヤ人はいつも私たちと一緒にいる。ユダヤ人種と私たちとが接触する形体は、ずっと昔からそうであったように、未来永劫ほとんど変わらないだろう。

＊＊＊＊＊＊＊＊＊

私の考えでは、二つの人種間の摩擦の原因を要約すると以下のようになる。

まずは一般的原因である。それは、二つの人種の対照的な性質にあり、その差異がもたらす悪影響である。この原因を消すことはできないが、その悪影響は緩和できるかもしれない。それは奥の深い差異であり、それが活動すると苛立ちとか鋭い刺激がのべつ幕なしに起こる。非常に重要なのは、その本質を認識することである。それに欠点だとか悪徳だとか一般的な用語をあてがって済ますのではなく、関係する質の違いを理解することである。とりわけ、それについて嘘をついたり、質の違いがないようなふりをしたりしないことだ。

第二に、摩擦の特別の原因については（なくすことはできないとしても、私たちの場合と同様にユダヤ人の側でもある程度は緩和できる原因のこと）、もっとも顕著な原因として以下のものがあることを示唆した。

1、優越感。これも全くなくすことはできないが、表現する際に少なくともチェックはできる。皮肉なことに、優越感は双方の側で同じように強い。

2、ユダヤ人自身が秘密を用いること。あるときは防御する武器として、またあるときは行動の手段として使われるが、遺憾とすべきことだ。特に私たちの神経を逆なでして憤慨させるような性質がある。

3、私たちの側で、この少数民族に対する不誠実な扱いが一向に直らないこと。無知な扱い、無関心や思いやりの欠如、私たちと常に一緒に暮らさなければならないのに、私たちとは非常に異なる人種であるユダヤ人にできるだけ会って理解するために必要な努力をしないこと。

さて、このような、いつまで経ってもなくならない摩擦の原因があるために、私が悲劇的循環と呼んでいるものが生まれる傾向がある。最初はユダヤ人居住区を歓迎するが、社会不安が起こり、続いて強い社会不安がさらに深刻化し、迫害、放浪、そして大虐殺さえ起こる。当然、この後には反動が生じる。そしてまたこのプロセスが再び繰り返されるのだ。

つい最近のことだが、今の時代で私たちが目にしたのは、これらの段階が第一段階から第二段階へ移ったことである。すなわち歓迎から社会不安へと移行したのである。この移行を受け、今度は第二段階から第三段階へとさらに移行する恐れがある。そして第三段階から、恐ろしい結末へ。

この循環の最後にくる極端な段階までは至らない、と今日の私たちは安心しきっている。また迫害にまで進むことはないと確信している。迫害など、まだ思いもよらぬことである。しかし、必ずしもそれが想像できる場所がないというわけではない。変化しない社会などない。今生きている人々の中には、目の黒いうちにこの静かな国家で反乱が起こるのを目撃する人がいるかもしれないし、今よりも新しく不安定な国家になれば、もっとひどい事態を目にする人がいるかもしれない。

そのような大惨事にならないように、私たちの力の限りあらゆる努力をすべきである。提示された問題に対しては、解決策を否応なしに模索しなくてはならない。しかし、そのついでに、その問題の重大性と、当面の解決策の実際的な必要性を疑う人がいるかもしれないことを考えると、それが深刻な問題であり、解決策が必要である現象があることにも注目すべきだろう。

その現象とは、今日の新しい型の出現である。それは、どのユダヤ人も毛嫌いする人々、反ユダヤ主義者の出現である。それは驚異的に数が増えている現象である。その増加は加速度的である。その危難を警告し、その規模の大きさを説明するための証《あかし》として、次章でその現象を詳しく検証することにしよう。

第7章　反ユダヤ主義者

増殖する敵意と憎悪

高まりつつある憎悪

どのような類《たぐい》の問題にせよ、それを理解するには、全体像をしっかりと捉える理性的な視点を持たなくてはならない。それだけでなく、その問題が引き起こす愚かしい行為や曲解も、また理解しなければならない。

解決すべき難題が何であれ、現実に現われた事象だけを考えても、それで十分とは言えない。伝説や幻想も、真実から直接に生み出されたものであり、その真実がどのように他者の心に働きかけているかを示すものになる。

戯画は、私たちが無意識に考えているものを意識下から引き出して、誇張して表現したものである。一度見たら脳裏に焼きついて離れない。したがって、全体のバランスが欠如し、人を戸惑わせるものであるが、そうであっても、問題を判断する材料として大きな価値がある。

政治という現実的な問題を考える上で、歪曲された極端な意見を検証する重要な理由が、もう一つある。政治では、現実のことだけでなく、生きている人々の好き嫌いまでも、つまり、その誇張された、あるいは正確な情報に基づかない愛情や嫌悪までも扱うということだ。最大の政治的手腕は、熱狂と無関心を理解することにある。

さて、私たちと混在するユダヤ人種が提示する政治的な大きな問題には、二つの極端な状況がある。

その一つは、虚偽に満ちた態度、つまりその問題が存在しないようなふりをすることである。そのような状況は、近年まで、特にこの国では、どこでも見られたが、今では少数の公職にある者を除き、私たちの世代ではほとんどなくなった。公職の関係者にしても、すでに時代遅れとなったそのような態度を、そう長くは、とり続けられないだろう。

しかし問題は、もうひとつのほうにある。それは私たちの社会でごく最近に見られる現象である。だが、その現象はここ数年で非常に勢いを増し、驚くほど大きくなっている。それは憎悪である。それは、ユダヤ人に敵対する際、たったひとつの動機に基づく感情である。その動機とは、ただただユダヤ民族を排除したい、という欲望にすぎない。つまり、二つの人種の間には和平など実現できないということを暗に意味しているわけである。筋の通った政治的解決もありえないということだ。敵意だけが原動力であり、すでにそれは強烈なものとなっている。そのため、その支持者たちは、勝利を確信しつつある。

この重大な政治問題に対し現実的な対処をしたいと思っている人、すなわち永続的な政策を確立したいと思っている人は誰でも、ユダヤ人問題がそもそも初めから存在しないかのように無視する態度よりも、この「敵意」「憎悪」という感情のほうに、関心が向かないわけにはいかない。この度を過ぎた状況は、悪化の一途をたどっているからだ。

近い将来、現実的な政策面で、ユダヤ人が提起する問題だけではなく、ユダヤ人を憎む人々の問題とも対処しなければならなくなるだろう（きっともっと難しい問題になるだろう）。この問題は、ユダヤ人問題と同じくらい古く、二〇〇〇年にわたって、伸張と衰微を繰り返している。その近代的な名称である「反ユダヤ主義者《アンチ・セムタイト》」〈注1〉という言葉は、表現形体が滑稽なら、その由来もばかげたものである。その語源はドイツの学術的起源〈注2〉という部分もあれば、新聞用語という部分もある。そのような起源からして、いかにも低俗だと推測できるし、もっともらしくて衒学的《ペダンチック》でもある。しかし、そのレッテルを貼られたときの不快な気分は実に現実的なものである。

「反ユダヤ主義者《アンチ・セムタイト》」という言葉は、低俗的であり、衒学的だと申し上げた。この言葉は一般に認知されるだろうが、それは何の意味もない言葉である。ユダヤ人への反感は、「セム」族という言葉から想像される民族とは何の関係もないからだ。それ以外の近代の数多くの仮想的抽象概念が存在しないのと同じように、このような民族も存在しないし、いずれにせよ、重大なことではない。「反ユダヤ主義者」とは、近代のアラブ人や古代のカルタゴ人を憎む人ではない。ユダヤ人を憎む人なのである。

しかし、この言葉は通用するようになっているので、受け入れなければならない。そしてユダヤ人側の心の中に、どのような作用を及ぼすか、彼らがもし自由に行動できたら（あるいはそうできるとき）、その行動がどのような結果をもたらすかについて、考えなければならない。そして何よりも重要なこととして、反ユダヤ主義者が、時代のどのような兆候を示しているのかという、より根本的な問題に立ち入っていかなければならない。

反ユダヤ主義者の二つの特徴

反ユダヤ主義者には、二つの大きな特徴がある。まず第一に、ユダヤ人そのものを憎むということだ。その動機は、私たちの社会にユダヤ人がいることに対する憎しみではない。また、ユダヤ人の偽りの立ち位置に、秘密、虚偽、偽善、堕落といった、ありとあらゆる悪行が付いてまわるからという理由で憎むのでもない。実際、このような要素が反ユダヤ主義者を苛立たせることは間違いないが、それは主要な動機ではない。主要な動機は、ユダヤ民族を憎むことである。自分たちの社会でかくも権力を獲得してきたように見えるユダヤ人というよそ者に、強烈に反発しているのだ。そして反ユダヤ主義者は、ユダヤ人の権力行使のやり方にとりわけ憤慨しているのだ。

しかし、たとえユダヤ民族が軽蔑され、取るに足らないものとして無視されても、この人々は、ユダヤ民族を相変わらず憎み続けるだろう。ユダヤ人の地位に、秘密や虚偽や経済的堕落といった不祥事が付いてまわらなくても、ユダヤ民族を憎み続けるだろう。ましてや、ユダヤ

〈注1〉原語は"Anti-Semite"で、直訳すれば「反セム族」となるが、一般には"Semite"がユダヤ人の別称であることから「反ユダヤ主義者」と訳出されることが多い。本書もこの訳語を採用した。しかし、もともとは旧約聖書のノアの長男であるセムの子孫を先祖とする種族をいい（『創世記』10章23節）、ユダヤ民族に限らず、アッカド人、カナン人、フェニキア人、ヘブライ人、アラブ人などを含むアジア南西部の大種族を指す場合もある。ここで原本の筆者は"Semite"の本来の語義について論じているのである。

〈注2〉ドイツの学術的起源というのは、一八七九年、ドイツの反ユダヤ主義者ウィルヘルム・マル（Wilhelm Marr）が、ユダヤ人との宗教的対立以上に、民族的・社会経済的敵対性を強調するために、この語を用いたことを言っているのであろう。マル以前の使用例としてフランス人ルナン（Ernest Renan）が引き合いに出されることもある。ただし、その確証はないとも言われている。

人が権力を握ると、このタイプが急激に増加する。そしてユダヤ人が権力を乱用しはじめると、このタイプが大勢を占めるのである。ユダヤ人の権力が衰退すれば、その数も次第に減少する。だが、その実体は常に同じであり、危険の種でありつづける。

もう一つ、反ユダヤ主義者とは、ユダヤ人を排除したいと思っている人である。この問題となると、本能的な感情で一杯になってしまうのだ。ユダヤ人をユダヤ人だからといって毛嫌いし、どこでユダヤ人を見かけても、嫌でたまらなくなる。そのような精神状態を示す証拠なら、私たちの誰もがよく知っているものがある。たとえば、反ユダヤ主義者が芸術作品を賞賛するとしよう。その作者がユダヤ人だとわかると、全く同じ作品であっても、とたんに不快な作品となる。

反ユダヤ主義者は、ある特定のユダヤ人の行為と、ユダヤ民族一般に対する憎悪とを混同してしまう。敵対者であるユダヤ人に高い才能があっても、決して認めない。あるいは認めたとしても、その表現の中に、何かしら歪曲したものや不快なものを、常に見出すことだろう。

ユダヤ人に対して非難が起これば、反ユダヤ主義者は、裁判官のように公平な態度をとることができない。反ユダヤ主義者は、もう一つの極端論者、すなわちユダヤ人問題など存在しないとはなから否定するペテン師と、同じ穴のムジナなのである。今日では、すでに私たちの生活からは姿を消しつつあるもう一つのほうは、明白な証拠があっても、ユダヤ人を有罪とは認めたがらない。特に相手が裕福かもしれないユダヤ人となると、罪を認めることができないのだ。さらにその論者は、ユダヤ人全体が非のうちどころのない民族だと主張する。ちょうどそれと同じように、反ユダヤ主義者は、どのユダヤ人にアプローチするにせよ、はなから有罪は確実だろうと見なしてかかる。裕福なユダヤ人を扱わなければならないときは、この偏見を大げさに言いふらすのだ。ユダヤ人にかけられたほとんどの問責に対し、ユダヤ民族全体をひっくるめて、有罪は確実だろうと考えるわけである。

このことが明白になったのが、ドレフュス事件である。当時はまだ古いタイプの極端論者が強い勢力を握っていた頃である。このユダヤ人問題など存在しないとする論者は、ドレフュスに対する反証に見向きもしなかった。彼らがわかっていたのは、ドレフュスには罪がなく、事の本質として無罪にちがいなく、被告に不利な証言をした人たちは、誰もが悪意のある陰謀論者だということだけだった。

一方、数は増えてはいるものの、まだ支配的にはなっていない新しいタイプの極端論者は、ドレフュスの弁護に有利となる証言には耳をかさず、主要な目撃者が文書偽造罪にあたると判明した後も、この事件の再審を拒み、ドレフュスは絶対に有罪だと心に決め、ドレフュスの支持者は全員が傀儡《かいらい》か悪党だと思い込んでいた。

ユダヤ人が強力なことはさておき、そのような極端論者にしてみれば、ただユダヤ人が存在するという事実だけでも、生活がその毒で汚染されるのである。一方的な熱狂にほだされて、ばかげた間違いを犯しているのだ。この国では、ドイツ起源の名前なら、何でもすぐにユダヤ人だと思ってしまう。どの金融業務にしても、特に道徳的に疑わしい場合は、きっと背後にユダヤ人がいるにちがいないという。ユダヤ人にしろ、非ユダヤ人にしろ、多くのパートナーが劣悪な仕事に従事しているところでは（たとえば、私たちの無数の政治スキャンダルの一つのように）、どこであろうと、この種の人にとってユダヤ人は常に首謀者であり、全体に付きまとう悪魔にちがいないのだ。

他のどの熱狂者でも同じだが、このような偏見に満ちた人々がいると、問題の本質がぼやけてしまい、バランスの取れた解決を阻害する。この種の人たちは、何事につけても、どこにいても、ユダヤ人に目を向けるようになり、その問題を一瞬でも静かに考えれば、矛盾していることが自ずとわかるものでも、迷うことなく受け入れてしまうのである。

ここ二、三年の間、次のような奇妙な主張が、あちこちから聞こえてくるのだが、どれも情報源は同じで、それらは互いに明らかに矛盾している。たとえば、

近代の懐疑主義の元祖はユダヤだった。
近代の迷信、私たちの近代の魔術や水晶占いやその他のすべての元祖はユダヤだった。
民主主義の弊害の元凶は、どれもユダヤだった。
専制政治の弊害の元凶は、たとえばプロシアを例にとると、ユダヤだった。
質の悪い近代芸術を異教的に曲解した元凶は、ユダヤだった。
幼児的で悪趣味な教会家具は、ユダヤ人の取引業者の仕業だった。
第一次世界大戦は、ユダヤ系の軍事会社が生み出したものだった。
連合軍を弱体化した反愛国的主張の出所は、ユダヤの情報源からだった。

などなど。ユダヤ人が関係したもので、これら種々さまざまな相矛盾する事柄は、どれにもユダヤ的性質があるのは事実である。それはちょうど、スコットランド人、フランス人、イギリス人が仲介者であれば、スコットランド的、フランス的、イギリス的な性質があるようなものだ。しかし何もかもユダヤ人のせいにしたり、何もかもユダヤ人が意識してその元凶になっているとするのは、妄想でしかない。

反ユダヤ主義者は、自分の対象とするものに、とことん没頭する人たちである。その対象を自分の幻想と関連づけることができないと、最後にはどのようなことにも興味を失ってしまう。というのも、その対象は幻想であるからだ。

もちろん、このような心理状態は、ある意味でユダヤ民族に対する一種の敬意にも似たものとも言える。そのようにユダヤ民族に熱中するのは友好的でないとしても、少なくとも一所懸命ではある。そうされる人々は、世界の中で自分が重視されている証拠だと見なすだろう。しかし、そのようなものからは、双方の未来にとって、つまり現在、びくびくしながらも攻撃されるのを待ち構えているユダヤ人にとっても、そのような攻撃に先手を打って防ぎたいと思う私たちにとっても、明るい展望がもたらされるものではない。

毎日の新聞の紙面から想像するよりも、反ユダヤ主義者ははるかに数が多く、はるかに強力である。というのも、大半の新聞には、いまだにユダヤ人問題を無視する習慣がある。それを論じれば経済的な影響が生じるのではないかと恐れているからである。大新聞をいくら読んでも、広範囲に行なわれているユダヤ人の活動など知ることはできない。しかし日常生活の会話や経験では、どこでもそのことを耳にする。

大新聞が伝えようとしないこと

ここでちょっと脇道に逸れて、どの政治問題にも当てはまり、このユダヤ人問題にも当てはまる近代的特質について述べてもよいだろう。

私たちの時代の大規模な運動では、大都市の新聞がその発信源になることは決してない。それらの運動というのは、主要報道機関のニュースに登場するずっと前から、小規模の政治集団や、人々が集う集会や、噂話によって盛り上がり、勢いをつけ、エネルギーを蓄積させていくのだが、それらを新聞が取り上げない理由は、主要報道機関が、ごく少数の人々によって統制されているからである。

その人々の目的は、公共問題を論ずることでもなければ、ましてや同胞の市民に情報を提供することでもない。もっぱら私的な財産を蓄積するためである。この手の人々は、原則として教育を受けていないし、国家の興亡に特別の関心があるわけでもない。また、過去に照らして将来がどうなるかを理解することもできない。したがって、押しつけでもされない限り、絶対に大規模な運動は取り上げないだろう。それどころか、我が身が安全だと感じるような、つまらないことを取り上げては見せかけの空騒ぎをしたり、自社の報道機関を使って自分のつまらない生活の宣伝をしたりしては、エネルギーを浪費したりする。私たちの時代の大都市の近代的な新聞は、一世代前の新聞とは雲泥の差があるというわけだ。

一世代前の新聞の所有者は、必ずしも教育を受けた人ではなかったが、経営は高い教育を受けた人の自由裁量に任されていた。だから現実の重要問題に関心があり、これらの問題をめぐり意見が著しく異なっていることについては、双方の側から討論がなされたのである。

ところが、私たちの時代の新聞ときたら、この手のことには一切手をつけないのだ。まさに報道が真情を表現することをしないからこそ、感情が押しつけられた途端に、それが洪水となって放出されるのである。ちょうど物事が進展しているときは、真実を話したがらないようなもので、それが極端な状態になって明るみに出たときには、もう歯止めがきかなくなるのと同じである。これに反し、もしその曲芸まがいの「扇情的行為」が人を興奮させるようなものならば、新聞は（ひとたびそれについて少しでも語る決心をすれば）もっとも極端な形で、これ以上ないほど激しく積極的に、その派手な行為を強引に推し進めることだろう。

ここ一〇年間、新聞社が常識を逸した言語道断の表現で外交政策を書きたてるのを、私たちは嫌というほど見てきた。同じ新聞社が特定の個人を、見る者が不快になるほど追い掛け回すのも、目にしてきたのである。

さて反ユダヤ主義的な感情という問題でも、私たちは全く同じような現象を繰り返し見ることになるだろうと思われる。そのような感情は、すでに至るところで目にすることができる。それは驚くほど急速に広がっている。遅かれ早かれ新聞社はその感情を表明するだろうと私は想像する。そうなれば、新聞はもっとも極端な、もっとも熱狂的な、もっとも不合理な形でそれを表明することは疑う余地がない。激情がすでに荒れ狂っている領域でそのようなことが起これば、神よ、その犠牲者を助けたまえと祈らずにはいられない。

反ユダヤ主義的な激情の土台は、その大半が想像上のことなのだが、実は一つ、とても実践的な行動方法が採用されてきたのである。それは現実と密接に関連した行動方法であり、目をみはる成果を生み出すことができる。私が言わんとしているのは文献の収集である。ここでは犠牲者の損害と言いえるものなら何でも几帳面に収載され、ヨーロッパとアメリカの全土にわたって記録されつづけている。

反ユダヤ主義的な感情が生じた原因は、秘密というユダヤ人の武器を発見したことである。それこそが反ユダヤ主義の障壁となっていたのだが、反ユダヤ主義者は、そのユダヤ人の愚行を、あぶり出したのである。ありとあらゆる障壁の中で、それは一番手っ取り早く破壊できるものである。反ユダヤ主義者は、ありとあらゆる質問をしたり、ユダヤ人の情報を集めたり、偽名という仮面の下に隠された本名を暴いたり、互いに知らないふりをする人々の関係を見つけだしては記録したりしたわけである。匿名の資金調達の流れを徹底的に洗い出しては、巨大な産業保険機構の背後にいるユダヤ人、某金属独占の背後にいるユダヤ人、しかじかの通信社の背後にいるユダヤ人、某政治家に資金提供をしているユダヤ人を、必ず見つけだしたのである。驚くほどに夥《おびただ》しい暴露物のコレクションが日々拡大されていったのだ。一般に公表する機会が与えられても、それに対する反応は全くないだろう。

反ユダヤ主義者は、私たちの文明圏の至るところで、今や膨大な数の力を手にしたわけだが、現実的ではないがゆえに無視してかまわない連中だと見なすのは、最大の間違いである。つまり、手に負えないような行動計画など作成できない連中だと見なすのは、大きな間違いなのだ。反ユダヤ主義の運動は成長していたが、その要求を満たす方法といえば、いつもお決まりの嘲《あざけ》りという方法だった。それは間違った方法だった。反ユダヤ主義者の強さは、激烈な感情だけではなく、事業もその原動力としてきたことであり、今でもそうである。それも非常に的確な手法による事業であった。反ユダヤ主義のパンフレットや新聞、書籍は、大手の日刊新聞が細心の注意を払って取り上げないようにしているが、今ではもうユダヤ人問題全体に関する多くの情報源となっている。それはすでに圧倒的であり、今でも増加している。さらにそのすべてがユダヤ人に対して敵対的である。もちろん、その中に被告側の弁護資料を見つけることはできないだろうが、迫害の関係書類としてなら、その情報の範囲、正確さ、あるいは相関性をとっても驚くばかりである。

さてこの関連で覚えておくべきことがある。それは人の心というものは、証拠資料が特別な方法で提示されると、その影響を受けてしまうということだ。論証できることを正確に、章と行のナンバーをつけて引用すれば、他のどの方法でもなしえないほどの説得力を持つようになる。今は行なわないと言われている一般公開が許されれば、反ユダヤ主義者はいつでも瞬時にして、大々的な規模で、そのような引用を公表する準備ができているのだ。

＊＊＊＊＊＊＊＊＊＊

さらに、このような反ユダヤ主義のプロパガンダが無駄になることをユダヤ人が当てにしていると、もう一つ非常に重要な特徴があることを忘れることになる。反ユダヤ主義グループは、経験、判断、政策が大きく異なる人々で構成されている。また憎しみの強さでも、程度が大いに異なる層から構成されている。経営経験のある人、優れたビジネス能力のある人、財産を築いた人、事務能力のある人など、数多くの人が含まれている。ヨーロッパ外交に精通した人々も含まれている。同胞を説得する文学的才能に恵まれた人々も（多数）含まれている。

それだけでなく、すでに申し上げたように、大勢の「保守派」も含まれている。彼らはそれ以外の人々よりも表現が抑制されているので、より大きな力を及ぼすだろう。憎しみが彼らの主な動機になっていたとしても、憎しみで目がくらむ人々ではない。行動計画を立案し、実行する十分な能力を持っている人々だ。

反ユダヤ主義者と、それ以外のユダヤ人問題を解決しようとする人々とを分かつ明確な境界線があることは事実である。平和が動機である人と、敵意が動機である人とを分ける境界線である。ユダヤ人への反対行動を目的とする人と、解決を目的とする人を分ける境界線である。その境界線の反ユダヤ主義側には（すなわち、権力という極端な手段に訴えてユダヤ人の影響を抑圧し、排除しようと決意している人々の中には）、その運動を起こした当初の熱狂者よりも、ずっと多くの人々がいるのだ。

さらに今日では、ユダヤ人の共同体から一歩外に出れば、誰もが潜在的な反ユダヤ主義者だということを、ユダヤ人は覚えておくべきである。もっとも指導者階級や富裕階級では、ユダヤ人に根っから友好的ではない人、あるいは無関心な人は稀《まれ》である。しかし、ユダヤ人以外では、ほとんどの人々の中に、ユダヤ人の権力に対する反発心のようなものが育《はぐく》まれている。心の中にくすぶっている些細《ささい》な出来事を、熱情的な怒りへと変えるには、ちょっとした事件があればよい。

私は気づいたのだが、もっとも過激な反ユダヤ主義者の中には、問題の全体像について何も知らないまま青年時代のかなりの時期を過ごした人々がいるのである。このような人々が、ユダヤ人と敵対するような関係で、不意にユダヤ人と遭遇することがある。たとえば、あるユダヤの金融操作でお金を失ったとか、中年になって初めて、自分たちの経験したいくつかの不幸とユダヤ人の行動に共通する要素とを関連付けて考え始めたとか、祖国への攻撃にユダヤ人勢力が混じっていることがわかったとか、である。そのとき以来、彼らは頑固な反ユダヤ主義者と化し、その後は変わることがないのである。

騙されやすい人は、自分が騙されていたとわかるときが危険である。また重要なカテゴリとして、ユダヤ人から偶然の危害さえ加えられない人々の集団がある。しかし、彼らは、ユダヤ人の力がどのようなものかを知ると、今まで自分たちは弄《もてあそ》ばれていたと感じ、その詐欺《さぎ》行為に怒りを燃やす人々である。

どの運動でも同じだが、それが起こるのは、反ユダヤ主義の側であったし、これからもそうなるだろう。運動の初めは馬鹿にされる。運動が発展するにつれ、恐れられ、ボイコットされるようになる。しかし、一時的な気まぐれから流行になったときが、成功の始まりと言えるかもしれない。

反ユダヤ主義の運動から距離を置くのが、いまでも（疑わしいが）流行である。ユダヤ人をいかに敵視していようとも、ユダヤ人問題について書いたり話したりする場合、口火を切るときは原則として、「私は反ユダヤ主義者ではありません」という言い訳をするのを今でも耳にするだろう。反ユダヤ主義者という名前には、旧来の嘲りのニュアンスがいくらか付いてまわる。しかし流行は急激に変化し、成長するものを助長するため、それが頂点に到達するときには、洪水となって溢れ出すのだ。

国有化の話とか、古い国家社会主義の話は少数の気難し屋がするものであり、どこでも嘲りを受け、軽蔑された時代があったことを、私たちの誰もが思い出すことができる。だが今日では、それが流行なのだ。国家統制の実践、国家支援、国家の行動の普遍性からすると、それに反対する人のほうが、いまでは気難し屋であり、風変わりな人といった具合なのである。

合衆国では、当初、禁酒法賛成論者が気難し屋であり、それも不人気極まりない気難し屋であった日のことを、私たちは誰でも思い出すことができる。だが流行のほうが、その後から大急ぎで追いついてくるのを私たちは見てきた。

イングランドの女性参政権の支持者たちが、ごく少数の気難し屋のグループだった時代のことを、私たちは誰もが思い出すことができる。そこで何が起こったのかを、私たちは知っているはずだ。

反ユダヤ主義の陣営へ人々を駆り立てる原動力は、このような女性参政権や禁酒法などを行動へと駆り立てる力よりも、はるかに強力である。それは、もっとも強い人種的本能と、経済的損失や従属や国辱という、もっとも辛い個人の記憶から湧き起こる個人的で本質的な原動力なのである。

たとえば、今日、とてもひどい目にあったことについてドイツ人と話をすると、誰もがそれはユダヤ人のせいだと答えるだろう。たとえば、ユダヤ人は没落した国家の本体を食い物にしているとか、ユダヤ人は「ドイツ帝国のネズミ」であるなどと、言うわけである。戦後の不幸について、旧軍事当局を非難する者が一人いるとすれば、二〇人はユダヤ人を非難する。しかし、これらの人々は、以前のドイツの繁栄を築いた人々であり、彼らの中にはドイツ皇帝の臣下のどの階層よりも高い割合で戦争反対者が数多くいたのである。これはほんの一例にすぎない。これ以外の近代世界のどの政治組織でも、さまざまな形でこのようなことが繰り返されているのがわかるだろう。

反ユダヤ主義者は、有力な政治家になっている。この時点に及んで、その政策が心配するに及ばないと考えるのは危険なことであり、大きな間違いである。それは行動政策であり、私たちが知らないうちに、計画から実行へと移されるかもしれないのである。

数年前からよく引き合いに出されている（私自身も賛同して引用したことがある）有名な疑問

がある。それは大陸の出来事をつぶさに観察した人が、当時の大陸でもっとも高名な反ユダヤ主義者に対して投げかけた疑問である。その疑問はこうだ。

「もしあなたがこの問題で無制限に権力を手にしたら、何をするつもりですか」

この疑問が示しているのは、つまるところ、反ユダヤ主義者は何もできないということを暗示することだった。つまり、ユダヤ人を隔離するような法律はつくれない。ユダヤ人は周囲の人々と混じりあうことで法律から逃れることができるからだ。ユダヤ人を追放する法律もつくれない。第一に、誰がユダヤ人かをはっきり示すのが難しいからだろう。第二にそれができたとしても、ユダヤ人だと言われた者は、他の場所でも受け入れられないだろう。では、何ができるのか。何もできないと暗に言っているのだ。この質問が出れば、反ユダヤ主義者は己の無力さを認めるはずだった。

ところが現在では、不幸にも、反ユダヤ主義者にできることがあることもわかっている。反ユダヤ主義者は迫害することができるし、攻撃することもできる。その背後には十分な勢力があるので、破壊することもできる。今のような空気であれば、大部分の国々で、反ユダヤ主義者はこのような破壊行為の大半に対し、世論の大量の支持を得るだろう。ユダヤ人の富や素性を幅広く検証することから始め、同様に幅広く没収もすることができる。そのように没収される恐怖を利用し、隠したいと望んでいるユダヤ人の素性を無理やり暴露させるための武器として使うことができる。それができるのは富裕者の場合だけではない。富裕者の恐怖を通して、ユダヤ人共同体全域に範囲を広げることもできるのだ。ユダヤ人の登録とそれに伴う隔離を導入することもできる。

反ユダヤ主義者は、ユダヤ人が喜んで賛同する解決案をつくるのではなく、もっぱら自分たちにとって好ましい解決案をつくりたいという欲求によって駆り立てられたのである。

しかし、たとえ反ユダヤ主義者が完全な権力を握ることができなくても、その数が大幅に増え、感情が高まれば、次のような疑問が付いてまわる。

「そのことにはどのような意味があるのか。どうしてそれが起こったのか。どうしてそれが広がっているのか。それを育む勢力は何であるのか」

これらは、次のような人たちに答えてもらうほうが賢明である。すなわち、思慮分別のある組織がそのような熱狂にほだされていることを残念に思う人、それに不安を感じる人、そしてユダヤ人自身のように、もし破局を避けるつもりなら、破局に対して自己防衛しなければならない人である。これらの質問に十分に答えたり、この大きな反動をありのままの状態で理解したりする十分な時間がこれまでなかった。しかし、私たちはすでに部分的ながらも判断を下すことができる。反ユダヤ主義運動は、本質的に、ユダヤ人の権力が異常に増大することへの反動である。反ユダヤ主義のこの新たな強さは、主としてユダヤ人自身に起因しているのだ。

この怒りに燃えた熱狂が近代的な形で再発したのは、最初がドイツで、次にフランスに広がり、そしてイングランドに出現し、今や急速に発展しているけれども、当時はそれが目新しいもので、小規模な徒党の範囲にとどまっていた。当時、それが言明した真理は、それが拠り所とする間違った価値観と同じく、馴染みのないものだった。それに対してユダヤ人は、本論の中で私が反論しているあのユダヤ人の普遍的かつ間違っている政策、つまり秘密、隠匿の政策で、このような反ユダヤ主義の不条理な部分にすかさず付け込んだのである。

ユダヤ人側の致命的失策

だが、長年にわたって脅威や激しい敵意を経験してきたにもかかわらず、またいままでこの種の精神によってどのような変化がもたらされてきたかを知っているにもかかわらず、ユダヤ人ははっきりと意思を表明することはなかった。新たな攻撃に対し憤りを露わにして逆らうわけでもなく、なすべきであったのに、公の議論を挑むことがさらに少なかった。最初は、一般大衆の目線を利用して、それが不条理であるという弱点に付け込んだのである。「反ユダヤ主義的」という言葉を、救いようのないほど不条理なラベルだとして、単なる笑いの種にし、合理的な人なら一瞬たりともまともに考えることがない戯言《ざれごと》にしようと全力を尽くしたのである。

一〇年から二〇年の間は、無視してやり過ごす、この政策は成功だった。時間が経つにつれ、確実には浸透しなくなってきたけれども、まだ完全に失敗したわけではなかった。それでもその政策は、非常に軽率なものだった。それは反ユダヤ主義者に対してだけでなく、それ以外の全く不正なことや、全く不合理なこと（長期的には致命的になる運命にあった）を嘲るためにも使われたのだ。ユダヤ人問題の現実的な重要性が日を追うごとに増し、解決を要請する声が高まっているにもかかわらず、ユダヤ人問題については、その言葉が使われることで、どのような議論もさせない風潮がつくられていたのだ。

それは、反ユダヤ主義を嘲るだけではなく、ともかくユダヤ人問題の議論と名のつくものなら何にでも、あるいはユダヤ人問題のどのような情報にさえ「反ユダヤ主義的」というラベルをつけるのが、数多くのユダヤ民族による本能的な政策であり、大部分の指導者による意図的な政策だった。二、三の型にはまったお世辞や、ありきたりで害のない冗談は除き、それは、嘲りという手段を用いて、ユダヤ人種に関するどのような事実も言わせないようにするために使われたのである。

ある人が、どのような地域にせよ（たとえばインドで）ユダヤの金融力があることを匂《にお》わせば、その人は反ユダヤ主義者であった。ある人が、ユダヤ人の哲学的議論に特有の性格、特に宗教に関する事柄に興味があれば、反ユダヤ主義者であった。ある人が歴史家として、ユダヤ人労働者の国から国への移住、たとえば近代の合衆国の大規模な侵略（行進する軍隊のように組織化され統制されていた）に興味を抱いたとしても、反ユダヤ主義者と呼ばれるのが怖くて、それについて話すことができなかったのである。

金融詐欺を暴き、それがたまたまユダヤ人だったら、暴いた人は反ユダヤ主義者だった。下院議員の集団がユダヤ人から金銭を授受したことを暴露すれば、反ユダヤ主義者だった。ユダヤ人をユダヤ人と呼んだだけでも、反ユダヤ主義者だった。反ユダヤ主義という名称を使えば、よく笑いを誘ったものだが、その笑いをもっとも愚かしく使って、この隠蔽《いんぺい》という卑劣な政策と同じく、全く立派でも決定的でもないものを支えようとしたのだ。判断力のある人なら誰でもユダヤ人に、彼らの軟弱な政策は必ず失敗するといえただろう。もっとも、ユダヤ人がそのような人に相談したいと思えばの話だが。それは不幸を先延ばしにしているにすぎないのである。

ずっと混同したままにしておくことはできないのは、興味と憎しみであり、明白で重要な真実の主張と熱狂であり、基本的な問題の論議とばかげた狂信である。真理と虚偽とをずっと混同できないのと同じ理由からである。人々は遅かれ早かれ必ずこういうものだ。被告は奇妙なことに訴訟事実の取り調べを一切避けたいと思っているように見えると。そのようなことが一般に認められた瞬間から、弁護は失敗への道を歩んでいるのである。

ユダヤ人にとって、それは致命的な政策だったと、私は申し上げている。しかし、ユダヤ人は故意にその政策を採用し、現在、その結果に苦しんでいるわけである。結果として、ヨーロッパ全土で数多くの一般人が、この虚偽の嘲りによって、ユダヤ人問題を論じるのを怖がるどころか、それを公然と徹底的に討論し、合理的な最終路線で解決しようと、以前よりも固く決心しているのだ。

たぶん、ユダヤ人側の政策自体では、大した害を及ぼすことにならないだろう。間違った政策が失敗に終わったというだけだ。このようにもみ消しやボイコットに代わって、適切で率直で誠実な討論が行なわれることだろう。しかし不幸なことに、間違った政策によって、それ以外にもさらに悪い結果が生じたのである。それは、すでに政治討論に興味を持ち始めていた人々や、不当な嘲りを許さない人々を憤慨させたことだ。それによって、ユダヤ人に対する夥《おびただ》しい数の断固とした反発が山のように加えられたのだ。

反ユダヤ主義者がすでに勝利したとか、あるいはまだ勝利の途中であるとか、言えるものではない。今は勝利のチャンスがあるといえるだけだ。数年ほど前なら、形勢は不利だったが、ユダヤ人の身から出た錆《さび》で、それが一変したのだ。

今、反ユダヤ主義者が過激な一派であることは本当だが、非常に大きな団体に属している、その団体は、すでにユダヤ人に対して強い偏見を持ち、自分たちの中にユダヤ人がいるのを嫌い、ユダヤ人に背《そむ》こうと意を固めている。ユダヤ人がいまだに大きな権力を握っている場合だけでなく、その権力が目に見えて衰えている場合や、危機に瀕《ひん》している場合でさえも、その態度に変わりはない。

私たちがこの増大する脅威を調べるときに忘れてはならないのは、最終的なものに到達できない政策は、到達できないから役に立たないというのではないということだ。忘れてはならないのは、抑圧政策はいつも最終的なものに到達しないけれども、興奮が冷めやらない間は、多くの人々（大半の人々と言えるかもしれないが）の心の中で、依然として継続されうるということだ。それは習慣になるかもしれない。またそれは、その犠牲者を非常に苦しめつつ無期限に残存するかもしれない。

ユダヤ人たちは、自民族以外の数多くの小民族で、同じことが起こるのを目にしてきた。長い目で見れば、抑圧が継続されても、最後は大抵は失敗することを、きっとユダヤ人は目にしてきたのだろう。しかし、彼らが認めなければいけないのは、そのように抑圧を維持すると、それにはつきものの、ありとあらゆる精神的・肉体的拷問、没収、追放などが起こり、しばしばその政策が長期にわたって引き延ばされるということだ。中には数世紀にわたり引き延ばされる場合もあった。

完全な解決を目指していない政策だから、着手することも精力的に推進することもできないというのは事実ではない。再三再四、敵対勢力は、反対を潰し、著しい違いさえも解消し、大虐殺を含め、ありとあらゆる手段を講じてそれを除去しようとしてきた。時々、ごく稀に成功したこともあった。だが、通常は、長い目で見れば、失敗だった。しかし大半の場合、失敗が明らかになってからも、とにかく長々と継続されたのである。これこそが、私が本章で検証した現象の、脅威となりうる危険なのである。その現象を無視するのは、ユダヤ人にとって狂気の沙汰であろう。

それは今や数の上でも、確信の度合いでも、熱狂でも、すこぶる強力となり、私たちの文明圏でのユダヤ人の近未来全体を脅かしている。私たちは、その究極的な原因を探ってみた。その近因、すなわちそれが瞬《また》く間に発達し、驚くべき成長を見せている原因は、ロシアでのユダヤ人の行動にあることがわかった。これについてはすでに第3章で触れ、現在の状況に至る一連の出来事を素描したが、さらに詳細に検証するために次の段階に進もうと思う。というのも、現在の危機的状況をもたらしたのは、間違いなくユダヤ人のボルシェヴィキ主義が突然に出現したことにあるからだ。

第8章　ボルシェヴィキ主義

ロシア革命とユダヤ人

暴力革命は、なぜ成功したか

ボルシェヴィキ主義〈注1〉の爆発的な勢力増大は、西洋国家がユダヤ人に対する態度を改める契機となった事象として、歴史に刻まれるだろうと思われる。それは、ユダヤ人の秘密主義による悪影響が明らかにされただけでなく、イスラエルが周囲の社会と絶え間のない闘争状態に駆り立てられる種々の要因が分析できる領域でもある。

したがって、ボルシェヴィキ主義は、私たちのテーマを研究するためにも、また歴史の時間的転換点としても、検証するのに特別な価値がある。

なぜユダヤ人の組織は、社会変革をしようと試みたのだろうか。後になって私たちにそれとわかるような方法をどうして使ったのか。どうしてあの特別の場所が選ばれたのか。行動を起こした者は、どのような目的を視野に入れていたのか。どの程度の成功を彼らは望んでいたのか。どのような方法で、彼らは影響力を広げようと目論んでいるのか。

これらの質問に答えられれば、この特別の民族と、彼らが渡り歩く国の人々との間で生じる闘争の宿命的ともいえる原因を、ようやく発見するところまで来たことになろう。

一般にこれらの疑問に対して、ユダヤ民族の敵を公言する人々の出す回答は、いつも不十分だし、しばしば間違ってもいる。真理を含んでいるときでも、現象を十全に説明するには全く不十分である。実際のところ、これらのロシア革命の説明は、ヨーロッパ人がユダヤ人をはなはだしく誤解していることを示す好例であり、ユダヤ人にしろ他のどの人間にしろ、めったに行使できない権力をユダヤ人が持っているとするものである。

こうして私たちは、この政治的な大変動が、何世紀も前から高度に組織化された陰謀の一部だったと信じるよう仕向けられているのだ。その組織を代表して行動する人々は、数百万人もいて、誰もが私たちの社会を破壊すると誓い、少数の超人的に賢明な指導者の下で完全な規律を守って行動しているという。だが少し考えただけでも、この説明では肝心な部分がわからない。そもそも人間というものは、そのような行動には耐えられない。人間は考え方が狭いものだし、その性質もあまりにも多様だからだ。

さらにこの説明では、革命の動機が欠如している。なぜ、単に破壊するだけなのか、もし単に破壊することだけが目標だとしたら、その目的にそのような幅広い違いが出るのはどうしてだろうか。異質な環境に対しては常に反発する傾向がある、ともっともらしく言えるかもしれない。反発が強烈であり影響もある限り、環境に対しては破壊的である。ユダヤ人の場合、その他のどの組織とも同じように、反発は概して無意識的であり、本能的だと指摘できるかもしれない。全くそのとおりである。

しかし、長年にわたる遠大な陰謀があり、それが同時代のロシア問題で最高潮に達したという考え方は、筋道が立たないだろう。それに類似したものとして、フランス革命（ロシア革命とは種類が全く異なる）は厳格な規律をもった秘密組織が、単に表舞台に出てきたにすぎない

〈注1〉無産階級による政権獲得を主張したロシア社会民主労働党多数派（Bolshevist）の主張をいう。一九一八年以降、ボルシェヴィキ主義者と言えば、一般にロシア共産党員を指すようになった。

と人々に信じこませた幻想がある。

フランス革命の場合は、（今日の反ユダヤ主義者的熱狂者の先駆者たちにより）一切合切がテンプル騎士団〈注2〉という秘密諜報機関のせいにし、彼らが六〇〇年にわたり勤勉に活動し、ついにフランスの君主制を打倒したというのである。もちろん、ボルシェヴィキ主義者による無政府主義の場合は、最終的な結末に至るまで、それよりもさらに長い期間がある。「テンプル騎士団」を「ユダヤ人」に、「六〇〇年」を「二〇〇〇年」に読み替えることができるからだ。しかし、それは全く実体のない話である。

もっと深刻なのは、古いロシア社会を破壊するために、ユダヤ人がこのように団結したのは人種的な報復行為をするためだったという所説である。それには大いに真実たる要素がある。一九一七年にロシアの諸都市で権力を乗っ取ったユダヤ人の大半が、旧ロシア国家に対して報復したいという欲望を抱いていたことは、疑う余地のないことである。

それは、抑圧された人々なら誰もが感じる欲望だった。おそらくその報復への欲望は、引き合いに出せる他のどの実例よりも激しいものだったろう。いかにロシアの人民や宗教や政府が、特に皇帝の人柄や役職が、西ヨーロッパのユダヤ人によって攻撃され非難されていたか、またいかにユダヤ人がロシア帝国に対してたえず陰謀を企ててきたか、そしてユダヤ人がいかに残虐な抑圧にさらされてきたかを、私たちの誰もが目の当たりにしたわけである。怒りの力を激烈に放出すると、それはとめどなく広がりうるのだ。

あのような突然に怒りを放出したことや、復讐の渇望を満足させる機会が突然にめぐってきたことをもって、その後の出来事の大半は説明がつくにちがいない。しかし、それでさえ全体の説明にはならないのだ。単なる大虐殺や単なる混沌の説明になるだけであろう。何かを構築する試み（どちらかと言えば惨めな試み）や、計画的な指導体制の構築の説明にはならないだろう。その制度は、ユダヤ人が最初に権力を得てから同じ路線で継続され、権力を握って五年近く経っても、まだはっきりと見て取れるのである。

ユダヤ人はどこでも革命の立役者であり指導者であるとか、ロシアにはさらに大きな機会があるので、ユダヤ人がそこで他よりも精力的に、より徹底的に活動している姿が見えるとか、言うだけではまだ不十分である。

ユダヤ人はどこでも革命論者になるとは限らない。ユダヤ人はどこにいても自分にとって異質な社会には不満足なのである。それはごく当たり前で避けられないことだ。しかしユダヤ人は、自分がしばしば大きな利益を得ている既存の社会秩序を転覆させようとして必ず権力を行使するわけではないし、大抵はそのようなことはしないものである。

市民が集団で、少数派の特権的状況や優越的状況に対して起こす無数の革命を、ユダヤ人が

〈注２〉西欧中世の三大騎士団の一つで、一一一九年、シャンパーニュ人ユーグら八人のフランス騎士により、聖地巡礼者の保護を目的に、ソロモン神殿跡を本拠として創設された「エルサレム・テンプル騎士修道会」のこと。十字軍時代の初期に、騎士道精神と修道制の理念の統一が西欧社会の理想的人間像として追求され、クレルボー修道院長ベルナールの後援によりトロア教会会議（一一二八年）で新形式の騎士修道会として認可された。

たえず指導する姿を歴史の中に見出すことはない。もちろん、これまでにそのような活動でユダヤ人は利益を得たことは時々ある。だが現実は、それよりも苦しめられることのほうが多い。個人のユダヤ人が革命論者にしばしば同情的な場合がある。しかし、もう一方の側に対して、数多くの個人のユダヤ人が同情的なのもわかっている。

ユダヤ人を革命に駆り立てた要因

ヨーロッパの歴史で、ユダヤ人は革命の主要な仲介者ではない。全くその反対である。異教のローマの農地騒動からフランス革命、アイルランドの土地戦争、そしてロンドンのチャーチスト運動まで、どのような近代の運動にせよ、私たちの社会を特徴づけた大規模な暴力行為は、成功したにせよ不成功に終わったにせよ、ユダヤ人の闘争本能よりも、私たちの人種の闘争本能や政治的伝統に、はるかに強く訴えてきたのである。どこでもそれらの行為を特徴づけるのは、ユダヤ人の資産や愛国心に対する性格とは正反対の態度である。

過去の革命は、資産をより公平に分配し、国家を改善するためだった。戦争に敗北して愛国心が傷つけられ、国民が裏切られたと思われたときに、革命はしばしば行なわれた。大抵は盲目的な愛国者の革命であり、いつも富の分配のためだった。

ロシア革命とそれを至るところで拡散しようとする試みの特徴は、革命で愛国心を否定し、資産の分配が拒否されたことである。この点で、それは他のどの革命とも異なっている。それは際立ってユダヤ的なのである。しかしユダヤ人は、他のどこにも機会がなかったのに、なぜロシアで行動の機会を摑《つか》んだのだろうか。

ユダヤ人が、ロシアで革命運動全体の創始者になる機会を摑んだということに、どのような特徴があるのだろうか。

この場合は、三つの主要な要因があり、それは特にユダヤ人が総力を傾けるにふさわしい要因だったと思う。

まず第一に、この革命は、「産業資本主義」と呼ばれる特別の新しい社会現象に降りかかり、その現象に向けられたものである。主な標的は、産業資本主義に支配されているヨーロッパ一般大衆の中の本質的部分、つまり所有権を破壊することである。ユダヤ人は、私たちの市民的本能の中核の部分で、私たちには明らかに共感できないのである。ユダヤ人がヨーロッパ的な資産感覚を理解したことは一度もない。また理解する意思があるかどうかも疑わしいと、私には思える。

しかしロシアでの「産業資本主義」は、全く新しいものだった。それに反発する怒りは強烈だった。その犠牲者は農夫の息子か、あるいは生まれながらの農夫だった。ロシアの町に暮らすプロレタリアの大衆は、全国民の十分の一以下であるが、自分たちの支配者に反対するプロパガンダには特に煽動されやすかった。近代資本主義のもっとも脆《もろ》い点を巧みについた攻撃は、簡単に成功したのかもしれない。そうなるとポーランド、ドイツ、そして西方の隣接する産業化された中心地へと、攻撃が広がってゆくかもしれないのだ。

さてこの国際的な現象を攻撃するには、すなわちその攻撃の矛先《ほこさき》を産業資本主義に向けるには、国際的な勢力が必要だった。国際的な経験があり、国際的な解決策を準備できる人々が必要だったのである。

今日のヨーロッパで信条とアイデンティティを備え、組織化された国際的勢力といえば、二つある。いや、二つしかない。一つはカトリック教会であり、もう一つはユダヤ人集団である。しかし、カトリック教会は、私がこれからお話しする理由によって、産業資本主義を直接に攻撃することはできないし、決して攻撃することはないだろう。キリスト教の信仰が大衆の心をしっかりと摑んでいる所ならどこでも、きっとその制度の側面から攻撃し、長い目で見れば間接的に破壊することだろう。だが、カトリック教会は直接的な攻撃には出ないし、またできないだろう。

それに対しユダヤ人は、産業資本主義を好き勝手に攻撃するのだ。それは、私たちの財産の感覚が、ユダヤ人にとって何の意味もないものだからだ。それは何か奇妙なものであり、私が思うに、滑稽なものでさえあるからだ。さらにユダヤ人は産業資本主義の現場にいたわけである。しかし、教会はそうではない。

したがって、現存する二つの国際的勢力の中で、ユダヤ人だけが行動できたのである。

ここで脇道に逸《そ》れるが、もう一つの大きな国際的勢力であるカトリック教会が、なぜ産業資本主義全体を直接的に攻撃できなかったかを、お話ししなければならない。ただし、すでに述べたように、カトリック教会は悪の溶媒として間接的に活動し、カトリック社会が残っている所ではどこでも、産業資本主義を破壊するだろう。

カトリック教会は、抽象的な教理だけでなく、ヨーロッパ文明の体現者として行動しながら、個人資産という概念とも深く結びついている。カトリック教会は、家族を国家の単位とし、家族の自由は、家族が財産を所有する場合に、もっとも保障されることに気づいている。すべてのヨーロッパ人と同じように、カトリック教会も、財産と自由とが相関関係にあること、少なくとも財産が、私たちヨーロッパ人が所有したいと思っている唯一の自由と相関性があることに、本能的、あるいは明確に気づいているのだ。

教会は、個人資産が心の健康、行動の多様性、国家の弾力性、そして制度の永続性を安全に守る装置であることに気づいている。財産は、できるだけ広く分配される。しかし原則としては、侵すことのできないものであり、カトリック主義にはつきものの社会的副産物なのである。

これに加え、私的財産は不道徳でないとするのが、カトリック教理の明確な特徴でもある。カトリック教徒は、国家政府が不道徳だと言えないように、教会と縁を切らないかぎり、個人資産も不道徳だとは言えないのである。カトリック教徒は、無政府主義者になりえないし、空理空論の倫理を身に付けた共産主義者にもなりえない。

さて産業資本主義では、資産が不健全な状態にある。ごく少数の人々だけが、大部分の人々が認めない不健全な状態で、膨大な利益を引き出すという恐ろしい状況にあるのだ。

しかし資本主義の頼みの綱が、少数の特権階級の所有権の感覚であるのはもちろんのこと、大衆の所有権の感覚でもあるのは依然として真実である。結局、産業資本主義とともにある唯一の道徳的原動力、その解体を防ぐ唯一の精神的な絆《きずな》は、ヨーロッパ人が資産は権利だと認めていることだ（たとえ不健全で不自然な資産だとしても）。

産業資本主義の活動全体が、資産の神聖性と資産の神聖性から発する契約の神聖性に依存する。そして社会がこの感覚を失うときはいつでも、産業資本主義は混乱状態に陥るのだろう。教会は、その唯一の道徳原理を否定できない。教会の行動は常に、資本主義によって奨励される膨大な蓄財を解体する方向へ向かうだろう。それは常に、偉大な近代の大教皇レオ十三世が明らかにした理想、適切に分配された資産を確立するために、間接的に働くだろう。教皇は『レールム・ノヴァルム』でそのことをはっきりと述べている〈注3〉。

しかし教会は近道をして、産業資本主義の根も枝も一度に伐採することは絶対にできないし、ただちにそれに反対して共産主義や、（多くの人々が薄められた共産主義と呼ぶ）「社会主義」の学説を打ち立てるという手段をとることもできない。教会が理論上できないなら、実践上はなおさら無理であろう。協同するありとあらゆる集団があるし、ギルドがあるし、大量の法人財産もあり、国家に所属するものもあれば、都市や大学や企業に関係するものもある。そのような法人財産が国家になければ、財産は決してうまく築けないのだ。

ユダヤ人には民族的伝統としてそのような政治的本能もなければ、そのような本能を助長し表明する宗教的教理もない。ユダヤ教の中には、ユダヤ人を思索家にし、放牧の民にするものがあるが、それと同じものがあるために、ヨーロッパ人の財産感覚が見えなくなり、実際に軽蔑してもいるのだ。したがって産業資本主義や、それ以外の社会的病理をとおして、多くの人々が資産への欲望をなくし、資産を現実に否定できるような状況に達したなら、そして財産を認めないことが、諸悪に対する直接的な解決策となるのなら、そのときこそ、ユダヤ人は直ちに指導者として登場することができる。

そのような運動の中から、国際的な指導者が見つかるにちがいない。なぜなら、産業資本主義がもたらすその病弊は、国際的だからである。さらにその提起された病弊の治療が、共産主義を通じて行なわれ、成功しうるとなれば、なおさら国際的でなければならないのである。他の諸国の共産主義社会は、一般的な所有者の社会から孤立しているかもしれない。しかし、所有者との競争で成功するつもりなら、一般的な所有者を、共産主義の信条に改心させなくてはならないのである。

ユダヤ人は国際的な行動を当然のことと見なしていた。ユダヤ人は、偏狭で間違った経済の見方をしていた。すなわち財産は、際限なく改変でき、必要ならば廃止もできる単なる制度にすぎないというのだ。

財産に反対する国際的な行動をとるよう要求されたとき、ユダヤ人には自分にうってつけの指導力を発揮する機会が、明らかに訪れたのである。さらに私たちの国家観や愛国心は、ユダヤ人特有の遊牧民的で部族的な愛国心と明らかに異なり、ユダヤ人には理解できないものだ

〈注3〉ローマ教皇レオ十三世が一八九一年五月十五日に出した回勅の名称である。日本語訳すると「新しき事がらについて」を意味し、「資本と労働の権利と義務」という表題がついている。邦訳に、岳野慶作訳『レールム・ノヴァルム――労働者の境遇』（中央出版社、一九五八年）がある。

が、それがあるから、共産主義をくいとめ、実際にどのような革命も抑制されるのである。愛国心のある市民の思考過程（ほとんどが無意識だが、それでもなお所定の効果を上げている）は、次のようなものである。

「私は、祖国の市民としてでなければ、役目を果たすことができない。さらに国家があるからこそ今の自分があるのだ。国家はある意味で私の創造主であり、私に対して権力を持つ。必要とあらば、国家の防衛のために私の命さえ諦めなければならない。なぜなら、国家の存在がなければ、私も、私と同じような人々も存在しえないからだ。私の幸福、私の個人的行動の自由、私の自己表現は、私がその一部である市民の一団が存在することと、ことごとく密接に結びついている。私に抽象的に善と思えるものでも、あるいは、私のために物質的な善を調達してくれるものでも、市民の一団にとって危険が潜んでいれば、私たちの国民の存続と資力のほうを、より大きな善だと見なし、より大きな善のためには、より小さな善は犠牲にされるべきである」

大まかに言えば、これがヨーロッパ人の愛国的本能の表現である。これこそ、今までヨーロッパ人が幾多の国家に対しても、かつて所属したあらゆる国家組織に対しても感じたことである。それが今日のヨーロッパ人が祖国に対して感じていることだ。

もちろん、ユダヤ人もイスラエルに対しては同じ感情を抱いている。しかし、ユダヤ民族は一つの場所に定住せず、伝統によってその土地に根付いて生活する人間の集合体ではない。またユダヤ人の愛国心は、強固で、可視的で、対外的な形もないので、必然的に違った様相を呈することになる。それによれば、私たちの愛国心は、ユダヤ人にとっては取るに足らないもののように思えるのだ。

私たちの愛国心、ユダヤ人の愛国心

近代の産業革命の決まり文句の中で、暗黙の誤謬《ごびゅう》と思われるものが流行している。それは「労働者にとっては、ドイツ人の主人に搾取《さくしゅ》されようがイギリス人に搾取されようが、関係ないではないか」とか、「トム・スミスという個人が、どうしてイングランドと呼ばれる抽象的概念のために犠牲を払うべきなのか」とか、「国粋主義は、人間性の十全たる発達にとって大きな障害である」とかいう言い回しである。この種の発言は、どれも私たちにとっては本能的に無意味だと感じるし、必要ならば理性的にそれを証明することもできる。しかし、ユダヤ人の耳には、とても良識的に聞こえるのだ。

ユダヤ人の場合、これらの言い回しに何の誤謬も含まれていないのである。それらはユダヤ人には、生き生きと正確に訴えかける。なぜユダヤ人はイングランドのために犠牲を払うべきなのか。イングランドにせよ、フランスにせよ、アイルランドにせよ、他のどの国にせよ、その国がユダヤ人にとって、どのように必要なものなのか。「フランス、アイルランド、イングランド、ロシア」といった言葉が実体のない抽象的概念にすぎないことは、ユダヤ人の目には明らかではないか。

ユダヤ人が私たちのことを考えるとき、現実に重要なのは個人であり、その特定の要求である。特にその肉体的、物質的要求である。というのも、これには何の疑念も起こりえないからである。これらのものには、誰もが同意する。これらは目に見えるし、触れて感知もできる。一方、「イングランド」、「フランス」、「ポーランド」は、奇妙な想像の産物でしかない。

この特別の事例をユダヤ人に当てはめ、同じような調子で「どのユダヤ人もイスラエルのために危険を冒すべきではない」とか、「どのユダヤ人も、悲嘆に暮れている同胞のユダヤ人を助けるために、どのような不自由も被《こうむ》るべきでない」とか、「イスラエルの理想は曖昧《あいまい》な抽象的概念である。大切なのは、個人のユダヤ人だけであり、特にその物質的要求である」とか、言ったとしよう。もしその類のことを言えば、ユダヤ人の愛国心のもっとも深い本能を傷つけることは事実である。

しかしユダヤ人はこう答えるだろう。ユダヤ人の組織は、国際的な政治組織なので、私たちの国家組織に当てはまる論拠でも、ユダヤ人には当てはまらないと。ユダヤ人の感情も、私たちの感情と似てはいるが、種類が違うと。そしていずれにせよ、ユダヤ人は共産主義のような自分たちの優れた思想を、私たちヨーロッパ人が「祖国への愛」と呼ぶ地方的で地域的な習慣のために犠牲にすることはできないと。

フランス人、イギリス人、ロシア人がユダヤ人に向かって「私の第一の義務は私の国家に対するものである。国家を存続させるのはいうまでもなく、強靱《きょうじん》にもしなければならない。必要とあらば、国家の利益のために自分の利益を犠牲にしなければならない」と言えば、多くのユダヤ人は「あなたは全く正しい。その理論はもっともである。人間は、特定の社会の一部としてのみ役目を果たせるだけだ」などと答えるだろう。しかし真実を認めることと、身をもってその真実を経験することは別物である。いわば、これらの真実は、ユダヤ人が認めている場合でも、ユダヤ人にとってはどうでもよい真実なのである。

したがって、ロシアという特別の場合のように、国民感情が抽象的な理想の形をとるとき、共産主義というユダヤ人の理想が勝利するためなら、民族の邪魔物はつぶされるのが、ユダヤ人にとって、もっとも自然なことと思えたのだ。

このようにロシアの町で大きな変化が起こり、ユダヤ人委員会がロシア政府の残党を捕獲した背後には、もっとも実践的な原動力があったのだ。それは社会正義の感覚であり、弁護の余地のない罪悪に対する憤慨であった。

その社会正義感や、弁護の余地のない近代の罪悪に対する憤慨は、私たちの誰もが感じているものである。西ヨーロッパの富裕階級の中には、過去のことにまるで疎《うと》いか、あまりにも愚かなために、産業資本主義は不可避のものであり、ひょっとしたら良いものだと、臆面もなく信じている人々がいるかもしれない。しかしそのような人は、きわめて稀《まれ》である。

もちろん、産業資本主義を支持する論拠を見つけようとする人は、何千人もいる。その理由は、自分自身がその制度から利益を得、それでさらに豊かになっているか、あるいは、そのように潤《うるお》っている人々に雇われた使用人であるか、のいずれかである。そしてこの種の使用人の中には、資本主義者の新聞社で働く記者がいる。

しかし、これらの雇われ代弁者や、近代の病理を継続する上で直接的な財産上の利害関係がある唱導者は、ことごとく無視されるかもしれない。なぜなら彼らには誠意がないからだ。彼らは、大切なことが基本的には良いことだとは実際に主張しないのである。それは、ちょうど弁護士が、弁護しなければならないもののために、あるいは心の中では悪だと認めているもののためにも反対の論拠を見つけだそうとしているようなものにすぎない。あるいは身分不相応の物質的な快楽の分け前にありつける限り、諸悪には目をつぶるようなものだ。

これらの人々に付け加えなければならないのが、産業資本主義の支配を認める正直な人たちであることである。それは必要悪であり、それを変更すれば、国全体が無政府状態になると正直に信じている人である。また私たちは、その罪悪を言い繕《つくろ》うだろうし、その最悪の特徴を、薄紙をはぐように変えていこうとするかもしれない。しかし、本質的には、それは今のままでなければならない。さもないと私たちの最終的な状態は、最初のときよりも悪くなるだろう」とその人たちは言うだろう。

この種の産業資本主義の支持者の中には、次のように主張をする人がいる。産業資本主義と対立するような社会的実験は、どのようなものであれ、十分に推し進められれば、その結果として飢餓、混沌、物質的弊害を生じ、それも資本主義によって生まれた大都市で人々の大半が苦しめられる物質的弊害よりも、はるかにひどいものが生じることになろう、と。

これらの人たちを別にすれば、今日の一般大衆は、産業資本主義が今日の社会の弊害であり、それももっともひどい弊害だと信じて疑わない。それは、人類の歴史のなかでも未曾有《みぞう》の弊害である。農民社会や、ヨーロッパ全土でうまく財産分配のなされた社会が、運よく免《まぬか》れてきた弊害である。弊害に囚《とら》われている私たちが、できるだけ回避しようとしている弊害である。

「できるだけ」という修飾語の中に、問題の核心がある。というのも産業資本主義を攻撃することは、大部分のヨーロッパ人にとって、国民を裕福にするという国家の最高の務めも妨《さまた》げることになるので、許されないと感じているからだ。彼らはまた、私有財産の一般的権利や、私たちの業務を健全に運営する制度の価値を認めないような攻撃は、どのようなものでも許されないと本能的に感じている。私たちの人種の大部分は、産業資本主義の問題に直面すると、個人だけが終始役目を果たすことができ、資産も国家も破壊しないような方法で問題が解決されるべきだと感じるのだ。

しかし、このことはユダヤ人以外の大部分の人種には当てはまっても、ユダヤ人には当てはまらない。ロシア革命では、ユダヤ人は自分たちの目的に向かって一直線に進むことができた。その目的は（復讐や、愛情や、権力などの明らかな目的を別にすれば）、経済的不平等を打破することだった。

共産主義という理想

私たちの知るロシアを破壊したユダヤ人には、間違いなく政治的な理想があった。すなわち共産主義という理想である。確かに、ユダヤ人の多くは、個人的に（最後にはすべてが）ロシア人の利益よりもイスラエルの利益のほうを好んでいただろう。確かに以前の抑圧者に復讐をするという強い気持ちがあっただろう。同様に相容れない、あるいは胸糞が悪くなるような一般の国民感情を破壊したいという強い欲望を抱いていただろう。

しかしすべての出来事の背後にある積極的な動機として、共産主義という理想があったのだ。現在の勢力の中でユダヤ人だけが、その理想を心から掲げることができたし、その達成を妨害する障害物は何もなかったのである。愛国心による障害、宗教による障害、そして資産感覚による障害もなかったのだ。

このように私が取り上げた事柄を考慮すれば、東側での動乱のユダヤ人的な特質が説明されるのである。ユダヤ人によるロシア国家の破壊、法外な社会経済の実験、避けられない国家全体の貧困化、その主義を受け入れた少数派による熱狂的な支援である。

ロシアでのユダヤ人の実験を目撃したごく少数の人々は、その状況を描いている。それは、私たちが予期していた状況とほぼ同じである。

国民の大部分は私有財産保有の本能をもっとも力強く肯定したように思える。またロシア人の十分の九は、彼らが常に所有権を主張してきた土地に腰を落ち着けた。そこでは今までにないほど所有権の感覚が激しくなっている。町では、その不自然な制度（私有財産を認める私たちヨーロッパ人の本能に、こぞって反するという意味で）は、当初の恐怖制度が弱まると、その機能がますます杜撰《ずさん》になっている。というのも、共産主義には独裁者が必要なことは明らかだからであり、現役の独裁者の支配は必ず短命に終わるからだ。それは持続ができない制度なのである。

ユダヤ人が復讐したことは、完全に説明がつくとしても、嘆かわしいことである。その復讐の矛先が向けられたのは、私たちが遠まわしに支配する指導者階級と呼ぶ人々だった。彼らは大量虐殺され、その残党は永久に迫害されることになった。

当然、産業に従事する一般大衆の生産性は、ごく低いレベルまで縮小した。共産主義下では、軍規のようなものを通して働けるというだけであり、そのような状況下の労働は、自由労働よりも、はるかに生産性が低いからである。

しかし、現在はボルシェヴィキ主義者という固定された名称（ロシア人にとっては「極端な保護貿易論者」にすぎない）が付けられているけれども、ロシアでのユダヤ人による革命で本当に重要なことは、次の二点にある。第一は、世界中で共産主義のプロパガンダが継続されていること。第二は、さらに重要なことであるが、ユダヤ革命の影響により、世界中でユダヤ人に対する敵意が生み出されていることである。

この第二の事実がはるかに重要だと指摘するのは、それがますます現実味を増し、永続性があるからだ。あなたは共産主義者を、とても教養が高く、粘り強く、知性的で、ユーモアのある西洋のヨーロッパ人にしようとは絶対に思わないだろう。共産主義者をそのようなヨーロッパ人にしようと思わないのは、彼を四つん這いで歩かせようとか、彼には金輪際うまい酒を飲ませまいとか、そのようなことをしようと思わないのと同じである。

中流階級の物好きなら、共産主義を単なる信条として受け入れさせることができるかもしれない。もちろん、資本主義に苦しめられて怒っている人々なら、どのような理論やどのような制度でも、安堵《あんど》を約束するものである限り、何でも簡単に受け入れさせることができる。しかし、古くからヨーロッパの血統を誇る人々、私たちの過去とその記念碑を築いてきた人々の子孫に、共産主義への働きかけをすることはないだろう。彼らは、きっと自分たちの伝統や特徴を維持するだろう。危難は除去しようと努めなくてはならないし、どこでも懸命な努力はなされているが、それは西洋にとって、とてつもなく大規模な危難ではない。

問題の地道な解決に向けて

ロシアでのユダヤ人による革命のもう一つの影響（ユダヤ人自身がそれによって陥った危難）は、永久的なものであり、きわめて重要なものである。私には、次に述べること以外にそれに対応する方法がわからないのである。すなわちそれは、なぜあの革命はほとんど必然的にユダヤ人による革命だったのかを説明し、ユダヤ人が純粋な気持ちでそれを導いたことを強調し、できるかぎりユダヤ人に罪のないことを証明することだ。そしてこの民族の将来に関して言えば、この革命の結果生じた悪影響から、海外にいる不幸なユダヤ人の同胞を保護することである。

私は、ユダヤ人がロシアで行なったことを理由にして、ユダヤ人に対して新たな特別の敵意を抱くべきでないと考える。それどころか、ユダヤ人であるという特別の理由から、ユダヤ人を許すべきだと思うのだ。

私たちは次のように言うべきだと、私には思える。

「ユダヤ人には、私たちヨーロッパ人種の人々なら、なさなかったような行動をする理由や口実があったのだ。私たちはそのような行動が拡散するのを防がねばならない。けれども、あのような状況でユダヤ人にとって全く当然と思えたことだけを見て、ユダヤ人問題を解決しようとする私たちの試みを偏《かたよ》ったものにしてはならない。あたかもボルシェヴィキ主義の挑発がなかったかのように考え、公平に地道にその解決に向けて働くべきである」

極端なことを申し上げているように聞こえるだろう。おそらく、ボルシェヴィキ主義の爆発的な展開で目を開かれた人や、今、ユダヤ民族に対し札付《ふだつ》きの敵対者と化している大半の人々からは、嘲りを受けることだろう。しかし、絵空事に聞こえるかもしれないが、それが正しい態度だと私は確信している。

パニックになったり熱に浮かされたりして永続的な問題に対する判断力を鈍らせるとか、突然に深刻な形で問題が提起されたとかいった理由だけで、そのような問題の構成要素を忘れてしまっては、理性を否定することになる。ちょうどそれは醸造酒の問題を取り上げ、人々に酒を合理的に消費させようとしている人が、アルコール中毒による振顫譫妄症《しんせんせんもう》〈注4〉の症例に圧倒されて判断力を鈍らせ、慌《あわ》てふためいて直ちに何らかの禁止計画に走るようなものである。良い政治家と悪い政治家を区別する試金石は、このような挑発を受けても、心を平静に保つ力があるかないかである。中道を維持し、正常な状況のもとで理性が公正だと教える、あらゆる解決案を目指すことである。

私たちは、ユダヤ人問題が一般的に認知されるずっと以前からその重要性に気づき、現在よりも冷静な状況で、多年にわたりその研究をしてきたのだから、今こそ私たちの言うことを聞いていただく理由がある。これらユダヤ民族にとって時勢が不利になり、無政府状態の恐怖で、人々が興奮しそうになっているからである。

私たちは、ユダヤ人を攻撃していると、ずっと非難されてきた。今はすでに彼らを守っていると非難されている。それは、私たちの態度に十分な根拠があり、流行に左右されていないという証拠である。

ボルシェヴィキ主義者の革命は続かないだろう。それにユダヤ的性格があるのは避けられないことだった。その革命には、一種の実体のない正義を熱狂的に求めるユダヤ人の側面があった。

いずれにせよ、そうだからといって、はるかに長い歴史の流れやすべての一般的な理性的考察から出される結論から、私たちが目を逸らすことがあってはならない。

すでに申し上げたように、私たちの結論は、ユダヤ民族を、私たちとは全く異なるものであるが、私たちの社会に必ず寄留するものとして認識し、保護することである。そのような認識が十分にあれば、ユダヤ人が私たちの国民感情を忘れたり、私たちの所有感覚を誤解したりする傾向（避けることができない）があったとしても、事前に準備ができる状態にある。そうすれば、ロシアを破壊したような陰謀や復讐も、できなくなるだろう。もし前ロシア政府が、私がすべきだと申し上げているようなやり方でユダヤ人を扱っていたなら、ロシア政府は今でも権力の座にあったことだろう。

〈注４〉重度のアルコール依存症患者にみられる禁断症状の一つで、飲酒を中断して数日後に不安・興奮・発汗・頻脈・手の震え・幻覚・意識障害などの症状が現われる。数日続き、深い睡眠に入った後、回復するが、稀に死に至る場合もある。

第9章　世界全体での立ち位置

その支配の実態

ユダヤ人の支配力

今日の世界でのユダヤ民族の危険性については、「ユダヤ人は支配力を握っている。だが、私たちがユダヤ人に支配されることはない」と認識されているといってよいだろう。

これは、ユダヤ人共同体に属さない人々は、誰もがただちに同意するものだ。ただし、これを非常に複雑な状況に当てはめようとすると、その事実を部分的に、きめ細かく修正することが必要となる。

そのような修正が生じるのは、三つの要素からである。

まず第一に、ユダヤ人の支配の範囲と、その支配に対する憤りの程度は、共同体ごとに大きな差があるということ。

第二に、各共同体の市民的伝統も、それぞれに違いがあるということ。

第三に、各共同体の勢力にも、それぞれ差があるということ。つまりユダヤ人の立ち位置は、ユダヤ人よりもさらに強力な国際勢力があるかないかで、変わる。その国際勢力で主要なものは、以下の四つである。

（1）カトリック教会
（2）イスラム勢力
（3）国際的な資本主義勢力
（4）産業プロレタリアートの国際的な反動

私たちが前提とする事実、すなわち、ユダヤ人が支配力を握りつつあることに対して不安な気持ちがあること、そのような支配を決して許すことはないという決意については、ユダヤ人自身は、ユダヤ人が支配力を握っているような事実はないと言うだろう。

私はユダヤ人たちとの多くの討論から、それについての抗議の声を、多く耳にしてきた。もしユダヤ人の言い分が妥当ならば、私が本章で提案することだけでなく、本書の議論全体も無意味に終わるだろう。というのも、今日、ユダヤ人問題があるのなら、それは単にユダヤ人と受入れ側に著しい相違や摩擦があるというだけでなく、特にこの支配の感情に起因するものだからである。

しかし、ユダヤ人が、いかに固くそのように信じているとしても、それは当たっていない。もちろん、大多数のユダヤ人にとっては、そう思えるのも無理はない。そもそも大都市のスラム街で暮らす不幸で貧しいユダヤ人が、近代世界の支配とどのような関係にあるだろうか。そもそも彼らの目から見て、支配という言葉に、どのような意味があるのだろうか。

ユダヤ人の支配ということについて、ユダヤ人の貧しい階級から中流階級までは、ほとんど口をそろえて否定するだろう。ユダヤ人の科学者は、関心があるのは研究だけで、隣人に干渉するなどお笑い種《ぐさ》だ、と言うだろう。ユダヤ人の歴史家は、学者仲間以外の人に干渉することくらい自分の考え方とかけ離れたことはないと言うだろう。ユダヤ人の小売店主は、非ユダヤ人の隣人と激しい競争関係にはあるが、いつも勝つとはかぎらないと言うだろう。ユダヤ人の法律家は、法律制度（ナポレオン法典やイギリスの慣習法やいろいろなもの）への関心に没頭していて、非ユダヤ人の多数派を個人的に支配したいなどという発想は、ばかげていると言うだろう。それはそうだろう。

ユダヤ人の大物銀行家は、自分が及ぼしうる影響力については承知しているものの、日々の仕事では、逆に自分が支配を受けるべき勢力と衝突することがあると言うだろう。最善の状態でも中立がやっとであり、一般的にはイスラエルに敵対的な競争相手がいるとも言うだろう。

ユダヤ人銀行家よりもさらに力のある人は、すなわち、ユダヤ人の独占主義者、特に金属の独占主義者のことだが、自分の支配力の範囲が露呈されるととても困惑するだろうが、力があるのは自分の優れた能力によるものであり、決して支配を目論んだためではないと言うだろう。

これらの個々の返答は、どれも事実である。しかし、それらをまとめて全世界に対する全イスラエルの返答として「私たちには優越欲などない。私たちの支配が感じられるようには、あるいは強まるようには決して行動しない。わが民族には、そのような動機など、たとえ無意識の中にさえ存在しないのだ」と声を上げれば、その一般論的な返答は、まやかしと言うしかないのである。

実際のところ、ユダヤ人は、今日の白人世界で集団としても権力を握っており、総じて一定のラインを越えている。それは度を越した権力であるだけでなく、必然的に集合的な力であり、半組織化された権力である。それは、その大部分が組織化されているだけでなく、最近の反動が始まる前に急激に強化された権力なのである。大部分の人々は、その勢力が依然として強くなりつつあると信じている。それについては、ユダヤ人共同体以外の全世界の人々が証言するだろう。

どのような形の権力でも、それによって影響を受ける人々が苛立《いらだ》つかどうかを判断するのは、その権力を行使する側の人々の基準ではなく、それが行使される側の人々の基準による。歴史は例外なく、次のように答えるのだ。

「それを判断するには、抑圧を感じた人々に尋ねなくてはならない。抑圧を行なった人々ではない」

さて、私たちが今検証している問題で圧力を感じる人々は、皆同じ意見である。憤慨の度合いは人それぞれである。それに対して、積極的な反乱をすでに起こしている人々もいる。だんだんと不快感は迫ってきているが、まだ対岸の火事にすぎないとしか感じていない人々もいる。しかし、誰もがある程度はそれを感じている。それは近代世界でこぞって神経過敏になっている人たちに共通の感覚である。程度も範囲も急速に成長しているので、もはや無視することができない性質のものだ。

先の戦争で一時的に公務に採用された何百人もの教養人が、その影響を被《こうむ》っていたことについては、すでにお話しした。そのとき、独占という鍵のかかった秘密の出入り口が次から次へと見つかったことから、彼らは国際的なユダヤ人の存在を見出したのである。

ユダヤ人の金融支配については、何ら議論も必要ない。もし個人の銀行家や金融家がそれに気づいていないとしても、影響を受ける人々の大半は、それに目ざとく気づいている。人々はそれを一種の意思のある人間のように見立てては強調する。しかしその影響を指摘するときには、はっきりとした言葉を使うことはない。

ユダヤ人にとっては受け入れ難いことかもしれないが、確実な事実として、次のことを覚えておかなければならない。それはユダヤ人の支配に対して非常に激しい怒りが起こっているだけでなく、どのような場合でも、支配的立場にユダヤ人がいること自体が、ユダヤ人が移動する国の国民には、鼻持ちならないということである。

どのような形にせよ、よそ者の支配については、誰もがそのように感じているし、すべての中で、もっともよそ者的だと本能的にわかっている支配の形については、なおさらその感を強くするのだ。

このような支配が行なわれていることは、誰もが気づいている。それが知られるとイスラエルの不利になるという場合には、ユダヤ人は沈黙を守るという形をとる。また、宣伝されるとイスラエルに有利になる場合には、宣伝をするという形をとる。功績を認めたり、否認したりする形もとる。イスラエルが争っている諸国民は新聞で攻撃し、ごく最近イスラエルが保護を頼った諸国民（今はほとんど姿を消している）は、新聞でこれを防御するという形をとる。そして誰もが、ユダヤ民族のどの構成員でも、その利害関係がからむ場合は、ユダヤ民族が結束することを発見したのだ〈原著者注〉。

しかし、もし重要なことが、今日、特別の集団で感じられているように鋭く、そして意識的に至るところでも感じられていたなら、問題は単純だったろう。たとえば、ある特定層のイギリス人の意見がすでに新聞紙上で表明され、そこで感じられることが、もっと広い層のフランス人の意見でも感じられ、それよりもさらに広い層のポーランド人の意見でも感じられるという場合である。そうなれば問題は明白なので、私たちは共に住んでいる少数派が、ほかの人々の運命を決定することは許されないと言うことができる。

しかし肝心なことは、そのようには意識されていなかったのだ。すでに申し上げたように、認識の深さのさまざまな度合いによって、また活動を始めるそれ以外の国際的勢力によって、状況は変更されてしまうのである。

ロシアという組織体とユダヤ人

政治的伝統や国際的勢力が変化することを考慮すれば、そしてまた世界の国家主義的な集団を調べてみれば、これと同じことが見出せるだろう。ロシアという巨大な組織体となれば、状況はもっとも矛盾したものとなる。

ユダヤ人は、ロシア帝国においては何年にもわたり、どこへいっても公然と攻撃され、寄留することが許された地域でも憎まれていた。ロシア帝国の西のはずれを除き、ロシア内にしか

〈原著者注〉もちろん、法律に違反する人は除く。モスクワのユダヤ人について都合の悪いことを書き、同国から追い出されたレヴィ博士のケースは、皆さんの記憶に新しいことだろう。

るべき居場所はどこにもなかった。その地は、かつて旧ポーランド王国だったところで、現在は再建されたポーランド共和国内にある。

しかし、ユダヤ人に対する伝統的なロシアの敵対心は、数週間の大混乱を経て、敵対的なものではなくなり、新たに異質なものになった。ロシア人はユダヤ人が驚異的な革命を起こすのを許したのだ。ロシア人は、ユダヤ人が自分たちのために確保してくれた革命という戦利品を受け取ったのだ。ロシアの歴史が完全にひっくり返ってから現在で四年目になるが、ロシア人はユダヤ人による暴政に町では完全に従い、地方では部分的に従っている。

かつてのロシア帝国の対外的な政治力は消失してしまった。ユダヤ人がそれを消滅させたのである。しかし、ロシア人の大部分は、いまだにこの矛盾を孕んだ政治的な変化の強い影響下にある。庶民の本能が自由に発揮されるところでは、旧来のロシア人とユダヤ人の激しい熱狂的な敵対関係はなくなることがない。

ウクライナにその例を見ることができる。そこの住人は、あらゆる理論があるにもかかわらず、ロシア人種であり、ロシアの伝統を継承し、その中心の町はキリスト教会の一部であり、ロシアの神聖な地域である。ユダヤ人委員会が大きな町をユダヤ人の完全な支配下においているにもかかわらず、そこでは反乱が繰り返し起こっている。しかし、少なくともヨーロッパの一部であるロシアのもっと広い地域と、かつてのアジア帝国の大部分では、ユダヤ人は、行政府の残したものをその手に獲得したのである。

私たちのもとに届く不完全極まりない説明から判断しうる限り（ロシアほど、秘密という武器が容赦なく使われているところは他にない)、ロシア人の大半を占める農民らは、まだ心が決まっていないのである。彼らは、町でのユダヤによる独裁的行為について、何の関心もない。ところが革命の初期にユダヤ人が農民に対して敵対的な試みをしたことに対しては、激しく反対したのだ。ロシア人はユダヤ人から苦しめられ、ユダヤ人を圧政者だと考えた。しかし、ユダヤ人はそのような干渉をやめたように思えるし、ロシアの大地は農民の所有地として落ちついたように思える。

その一方で、この同じユダヤ人委員会が指導した革命によって、農民たちは土地を所有するよう奨励されたのだった。ロシアの農民は、いつも土地は自分のものだと見なしてきた。私の理解では、ロシア農民は、あの奇妙な条令、「農奴の解放」〈注1〉を、名を変えた自分たちの土地の強奪にすぎないと見なしていた。ロシア社会という組織体が戦争の緊張の中で崩壊したとき、ロシア農民は土地を大量に吐き出し、そして自分のものだと思う土地は取り戻したのである。

ユダヤ人が抱く共産主義の概念は、ヨーロッパ人種の本能や私たちの高度に文明化された伝

〈注1〉一八六一年に、ロシア皇帝アレクサンドル二世が発布した農奴解放令のこと。この解放令により、ロシア全土で約二三〇〇万人の農奴が解放され、農奴は人格的自由を与えられて、土地も分与されたが、分与地に対しては地代の十六・六七倍にも上る額の支払い義務を負った。その上、地主は一定規準以上の農民保有地を「切り取り地」として自らに確保したのに対し、農民には条件の悪い土地しか分与されなかった。農民たちは、発布直後の一八六一年三月から四月にかけ、解放令に反対してロシア各地で暴動を起こした。

統とは、何百万マイルもかけ離れている。ロシアの農民は、ただ困惑して軽蔑を募らせるばかりだった。それでもロシア農民は、ユダヤ人の革命によって、土地を奪うことはできないとしても、少なくとも土地の所有は許されることに気づいたのである。こうなるとロシア革命と、ユダヤ人による町の支配とが、見分けがつかなくなるのだ。

町では（私たちの情報はすこぶる不完全で、目撃者が私に話したことを繋ぎ合わせることしかできないが）、もちろんユダヤ人は個人的に嫌われているけれども、その支配は、ロシア国民の大部分がいまだに支持する一定の事柄には有効である。ユダヤ人は、富者に対する貧者の憤りを組織化した。貧者の眼前に、社会的復讐という心地よい見世物を掲げてみせた。共産主義者の計画をかなり首尾一貫して実行したのである。少なくともその一面は非常に実践的である。というのも、自らの手で働く者は、貧弱な共通の貯《たくわ》えからでも何とか養われているのであり、かつての主人よりも、そのほうがましだとわかっているからだ。

一般的に、キリスト教徒に対するユダヤ人の支配は、ある意味で、かつてのロシア帝国内のほうが（他のどこよりも）強かったとしても、支配に対する反発はもっとも少ないと言っても間違いないと思う。万が一にも、敵対する行為を再び掻き立てるようなことが農民にあっても、反発が起こらないだろうと言っているのではない。私たちが忘れてならないのは、農民たちは、新しいロシアのレジームのために闘争したがっていたのであり、それを自分たちの新しい土地財産の獲得と同一視していたということだ。その状況は、不合理きわまりないものだ。何十万もの人々が、共産主義者の主人のために喜んで戦おうとしているのだ。そうすれば、彼らは絶対的な形の財産で、自分を守ることができると信じているからだ。しかし、それが「赤」軍の実態だったのである。

東欧とその他の地域における支配

かつては東側の境界地方であり、今では旧ロシア帝国とドイツ諸国の間に位置し、境界線も曖昧な諸国の一帯では、ユダヤ人はこのような立ち位置にあるように見えただろう。

これらの諸国ではどこにでも、ユダヤ人の割合が非常に高い。群を抜いて多いのはリトアニアとガリシアで、すべての町の人口の三分の一から二分の一、時には三分の二がユダヤ人である。近代のポーランドの公認の国境地帯でも、割合がすこぶる高い。ルーマニアも非常に高いし、ハンガリーでは相当数に上る。

これらのどの諸国でも、ユダヤ人問題は、はるか遠くの西洋の問題とは全く異質なものである。これらの諸国では、ユダヤ人は別個の民族と見なされている。西洋人の耳には奇妙に聞こえるけれども、ポーランド系ユダヤ人たちが、次のような不満を申し述べているのを、いまでも耳にすることができる。彼らは、自分たちのことをポーランド人と見なす習慣があると主張し、それには反対すると西洋に訴えているのである。

ルーマニアでは、ユダヤ人は全くルーマニア人ではないし、ルーマニア人にはなりえないというのが、国家が二世代にわたって採ってきた一定の方針だった。その方針は、時によって隠れていたり、表面化したりするが、いつも社会的習慣に基づいて実施されたのである。もちろん、現実には、ユダヤ人がルーマニア人になりえないのは、彼らがイギリス人にも、フランス人にも、アイルランド人にもなりえないのと同じである。

しかし私が申し上げたいのは、たとえ虚構や慣習を用いても、ユダヤ人は何国人にも、なりえないということだ。ポーランドでは、ユダヤ人の大半は異なった言語を持ち、すべての者が周囲の世界とは異なった社会的習慣や生活様式を持っているからだ。ハンガリーでは、ユダヤ人の数による圧力は少ないけれども、一九一八年にコーヘン〈注2〉の指揮下で革命が試みられ、ハンガリー人が大虐殺された。そして一時的にボルシェヴィキ主義体制が樹立されたが、まもなく倒されるという生々しい記憶がある。ボヘミアでは、はるかにユダヤ人の抑圧が少なく、バルカン諸国のドナウ川とドラバ川の南でも同様に少ない。それが数の圧力としてあるのは、バルト海と黒海の間にある諸国群と、ロシアとドイツの間にある諸国群だけである。

東ヨーロッパに来ると、本当はその一部ではないけれども、エルベ川〈注3〉を越えたドイツも含めなくてはならない。スカンジナヴィア諸国、フランス、イギリス、イタリア、スペイン、スイス、そして北海沿岸の低地帯では、ユダヤ人の割合は大幅に縮小する。かなりの割合のものが、オランダの町の一つや二つにはあるが、スカンジナヴィアではほとんど取るに足らない数である。イギリスの大きな町や、ある程度は北部フランスの町（特にパリ）へ行けば、最近かなりのユダヤ人の流入があった。しかし西洋でのこれらの人々の総数は、東ヨーロッパにいる多数のユダヤ人よりもはるかに少ない。これと同じような流入は、イタリアにもより大きな規模であったし、過去にユダヤ人の血が夥《おびただ》しく流されたにもかかわらず、スペインにもあった。

しかし、これら西欧諸国では、ユダヤ人の数の割合がずっと小さいし、それゆえにユダヤ人支配の危険の形も、はるか彼方の東側の国々とは大きく違っているけれども、ユダヤ人支配がはっきりと見て取れる。

その支配は、最初に金融を通して行なわれる。次に宗教的教義を疑う大学、匿名の新聞社、堕落した議会を通して行なわれる。そして最後に、もっと一般的な形態として、受入れ側と競合しても、ユダヤ人のほうがすこぶる有利に繁栄できる機関が出現するわけである。それぞれの機関で国際的知識が奨励され、匿名性が奨励され、旧来の自由主義的なたわごとが支持される。それは、「寛容」と自称されてはいるが、実際はすべての社会的原動力の中でもっとも根本的な「宗教」には無頓着である。もちろん例外としてカトリック教会への攻撃は認められている。

この類の影響下で、すなわち誠実でありながらも偽善的であり、寛容でありながらも卑劣で

〈注２〉ベーラ・クン（Béla Kun　一八八六〜一九三九年）とも呼ばれるハンガリーの革命運動家で、国際共産主義運動の指導者。のちにブダペストで社会民主党機関紙の記者となった。第一次大戦でロシア軍に捕らえられて共産主義者となり、帰国後一九一九年、本文にあるように、革命を指導してハンガリー・ソビエト政権を樹立した。一九二〇年、敗れてロシアに亡命したが、一九三五年の人民戦線政策への路線転換に反対し、スターリンによる粛清で処刑された。

〈注３〉チェコ西部に発し、ドイツのドレスデン、マグデブルグ、ハンブルグを経て北海にまで注ぐ川。

ある影響力を駆使して、ユダヤ人は、最大規模の共同体でも、特にフランス、イタリア、ドイツ、イングランドでも、その数とは全く釣り合わないほどの権力を手にしたのだ。

ユダヤ人読者が感情を害さないことを望むが、それはユダヤ人の能力とは釣り合わない権力だとつけ加えたい。フランスで離婚の法律を生み出したのはユダヤ人だった。フランスやイタリアの至るところで反教権主義を助長したのはユダヤ人だった。東側諸国の有力者に東側でのユダヤ人同胞の保護を呼びかけたのはユダヤ人だった。大学や新聞界に大々的に浸透していったのはユダヤ人の精神だった。

ただし、アイルランドは例外である。アイルランドでは、ユダヤ人（北東部の小工業地区の外では）は無名の人である。ユダヤ人の移住者たちは、一時期はここで、その後は至るところで、それまでユダヤ人のことが知られていなかった場所でも、その数を増やし、それによって一時期ここで影響力を持ち、その後、影響力の衰えを目にすることになる。

ここで申し上げなければならないのは、このようなユダヤ人の移住は、その痕跡を辿れるような法則性がなく、意識的な行為の結果ではないということだ。このユダヤ民族の奇妙で断続的な流入の動きは、歴史におけるもっとも奇妙な現象の一つである。商業との関係は、確かに一つの要素ではある。それによってノルマン人征服の後にユダヤ人によるイングランドの搾取があったこと、中世後期のスペインの搾取があったこと、そしてライン渓谷の搾取があったことは、説明がつくであろう。

しかし、それならばなぜ、それ以外の商業中心地が人を引きつけなかったのだろうか。ヴェネツィアは、ユダヤ人に寛容であったのに、人を引きつけなかった。中世初期以降のパリも違った。オランダの町の中にはそのように人を引きつける中心地となった所もあったが、ベルギーの町はそうでなかった。

ユダヤ人が流入した地域は、ユダヤ人の避難地だったのだろうか。もちろん、それは中世ポーランドへユダヤ人が大量に流入したことの説明にはなるだろう。だが、それならばなぜ十八世紀のイングランドへ流入しなかったのだろうか。なぜ十九世紀末期まで流入がなかったのか。イングランドは、世界中のどこよりも完全な市民の地位をユダヤ人に与えたが、ユダヤ人が侵略してくることはなかった。あのような合衆国への流入がつい最近になって起こったのはなぜなのか。合衆国は一世紀半にもわたり憲法によって完全に開国されていたし、紛れもない市民的伝統によりユダヤ人にとっては理想的な避難場所であったはずだ。そこではつい最近までユダヤ人のことがほとんど知られていなかったし、今日まで二、三の大都市の外では知られていない。

そうなのである。この摩訶《まか》不思議な動き、すなわちイスラエルの消長盛衰には何の法則性もなく、少なくとも確かめられる法則性は何もないように思えるだろう。しかし、このような話は余談である。国家の形勢に戻るとしよう。

アメリカのユダヤ人

もし旧世界を後にして合衆国に目を向ければ、新しい状況がいまだに進展中であるため、外国の観察者は非常に困惑していることがわかる。私は他者の観察に基づく所見を、数行たらずの文章で完全に、正確に分析するつもりはない。また合衆国は私たちとは全く異なっているので、彼らの現代史をはっきりと理解するのは難しい。しかし、この種のことは、彼の地でも起こっていると思えるだろう。

合衆国にユダヤ人はいるが、人口に対する割合は、ここ数年前までフランスやイングランドやイタリアよりも少なかったし、かつてのドイツ帝国のユダヤ人の数よりもずっと少ない。アメリカの農業地帯は、今でも国全体の人口の二分の一を占めるが、そこではユダヤ人はほとんど知られていなかった。法律家だったり、店主だったり、あちこちにユダヤ人の姿は見かける。しかし、あのアメリカの世界で、ユダヤ人が馴染みが薄かったのは、今日、私たちのイギリスの田園地帯でユダヤ人に馴染みがないのと同じである。もちろん、大工業都市が発展するとともに、ユダヤ人はやって来た。しかしユダヤ人は依然として「風景の特徴」にはなっていなかった。

東側の富裕階級の間では、ユダヤ人に対するある種の社会的偏見があった。そして（これが大変重要なのだが）、ユダヤ人についてはいつも真実が語られていた。アメリカには、因習というものが何もなかった。ユダヤ人は常にユダヤ人として認知された。こちら側の私たちは、ユダヤ人が誰か別人であるかのようなふりをしてきたが、そのようなばかげた行為は全くなされなかったのである。

ヨーロッパの歴史を埋め尽くしているユダヤ人の現象については、今日の東側諸国では非常に注目され、西洋でもその現象が生じ始めている。しかし、合衆国では十九世紀初期と中期で確認できるものは何もなく、十九世紀末でさえもないのである。

変化が訪れたのはその後である。私よりもずっと若い人々の生涯に起こっている変化である。私がこれまで二〇年以上も前に合衆国を訪れて以来の変化で、それも非常に注目すべき変化だと聞いている。特にバルト諸国から定期的かつ組織的にユダヤ人移民の流入が始まったのである。移民はニューヨークに溢《あふ》れ、現在、おそらく人口の三分の一になっているだろう。北部の大工業都市ではゲットーが形成された。ヨーロッパでこれらの動向から連想される現象が、すべてその姿を見せ始めたのである。

金融や特定の業種の独占が進展した。学校では、宗教教育を「中立化」するという形がとれ、寛容が叫ばれた。キリスト者の生活のどの伝統の中にも、ユダヤ人革命家やユダヤの批評家が姿を現わした。ユダヤ人は（大抵そうするように）物事の核心にまでも入り込み、大統領の中でもっとも人気のないことが明らかな前大統領のウィルソン氏〈注4〉は、完全にユダヤ人の手中に落ちていたように思える。

もちろん、出版では匿名性が生まれた。この注目すべき実例は、『ザ・ニュー・リパブリック』〈注5〉という雑誌である。それに投稿するユダヤ人執筆家の割合は小さく、その資本もユダヤではない（と思う）が、どの点から見ても、ユダヤ人知識人の機関誌であり、ヨーロッパのユダヤ人に対して好ましくないニュースをボイコットし、好ましい主張には常に加担する。パリの『ユマニテ』〈注6〉のようなものである。あるいはイングランドの『ザ・ニュー・ステイツマン』〈注7〉のようなものと言ってよいだろう。
しかし合衆国でこの新しい現象が起こったことにより、私たちがヨーロッパ西部で長きにわたり見慣れてきたものが、もっと直接的で、私たちとは非常に種類の異なる反動となって生み出されたのである。

このようなユダヤ人の権力者に対する反動は（株式取引の隠喩を使えば）、「市場消化が困難な」ものではなかった。何の躊躇もなかった。不安な沈黙の期間も全くなかった。ユダヤ人問題は、それがあると最初に感じられた瞬間から議論され、今日では他のどの問題よりも議論されている。戦後にヨーロッパを訪れ、私と米国の形勢について話し合ったアメリカ人たちと会話をすると、政治的なトピックの中で最初にそれが話題に上るのだ。その反動はいつもそうなのだが、もっとも激しい反ユダヤ主義から、ユダヤ人の立場を強力に擁護するものまで幅がある。それもユダヤ人によるものだけでなく、特に富裕層で、ユダヤ人共同体の外にいる、ごく限られた少数派の信奉者によるものもある。

合衆国の全体の特徴は、それがまだ始まったばかりだということだ。それは、アメリカ共和国の過去の歴史では見慣れない突然の成長株の一つになりうるものだ。実際、最大の路線についてでさえ、どのような形を取りうるのかを判断するのは時期尚早である。あの国でのユダヤ人に対する反動の背後には、感情がますます激しさを増していると言うだけで十分である。この問題では西ヨーロッパのほうが先を行っているにもかかわらず、その現象はいまだに私たちが見慣れていないものである。もし検証が必要なら、一八九六年、ブライアンが金本位制を

大々的に攻撃した間はユダヤ人について何も言われなかったことと、フォード氏の仕事と、彼

〈注4〉アメリカ合衆国第二十八代大統領（Thomas Woodrow Wilson　一八五六〜一九二四年、在任一九一三〜二一年）。一九一二年、民主党の大統領候補に選ばれ、「ニュー・フリーダム」（新しい自由）を政綱に掲げて当選した。大幅に関税を引き下げるアンダウッド・シモンズ関税法、大規模な金融機構改革を通して信用・通貨の弾力的供給を図る連邦準備銀行制度、そしてクレートン反トラスト法や連邦取引委員会の成立など、諸改革を行なった。一九一七年四月のアメリカの第一次世界大戦参戦後、一九一八年一月、国際連盟の樹立と民族の自決などをうたった平和十四カ条を発表した。彼の努力によって一九一九年、国際連盟設立の構想がベルサイユ講和条約に盛り込まれて実現し、同年ノーベル平和賞を受賞した。

〈注5〉アメリカの政治・芸術評論の雑誌で、アメリカの政治・文化思想に影響力がある。一九一四年にハーバート・クローリー（Herbert Croly）、ウォルター・リップマン（Walter Lippmann）、ウォルター・ウェイル（Walter Weyl）が、ドロシー・ペイン・ホイットニー（Dorothy Payne Whitney）とその夫ウィラード・ストレイト（Willard Straight）の資金的援助を得て創刊された。雑誌の政治姿勢はリベラルで進歩的である。その中でもっとも重要なのは、国際舞台で大国としてのアメリカが登場することであり、一九一七年にはアメリカが連合国側に立って参戦することを支持したことだろう。また、第一次世界大戦後の一九一七年にロシア革命が起こったが、内戦の間、この雑誌はソビエト連邦とスターリンに好意的な評価を下した。

〈注6〉フランス共産党機関紙。一九〇四年に労働者インターナショナル・フランス支部の指導者J・ジョレス（Jean Jaurès）によって社会党の機関紙として創刊された。ジョレスは一九一四年に暗殺されるまで編集者を務めた。その後、一九二〇年に党が分裂すると、多数派の手に移り、共産党中央機関紙となった（M・カシャン編集）。

が今日提唱することすべてを比べてみるがよい〈注8〉。

それ以外の世界としては、イスラム教世界、その他の異教世界がある。異教徒の世界では、これまでのところ、ユダヤ人の居場所はほとんどない。もちろん、ユダヤ人はインドのことをよく摑んでいる。しかし、いうまでもなく英国のインド統治者を通してだけであり、現地人を通してではない。シナでは、ヨーロッパ商人と似たような者でないかぎり、何の力もない。強力で組織化された日本の国民性にも力が及ばない。

すこぶる大まかではあるが、以上が問題のいろいろな程度の諸相である。それは、今日のいろいろな国家主義的な集団の質の違いでもある。これらの中で、もっとも急速に変化しているという理由から、もっとも興味深い二つの問題状況がフランスとイングランドと合衆国に見出される。

国ごとの伝統による対応の違い

第二の修正条件は、いろいろな国家の市民的伝統の違いである。ここでもまた東側から西洋までの違いがある。しかし、その中でも究極的には宗教による違いがあり、北から南までの違いがある。ロシアには、ユダヤ人について沈黙するという伝統も、ユダヤ人を少しでも尊敬するという伝統も全然なかった。近年の革命が起こるまで、ユダヤ人は国家の敵であった。そしてそれは終焉《しゅうえん》を迎えたのだった。同様にポーランド、ルーマニア、そして両国の国境のどちら側とも言えない住民らの間では、そして旧ハンガリーでさえも、ユダヤ人は別個の国籍に属するものであり、全体として敵対する民族であると公に語られていた。

しかし、西へ向かうと、別の精神や伝統が生まれている。ユダヤ人を市民として扱うことが、「重要なこと」だった。この上流社会の慣習は、オランダ、ベルギーなどの低地帯の諸国やフランスやイングランドよりも、ドイツのほうが脆弱《ぜいじゃく》だった。そのような慣習は、現在のエルベ川の西ならどこにでもあった。

それは二つの源流から流れ出た伝統だった。十七世紀の商業的なプロテスタントのイングラ

〈注7〉ロンドンで出版される英国の政治・文化の評論週刊紙。一九一三年、進歩的な知識人の協力で創刊されて以来、社会主義的な見地から政治、文学、美術を対象に編集されている。ともに社会学者、経済学者である夫のシドニー・ウェッブ（Sidney Webb　一八五九～一九四七年）や妻のベアトリス・ウェッブ（Beatrice Webb　一八五八～一九四三年）や、他の社会主義的なフェビアン主義の理論的指導者と関係がある。新聞として登録されているが、全六〇ページで雑誌的性格が強い。三一年『ネーション』（Nation）と合併して『ニュー・ステーツマン・アンド・ネーション』となったが、五七年、元の名に戻った。発行部数二万六〇〇〇部（一九八六年）。対抗紙に保守的な『スペクテーター』（The Spectator）がある。

〈注8〉アメリカの政治家（William Jennings Bryan　一八六〇～一九二五年）。一八九六年の民主党全国大会で、金権政治を非難する「黄金の十字架」演説を行ない、大統領候補に指名された。西部農民の立場を代表して銀貨の無制限鋳造（フリー・シルバー）を唱え、「働く人民大衆」による政権奪取を訴えたが、共和党候補W・マッキンリーに敗れた。またフォード氏とは、米国の実業家で、元・フォード・モータース社長のヘンリー・フォード（Henry Ford　一八六三～一九四七年）のこと。一九〇三年フォード・モーター社を設立し、一九〇八年「フォード・モデルT」の開発に成功した天才的な十九世紀型の企業家。↓

ンドと十八世紀の懐疑的なフランスである。（この精神に則《のっと》れば）ユダヤ人は、特別の保護と特別の敬意を受けるに値したからである。ユダヤ人は、たとえ秘密主義が大好きだったとしても、保護され、尊重されなければならない。その結果、ついには西洋の教養のある指導階級では、ユダヤ人の存在に触れることでさえ、何か奇異なこととされるようになったのだ。

この精神から、私が本書の第2章で扱った自由主義の虚構や慣習が生まれたわけである。その精神を固定し、永続する形にしたのは、フランス共和主義者の熱意と厳格な学説であった。そしてイスラエルが一つの宗教と見なされ、その民族的性質が忘れられた瞬間に、それらが起こったのである。どのような宗教も次第に消滅していくと考えられていた。そしてさらに公民的な権力を行使するほとんどの宗教（特にカトリック教会）に対する、熱狂的な反発が起こっていた。そのためにこのユダヤ人の宗教は、以前は国家にとって有害だと見なされ、少なくとも国家とは分離していると思われていたのだが、当然のこと、特権が与えられるようになったのである。そしてあの自由主義の虚構や慣習という、不思議な制度が発生した。その制度が一世紀を超えるほどの短い存続期間を経た後、やがて消滅してゆくのを私たちは今注視しているわけである。その制度のおかげでユダヤ人は、自民族以外の諸国籍のマスクをつけ、どこへ行っても、あたかも市民として働くことを許されたのだ。イスラエルの市民としてではなく、たまたま寄留した国の市民であるかのように。

この虚構を容認する態度に対して、ついに国家主義の側から力強い異議申し立てが出された。次の章で見てゆくことになるが、イングランドではこの申し立てが他のどこよりも少なかった。国際的なユダヤ金融と英国商業の利益とは、長い間、ほとんど同一のものだったからである。イタリアでは、ユダヤ人は、教皇制に対して敵対関係にあったために、当然のこと、教皇権力と対抗する国家主義的運動と密接に結びついており、国民感情がユダヤ人の異常さと少しも衝突することがなかった。しかし、フランスでは、特に一八七〇年の敗戦以降、両者の差異がますます顕著になった。ちょうど今日のドイツで、一九一八年の敗戦以降に、それが顕著になっているようなものだ。

それはイスラエルの「都市」と、それ以外の私たちヨーロッパ人が働く「都市」との衝突だった。それについては、それとなく前述しておいた。もし他の「都市」がすべて消滅し、ユダヤ人が活動するための空地が残ったら、きっとイスラエルの「都市」にとっては非常に重宝する空間となるであろう。しかし、都市の消滅が計画されることはない。私たちが都市に深い愛

↓実は、この二人を結びつけるものこそ、反ユダヤ主義である。一八九六年、金本位制は大統領選挙を左右する中心的問題であった。大統領候補の一人だったブライアンは、金本位制の廃止を主張したが、当時、その制度がユダヤ人の陰謀だと考えるものは誰もいなかった。しかし、一九二〇年代初期になる頃までには、ヘンリー・フォードのような反ユダヤ主義者が、陰謀説を展開する準備を完全に整えていた。フォードはその反ユダヤ主義的態度を隠そうともせず、ユダヤ人グループの中には、フォード社が製造した車をボイコットするよう仕組もうとする輩がいると考えたほどだった。フォードの代弁者である週刊新聞『ディアボーン・インディペンデント』（The Dearborn Independent）は、金本位制はユダヤ人の発明品だと、あからさまに述べている。

着を抱いていることをユダヤ人に説明できないかもしれないが、ユダヤ人はそのような愛着を不変の原動力として受け入れなければならない。ヨーロッパ人の愛国主義は弱まる気配がないからだ。

合衆国では、このような自由主義の伝統や慣習を守り、ユダヤ人は完全な市民として扱われなければならないという考え方が、西ヨーロッパよりもはるかにしっかりしていた。それはまさに憲法の精神であった。さらに重要なことに、まさにアメリカ国民の魂でもあったのだ。そのような精神が育まれたのは、学説によるものだけでなく、数多くの異なった国々から移民が大量に出現したことによる現実の問題でもあったからである。その移民は誰もがアメリカ精神によって吸収され、融合したのである。

今までにユダヤ人がユダヤ人であると同時に、別の国の完全な市民でもありうるという、まやかしの考え方が成り立つ領域があったとすれば、それはアメリカ合衆国であった。だが、その問題が今もっとも深刻な形を取り始めているのも、この国なのである。その理由は、この強力な市民的伝統と並行して、完全な言論の自由と、非常に活発な世論が存在するからだ。現実は理論の手に負えるものではなくなり、ユダヤ人は何か別の存在として認知された。ユダヤ人は、決して再び舞台の裏側に姿を消すことはないだろう。

イスラム圏のユダヤ人

まだ、次のような一般的事実を修正する国際的勢力を考えることが残っている。すなわち、ユダヤ人との論争は、ユダヤ人が私たちの諸事に対する支配を強めていることを巡ってなされるという事実だ。

その国際的勢力とは、宗教（イスラムとカトリック教会）、近代資本主義の勢力、産業プロレタリアートの勢力に対する反動、そして社会主義という言葉で要約される反動である。この四つともすべて国際的である。

イスラムにおけるユダヤ人の立ち位置は、簡単に明らかにすることができる。イスラムでは、キリスト教世界よりもユダヤ人を扱う方法が少なく、それゆえに抑圧も少ない。しかしユダヤ人は常に変わることなく、何か野卑なもの、あるいは劣ったものとして扱われている。ごく稀な例外としては、特定の支配者からの恩寵《おんちよう》があるとか、ある特別の社会集団に必要とか、優れた知的才能を発揮したときに称賛されるとかの場合だけだ。

普段は、イスラムのユダヤ人は、社会の除《の》け者である。イスラムのほうが、ある意味で私たちよりも、表面上はユダヤ人に親切にするというルールに従って行動していることは百も承知だが、所詮、それは表面的なルールにすぎない。

イスラム社会でもキリスト教社会でもないイスラエルが、両者を張り合わせて、漁夫の利を得ているのだ。イスラムでは、ユダヤ人がキリスト教世界で優位な立ち位置にあるとの世評がある。だが史実のほうがあまりにも説得力がありすぎて、そのような見せかけは全く通じない。イスラムの全歴史を紐解《ひもと》いても、どのイスラムの社交的な精神を見ても、今日では数えきれない目撃者がいるが、イスラム社会でのユダヤ人の一般的取扱いについては、同じ判断が下される。

だからユダヤ人は、イスラム教徒のイスラムにいたわけである。しかし今日のイスラムは、西洋のキリスト教諸勢力により政治的に支配されているので、状況が異なっている。そのような不安定な状況下では（それがいつまで続くか誰もいえない）、ユダヤ人の問題は、その性質が全く違ったものになるのだ。イスラムでは、ユダヤ人の支持者を装っているのはフランスとイングランドだと見られているらしい。

つい最近まで、イスラム教徒から、この件で最大の不評を買ったのはフランス人だった。フランスの支配下で、北アフリカのユダヤ人は、しばしば特別で優位な立ち位置を与えられた。それはどのイスラム教徒にとっても侮辱的な行為だったし、今でもそうである。そこがフランス統治の一番の弱点だった。アルジェリアでは、ゲットーのユダヤ人が投票権を行使するかもしれない。アラブはしないかもしれない。アルジェよりは物事がもっとうまく運んでいたモロッコでさえ、難しく感じられている。モロッコでは、フランスでのユダヤ人の扱い方と、どのように違いをつけて、現地のユダヤ人を扱うつもりなのだろうか。ユダヤ人は両国に通じているのだ。もしユダヤ人をフランス人のように扱えば、つまり行政権を持つ者の一員として扱えば、アトラスとフェズの領主たちのプライドは、どうなるのだろうか。

それよりもさらに広大な英国によるイスラム教徒の支配地域は、フランスよりも十倍も大きいけれども、直接的にしろ、間接的にしろ、最近までこのような摩擦は少なかった。しかし、形勢は一変した。今日では、ユダヤ人の間に割って入る者として、イスラム教徒の立場を支持するのは英国である。その発端は、エジプトでのユダヤ金融の支援であった。ユダヤ人によるインド商業の支配が拡張されると、それはそのまま維持された。そしてユダヤ人によるインド通貨の支配が拡張されると、さらにそれは継続された。それが終わったのは、インド総督のばかげた任命〈注9〉と、パレスティナでイスラエル建国という、とんでもない実験があったからである。

今日、私が本書を認《したた》めている時点では、この問題にはいかなる疑念も抱いていない。大西洋岸のラバット〈注10〉からベンガル湾まで、西洋の列強は、イスラムにとっては許せない、ユダヤ人の侵入の仲介者と見なされている。つい数年前までは、フランスが主に非難されていたが、今日ではその矛先が英国政府に向けられている。

カトリック教会とユダヤ人

ユダヤ人と全キリスト教徒の論争におけるカトリック教会の果たす役割は、もっとも議論されているわりには、もっとも理解されていない。しかし、それは単純に明らかにすることがで

〈注9〉一八五八年のインド大反乱を機にムガル帝国とイギリス東インド会社の統治は正式に廃され、以降のインドはヴィクトリア女王（実質的には女王陛下の政府）の直接統治下に置かれることになった（英領インド帝国）。これに伴い本国のインド庁はインド担当省に昇格、またインド総督はインド内において副王（Viceroy）の称号を使用するようになった。
〈注10〉モロッコの首都。

きる。カトリック教会が勢力を保っている所ではどこでも、その勢力の強さに応じて、カトリック教会が魂であり守護者でもある文明の伝統的原理は常に支持されるだろう。この諸原理の一つは、ユダヤ人と自分たちとを、はっきり区別することである。

合理主義者は、この区別が人種的なものであり、この人種的な現実を説明するために、宗教的な表現があるだけだと言うだろう。これに対し反対論者は、この区別は、主に宗教的なものだと言うだろう。

しかし、どちらの理論を採用するにせよ、そこには事実というものが存在するのだ。カトリック教会は、長年にわたってヨーロッパ伝統の守護者である。その伝統があれば、ユダヤ人がユダヤ人以外の他者になりうるという虚構に恥ずべき譲歩をすることなど決してないだろう。カトリック教会が権力を握っているところではどこでも、その権力に比例して、ユダヤ人問題は十分に認識されるだろう。

その一方で、カトリックのモラルによって、ユダヤ人との闘争を認めることは今まで一度もなかったし、これからも決してないだろうし、またありえない。これらのモラルはわかりやすいものである。歴史全体を通し、その教理は何度も何度も定義されてきては、実施されてきた。もし多数派の中にいる少数派が、間接的な敵意を多数派に向ければ、少数派は抑圧され、処罰されるかもしれない。さらに重要なのは、偽善的でなりすましの回心が、隠れ蓑《みの》に使われれば、抑圧され、差別されるかもしれないということだ。

しかし、共同体にはそれ自体の生活を決定する権利があり、よそ者や敵対する少数派を（あらゆる残酷性、暴力、不正という形はとらず、正義をもって）排除する権利がある。だが、少数派には、そこではなくとも、他のどこかでそれ自体の生存する権利がある。それは（ひとたび根付いて伝統的なものになれば）、それ自体の信念と伝統に対しても権利を持つのである。

もし少数派があなたに混じって生活するのを許されるならば、それであなたの生存が脅かされない限り、それ自体の生活を送ることは許さなければならない。カトリック教会は、ユダヤ人とその受入れ側の間に、はっきりとした区別があるという現実を含めて、常に現状維持を図るだろう。

カトリック教会の敵対者は、ユダヤ人を支援する傾向にあるだろう。というのも、あのように区別されていては、ユダヤ人が落ち着かないかもしれないからだ。北方のプロテスタント全体の伝統は、三〇〇年以上も、ユダヤ人に好意的であった。実際にはプロテスタントがユダヤ人の聖書〈注11〉を頼りにし、ユダヤの民間伝承に夢中になっていることも、ある程度は認められるが、それよりもユダヤ人と提携すれば、カトリック教会に反対するための同盟となるという理由が大きい。その精神の強烈な痕跡は今でも残っている。

〈注11〉ヘブライ語の聖書のこと。プロテスタントは、ユダヤ教またはヘブライの聖書として知られていた『旧約聖書』に目を向け、ヘブライ人の歴史、物語、伝統、律法、そしてパレスティナの地に親しもうとしていた。

近代資本主義とユダヤ人

まだ二つの新しい勢力が残っている。近代資本主義と、それに抗議する犠牲者の近代産業プロレタリアートである。

二、三年前までは、ユダヤ人に対する反対といえば、もっぱら資本主義だけに反対することだと誰もが言っていたものだった。ユダヤ人は資本主義の代表者であり、ユダヤ金融はユダヤ権力の独特の側面であり、その権力は例外なく憎まれていた。しかし私たちは、その変化の一部始終をこの目で見たのである。

反ユダヤ感情が行動にまで及ぶと、ユダヤ人は自己防衛から、産業資本主義に反対するプロレタリアートの指導者集団を必ず頼りにするであろう。ユダヤ人は、自分に敵対的な社会を分割する手段を使うだろう（ただ本能的に行なうのであり、計算ずくでは全くないにちがいない）。近代産業界の数少ない所有者と、その犠牲者である搾取された何百万もの人々の間の近代的大論争から引き出された分断案に頼るだろう。

そうだとすれば、もしユダヤ人が極端に走り、自己防衛のために軍隊を起こせば、ユダヤ人は、絶好の機会を迎えているように思える。ユダヤ人にとっては、自分に向けられた敵意をすべて富裕層へ逸らすことなど朝飯前だと思えたことだろう。もちろん（ロシアでやったように）ユダヤ人の金持ちは守りながら。しかし、私たちは、その機会を弱体化させる三つの好状況があることを、覚えていなければならない。

最初の状況はこうである。何百万人もの産業従事者は、依然として規模の小さい少数派である。おそらく将来は、文明化された白人世界ではもっと少数派になるだろう。戦争によって、彼らは強烈な一撃を受けたのだ。産業プロレタリアートは都市の住人であり、ますます非生産的になるという事実が、もう一つの弱体化の原因である。彼らの健康の悪化もう一つの原因となる。産業資本主義が、稼働しつづける機械に依存しているという事実、そしてその現代の農奴たる産業プロレタリアートたちが機械を動かしつづけるのをますます嫌がっているという事実も、もう一つの原因である。

第二に、産業資本主義が占める地域は（これは重要なこと）、文明世界の表面の非常に小さな地域にすぎない。

第三に、産業プロレタリアートの反乱は、ユダヤ人によって先導されるとすると、短命に終わるだろう。それは敗北するか、あるいはその主人を壊滅させた後に、ユダヤ人の指導の下で、ロシアのようにプロレタリアート自身の生産力を破壊するだろう。

怒りを出し尽くせば、ごく短い期間で、ユダヤ人問題が再び現われるだろう。

プロレタリアートの戦闘は、激しく荒れ狂うだろう。しかし、決して万人に及ぶことはないだろう。またあのユダヤ人と非ユダヤ人の相互問題から、人類の注意を逸らすには不十分だろうと思う。人類の注目は、その問題にますます確実に向けられているのである。

第10章　イングランドにおける立ち位置

その特殊な関係

ユダヤ人とイングランドの特殊な関係

ヨーロッパ諸国は、その連綿と続く長い歴史の中で、ユダヤ人に対して、私が悲劇的循環と呼ぶ連続的な段階を、それぞれに経験してきた。各国がユダヤ人を歓迎し、寛大な処置を施し、その後に迫害し、追放を試み（しばしば実際に追放し）、そして再び歓迎する、といったことを、順番に繰り返してきたのだ。

その中で極端な行動を取った国を二つ挙げるとすれば、本書ですでに指摘したように、スペインとイングランドである〈注1〉。特にカスティリア王国〈注2〉のスペイン人は、このサイクルの全段階を、もっとも完全な形で体験した。

イングランドは、スペインよりもさらに極端な段階を経験した。というのも、イングランドは、何百年もの間、ユダヤ人を完全に排除した唯一の国だったからである。

またイングランドは、短期間にせよ、ユダヤ人と同盟にも似た関係に入った唯一の国でもあった。それが英国の現在の立場（すなわち、私たちが関係するユダヤ人に対しての英国政府の立ち位置）ではあるけれども、過去の関係について一言触れ、この問題を紹介すれば、お役に立つことだろう。

この島国のユダヤ的要素はというと、古代ローマによる占領時代がどうであれ、暗黒時代の間はあまり重要ではなかった。だが、十一世紀も終わりになると、事態が変化する。ユダヤ人は、私たちの間にあって、それぞれの新しい経済の動きに同調する人々である。だからノルマン人の征服の後には、ユダヤ人の姿があったのだ。それによって経済的発展が始まった至るところで、ユダヤ人が副次的な役割を演じるのである。

ユダヤ人の地位に関する中世の規則については、誰もが知っている。他のどのキリスト教国とも同じように、この地でも規則が設けられていた。ユダヤ人は国王の所有物だった。すなわち、ユダヤ人は国家の特別の庇護下にあったのである。もしユダヤ人が一般庶民の攻撃対象に

〈注1〉原文では"England""English""British"という表現が使われている。邦訳では、「イングランド」、「イギリス（人）の・イギリス人（英語）」、「英国（人）の・英国人」と一応訳し分けた。もちろん国語辞典によると、日本語では「イギリス」と「英国」は同義語となっており、意識的に区別されて用いる場合はほとんどないようである。しかし、その一方で、現在、英語での正式名称である"United Kingdom of Great Britain and Northern Ireland"は、「イギリス」ではなく「英国」が用いられる傾向にある。また著者のイギリス留学の経験からいえば、形容詞の"British"は、連合王国に関する事項への言及によく用いられているのに対し、たとえば、イングランド（グレートブリテン島の三分の二近くを占める地域で、首都はロンドン、もとは独立した国であった）に住む人は、自らをイングランド人（English）と名乗り、スコットランド人（Scottish）、ウェールズ人（Welsh）、アイルランド人（Irish）とは呼び方を区別する場合があるように、イングランドの地域的、政治的、文化的独自性を意識することもある。本書では、イングランドと明言している場合を除き、それぞれの語が用いられているコンテクストを見ただけでは、ベロックがそのような明確な地域的区別を意図しているのか、それとも相互互換的に用いているのかを判断することは難しい。しかし、ベロックはこれらの言葉を使い分けているという事実を尊重し、前述のように訳し分けたことをお断りしておく。

〈注2〉イベリア半島のほぼ中央を占めるスペインの中世王国（カスティーリャ）。北部のカスティリアラビエハ（旧カスティリア）、南部のカスティリアラヌエバ（新カスティリア）からなる。

なれば、その攻撃は国王の私有財産への攻撃となり、すみやかに制圧されるべきものだった。また個人でユダヤ人を攻撃する者は、特別に厳格な処罰を受けた。中世時代全般がそうであったように、庶民が集団で自由に行動する場合、大衆運動が発生する危険性がいつも高いからである。またそれと同時に個人的な攻撃が広がらないようにする必要もあった。君主といえども、庶民感情に手が付けられなくなり、制御できない事態を扱わなければならないことが、時々あったのだ。しかし原則としてユダヤ人は、特に裕福なユダヤ人は、北フランスとイングランド全土で特権的な地位を獲得していた。

中世初期のイングランドのユダヤ人は、一般的に裕福な人々であり、しばしば大金持ちでもあった。当時は、今のように、少数のユダヤ人が同時代のもっとも豊かな人々であることもしばしばであった。ユダヤ人は、財源の大部分を握り、ユダヤ人だけが高利貸しを営むことができるという途方もない特権（今は失っている）を手中に収めていた。

ここでしばし立ち止まり、高利貸しが何かを明らかにしなければならない。

当時の高利貸しは、非生産的なローンで利潤を受け取る職業を意味した。それは、どの道徳家や哲学者も非難してきた慣行であり、特にキリスト教会によって非難されている慣行である。生産的な目的のために人に金銭を貸すなら、たとえば、あなたが前貸しした金銭で借り手が船を購入して貿易をするとか、農場を購入して農産物を栽培するとかなら、もちろん、その利益の一部を約定条件として要求するのは全く自由である。

しかし、もしあなたが直接に生産に結びつかない目的のために金銭を貸すのなら、たとえば、喉《のど》から手が出るほど金銭を欲しがっている人がいるとか、施し物をする代わりに金銭を貸すとか、教会のような建物を建てるとか、あるいは、それ以外にしろ、何らかの再生産をする機関で金銭を使わない人（あなたの知る限り）に金銭を貸すなら、利息を要求するのは非道徳的である。

そう、中世のキリスト教世界では、ユダヤ人のために例外が設けられていたのだ。ユダヤ人は、差し迫って首がまったく回らない場合や、宗教や戦争のような非生産的な事業でも、利息をとって金銭を貸すことが許されていた。唯一の条件は、このような儲《もう》かる事業で蓄積した金銭は、ライセンスが切れると（理論上は）国王に返還するというものだった。実際問題としては、きっと資金の大部分は金銭を貯めた人の懐《ふところ》に残ったことだろう。生きている間に、高利貸しで得た収入で楽しみ、生前にそれを後継者に譲ることができたからだ。

また機会を活用しては密かに投資をし、国際的なユダヤ人集団を通して収入を他者の管理に委ねることもできた。しかしその上でその人が残す、まとまった流動資金、つまり高利貸しの産物は、死亡時に国王に返還された。このことは、ユダヤ人から見てよそ者の受入れ側にあたる国の敵意からユダヤ人を保護するだけでなく、独占という大きな特権をユダヤ人に与える上でも、国王にとってすこぶる好都合であった。

その利率は厖大《ぼうだい》だった。下は五割近いものから上は八割を超えるものまで千差万別だった。ユダヤ人が担保付で金銭を貸すとき、国王はその担保を安全に保護する義務を部分的に担っていた。ユダヤ人の特権は、慣習法を免除されるまでに拡張され、イギリス人とユダヤ人貸主の間で発生する訴訟事件の裁判は、両人種混合の陪審員によってのみ行なうことができた。その陪審員も、イギリス人と同数のユダヤ人の同胞がいたのである。

アンジュー王朝〈注3〉の治世下でも、ユダヤ人の金融支配は続き、十二世紀末から十三世紀初頭にまで至った。しかし、十三世紀も半ばを過ぎると、ユダヤ人の権力はイングランドに関する限り、急速に衰え始めた。何らかの理由によるが、それについて私はこれまで十分な歴史的分析にお目にかかったことがないし、多分、完全な原因もわからなくなってしまったのだろう。

そしてここで注目すべきは、どの国にせよ、その金融上の地位が揺らがないかぎり、ユダヤ人の不幸は決して始まらないということである。ユダヤ人たちは、政府財政の支配者であるかぎり、保護されるのである。しかし、金力が衰え始めると、ユダヤ人は禍《わざわい》なるかな、と言われるようになる。支配者階級の側にしろ、行政官の側にしろ、ユダヤ人を支援する理由は、もはや何もないのだ。

ユダヤ人追放令と再度の受け入れ

少なくとも十三世紀のイングランドでは、ユダヤ人の金融力が急激に衰退した。それと同時に彼らに対する公の敵意も、急速に燃え上がったのである。時代が進むにつれ、彼らはますます貧乏になっていった。それと同時にユダヤ人の活動もますます制限されるようになった。彼らは主に土地を担保にして金銭を貸していたが、公益のために、ついに抵当権流れの処分をすることが禁止された。最終段階に達したのは、エドワード一世の治世の初期で、このとき国王が、高利貸しの特別ライセンスを、取り上げたのである。そしてついに一二九〇年、ユダヤ人は、この国から追放され、違反したら死刑という宣告を受けたのである。

この不幸な人々は、すでに二世代にわたる財産の減少によって零落していたが、先を争ってその国から脱出した。その際に金銭や動産も許可を得て持ち出した。実際、港では国王の官憲たちがユダヤ人を保護した。役人の中には、貧民のために船賃を支払ってやった者さえいた。しかし、ユダヤ人の中には、海上で略奪されたり、殺害されたりした者さえいた。殺人者は処罰されたものの、そのような迫害の記憶はユダヤ人の心の中に残り、イングランドは当然憎しみの対象となった。

イギリス人が追放したユダヤ人の共同体は驚くほど小さく、一万七〇〇〇人にも満たない。だが、中世から近代に至るまで、北フランスとイングランドのユダヤ人共同体は、概して裕福だった。かなり近代になっても、そうだったのである。

それから三世紀半以上の月日が流れる間に、イングランドはヨーロッパで、どのような条件でもユダヤ人に寛容な態度はとらない唯一の国家となった。ユダヤ人自身が「隠れユダヤ人」

〈注3〉イギリスの王朝（一一五四～一三九九年）でプランタジネット朝とも呼ばれている。始祖は、九世紀に始まるフランスの名門アンジュー家のアンジュー伯ジョフロアの子ヘンリー二世（在位一一五四～八九年）で、母はイングランド王ヘンリー一世の娘マティルダ。プランタジネットの名はアンジュー家の紋章がエニシダ（ラテン名プランタ・ゲニスタ planta genista）であることによる。

と呼ぶ人々が、この時代にはかなり残っていたし、少なくともこの島国を訪れたことは確かである。隠れユダヤ人とは、外見上は自分たちの民族性を否定し、個人的な利益を得るために、私たちの宗教を実践するユダヤ人のことである。これらの人々は、うまく法律をかいくぐることができれば、英国の海外自治領内にとどまれたのである。しかし彼らの影響は微々たるものだった。イギリス国民は、フランスで大規模な進軍を行なった間も、イギリスの言語と文化が形成されていた全時代にわたって、チューダー朝や宗教改革という国家を揺るがすような一大事が起こっていた間も、ヨーロッパ全土で唯一の例外国となっていたのである。すなわち、ユダヤ人はイギリス人に知られていないままだったし、英連邦からも厳密に排除されたからである。

すでに述べたように、クロムウェルの支配下になると、ユダヤ人はイギリスに戻ってきた。十七世紀末には、ユダヤ人の人数もさることながら、それ以上に彼らの富が増加した。それに伴って、ある程度はその影響として（しかしここでそれを強調してはならないが）、数多くの新しい金融的特徴がイギリスの国に現われ、それぞれがユダヤ人権力の増大を示している。銀行、国債、為替相場と株価変動の投機の設立である。

イギリス人とユダヤ人の同盟関係は十七世紀後半に見られ、十八世紀を通して活気づき、十九世紀になると、すこぶる顕著なものになったわけだが、その真の原因は、イングランドが指導的な商業国家として、コスモポリタン的な地位を占めていたことだった。これこそがイスラエルの利益と英国の利益を一致させたものだった。その一致があまりにも長く続いたので、齟《そ》齬《ご》が現われ始めている現在でさえ、イングランドに不都合なユダヤ人の行動があっても、古い世代の人々には、それが奇妙で新しく思えるほどである。

もちろん、ユダヤ人が近代のイングランドで特別の立ち位置を享受するようになった原因については、この他にも有力な要因が数多くあった。その立ち位置は、道徳的に激しくぐらついてはいるけれども、ユダヤ人がこれまでそれを維持してきた外部環境があった。つまり、イングランドは西洋のプロテスタント強国だという事実があったのだ。

この宗教的な動機が大きな役割を演じたのである。カトリック教会とユダヤ教会との間には、一世紀から敵意と反目があった。その争議でどちらかの側に加担できるとなれば、プロテスタント強国はカトリックの伝統に反対する側につき、その結果、ユダヤ人に味方するのも、当然のなりゆきであった。

またイギリス人がプロテスタントだっただけでなく、その中流階級は旧約聖書を夢中で読んでいた。彼らにとってユダヤ人は叙事詩の英雄であり、宗教の殿堂のように思えた。今日でも、地方へ行けば、その名残りが色濃く残っていることがわかるだろう。

これにイギリス国民には、ある種の暴力嫌いがあることを付け加えるべきだろう。海外でのユダヤ人の迫害を耳にするにつけ、それに対する嫌悪感が高まったのである。さらに近代のイギリス人が、この国が被抑圧者の保護施設であると感じることに誇りを持っていることも、付け加えておくべきだろう。

ユダヤ人とイギリス人との補完関係

しかし、このような要因をすべて十分に考慮しても、以下のことが真実であることに変わりがない。イングランドで、ユダヤ人が偶然にも立ち位置を得た主な原因は、イギリス商業のコスモポリタン的性格であり、イギリス国家には本質的に商業的性格があったからである。イギリスの輸出とイギリスの海運業が地球全体を覆い始めると、イギリスの金融システムも同じように地球を覆った。ウォータールーの後、ロンドンは金融市場となり、世界の手形交換所となった。金融ディーラーとしてのユダヤ人の利益と、この巨大な商業国家の利益は、ますます接近した。十九世紀最後の四半世紀を迎えるまでに、両者の利益は実際上一致していたのだ。

英国国家のどの新規事業も、非凡な商才の持ち主と、特にそのもっとも抽象的な形――金融――での交渉の才のあるユダヤ人に訴えかけてきたのである。逆に言えば、そのユダヤ人の事業も、そのコスモポリタン的活動でのユダヤ人のどの新しい概念も、イギリス商人や銀行家に訴えかけてきたのである。

この二つは密接につながり合い、うまく溶け込んだのである。そしてそれを支援するどの活動も同じように、うまく溶け込んだのである。十九世紀のユダヤ系通信社は、どの政策でもイングランドに好意的だった。商業政策だけでなく政治の政策でもそうだった。一方でイングランドのライバルや敵国の政策に対しては反対した。

ユダヤ人の東側の知識は、イングランドの役に立っていた。ユダヤ人がヨーロッパの諸政府に入り込み、国際的に活動していたことも、イングランドの役に立っていた。ユダヤ人の秘密情報も同じだった。インド帝国が統合されると、ユダヤ人は従来からロシア国民を嫌っていることから、再び同盟関係になった。私たちの時代になると、ユダヤ人は、ヨーロッパ大陸で、そして近東や極東ではそれ以上に、英国のスパイと呼んでもいい存在となった。そこでは、イングランドの経済力が、政治力よりもさらに急速に拡大されていた。

そしてイギリスという国は、ユダヤ民族が非ユダヤ人に対して要求することが何でも見つかる国であることを、ユダヤ人は示したのだ。ユダヤ人は、ここで世界中の他のどの国でも望めないような状況を謳歌したのである。ユダヤ人への敵対心はことごとく消滅していた。ユダヤ人は英国のどの機関にも入ることが許された。ユダヤ民族の著名人は、イギリス行政府の長官になった。その影響力が以前よりも浸透すると、この国の旧貴族領主の一族とユダヤ人の商業資本との婚姻による結びつきが、大々的に行なわれ始めたのである。

このようなことが二世代にわたって続いた後、二十世紀が幕を揚げると、ユダヤ人と混血でないイギリスの大領主一族は、むしろ例外となった。ほとんどどの門閥でも、多かれ少なかれユダヤ的特徴が目立っていた。中には非常に強烈な特徴もあり、名前はイギリス名であり、伝統も由緒ある純粋にイギリスの家柄のものであっても、体格や性格はまるでそっくりユダヤ人という門閥も見られた。その門閥の家族も、紳士階級の人々がこの混合を容認していない国や、経験していない国々を旅行するときは、いつでもユダヤ人と見なされた。

特にフリーメーソンのようなユダヤ機関（十七世紀にユダヤ人が、自分たちと受入れ側とをつなぐ一種の橋渡しとして創始した）は、英国ではとりわけ強力だった。そしてそこで政治的伝統が立ち上がると、この機関は活動的になり、最後には非常に重要な存在であることがわかったのだ。それにより、諸外国の政府は、英国が他の諸国にいるユダヤ人の公式な保護者であることを、暗に受け入れたのだ。その権力内ならば、東側のキリスト教国でユダヤ人の迫害が起こったときは、いつでも介入するよう求められるのが英国だった。また世界中のユダヤ人の金融のエネルギーを支援し、その見返りとして両者の協力関係による利潤を受けとると思われていたのも英国だった。

ただし、根本的な一点を見逃すと、ユダヤ人がこの国を自分たちの行動の中心地と見なすようになった原因についての説明は、非常に不完全なものになろう。

それは、イングランドは安全だったということだ。

この島国でユダヤ人が頭角を現わし、最終的にイギリスの政治・商業制度と同盟関係を結ぶようになるまでの間、イギリス社会は申し分のない平和をずっと享受していた。一七一五年と一七四五年の些細な事件を別にすれば（最初のものは国境地帯の南で何の影響もなく、二番目のものは一過性のもので北部に限られていた）〈注4〉、ジェームズ二世治世下のモンマスの反乱〈注5〉から、先の戦争中のドイツによるロンドン空爆までの間、イギリスの国土では何の敵対行為も起こらなかった。資産は完全に安全であり、特に大資産は安全であった。十八世紀の中頃から財産没収はなかったし、十七世紀中頃から商業財産の没収もなかった。侵略も、内戦も、略奪行為もなかった。個人が暴力を受ける危険性もなかった。

そのような状態にあったおかげで、ユダヤ人の権力が確立し根づく上で、理想的な環境が出来上がったのである。

〈注4〉ジャコバイトの反乱のことであろう。ジャコバイトとは、一六八八年の名誉革命で王座を追われたジェームズ二世とその直系卑属を正統なイギリス王朝として支持した人々の呼称である。名誉革命直後からアイルランド、スコットランド高地地方、北ウェールズなどに勢力を張り、とくにハノーバー朝成立後の一七一五年と四五年には亡命中の王位僭称者《プリテンダー》を支持して大規模な反乱を起こした。すなわち、一七一五年には、ジェイムズ・フランシス・エドワード・スチュアートがイングランド・アイルランド・スコットランドの王位を奪還するために反乱を起こし、一七四五年には、チャールズ・エドワード・スチュアートがブリテンの王位を奪還するために反乱を起こしている。ともに十八世紀前半のイギリスの政治体制に脅威を与えた事件であるが、筆者はアイロニーを込めて「些細な事件」と言っているのだろう。

〈注5〉一六八五年六月二十一日（イングランド暦では六月十一日）にイングランド・スコットランド・アイルランド王に即位したジェームズ二世に対して、甥で先代国王チャールズ二世の庶子のモンマス公兼バクルー公ジェームズ・スコットが、自らの継承権を主張して起こした反乱。モンマス公は、父の亡命中オランダのロッテルダムで生まれ、王政復古後帰国して公爵となる。この反乱以前から、叔父のヨーク公と王位相続を争っていたが、プロテスタントの反ヨーク派にかつがれて陰謀に荷担したかどで、一六七九年と一六八四年の二度にわたって追放処分を受けている。そして一六八五年、ヨーク公がジェームズ二世として即位すると、王位継承権を主張して小部隊を率い、南西部のライム・リージスに上陸し、モンマスの反乱が起こった。民衆のかなりの支持を集めたものの、支配階層の人々からは支持が得られず、セッジムーアの戦いに敗れて斬首された。

文学におけるユダヤ人の立ち位置の変化

いつもそうだが、そのような政治的状況は文学にも反映された。ユダヤ人がイギリス小説で、身分の高い人物として登場しはじめたのだ。ユダヤ人は引き立つように別格扱いされ、多数の人間から切り離されたのである。サー・ウォルター・スコットでは、ユダヤ人はすでに英雄であるが、それが十分に発展するのは、ずっと後になってからのことだった。『オリヴァー・ツイスト』〈注6〉あたりまでは、まだユダヤ人の悪人が見つかるだろう。しかし、チャールズ・リード〈注7〉やジョージ・エリオット〈注8〉ぐらい異色な作家になると、欠点のないユダヤ人の時代が到来することになる。

この変化の最終段階になると、作家があえて行なう最悪の行為は、ユダヤ人について何も触れないことであり、一方、最善の行為は、想像を絶するほどユダヤ人タイプにおべっかを使うことであった。このような風変わりな笑劇が演じられるのは、ある程度、十九世紀中頃と後半に、文学と庶民感情の間に分離があったせいである。少なくとも、そのような分離があったために、それが許されたのである。しかし、その積極的な原因は、ユダヤ人の政治的地位が、文芸で表現されるように、知識階級の心にも反映されたことにあった。

それと同時に、文学の歴史的側面にも似たような動きが現われた。中世のユダヤ人とイギリス人との衝突では、ユダヤ人がいつも正しく、イギリス人がいつも間違っているという約束事が出来上がったのだ。同様に、海外でユダヤ人と非ユダヤ人との間で闘争があった場合、ユダヤ人に対するヨーロッパの敵意は無意味で異常なものであり、ヨーロッパ人に対するユダヤ人の敵意は、神々しい犠牲であるように記述された。
このような要因によって、文学的影響に限って言えば、ヨーロッパとイギリスの物語全体が、抑圧、偽りの強調、虚偽によって歪められたのである。
歴史を紐解く一般的な読者は、ユダヤ人問題がどのような役割を演じたのかを知らないし、

〈注6〉チャールズ・ディケンズ（Charles Dickens　一八一二〜七〇年）の長編小説（*Oliver Twist*）。救貧院の内情を世に訴えた社会小説で、救貧院で虐待されながら育った孤児オリヴァーの遍歴が描かれている。この小説に登場する窃盗団の頭のフェイギンはユダヤ人で、少年を集めて窃盗の訓練をさせる悪党である。

〈注7〉小説家で劇作家（Charles Reade　一八一四〜八四年）。オックスフォード大学に学び、法廷弁護士の資格も持つ異色の作家。写実的で生気に溢れた筆致で、さまざまな形の社会的不正義や悲惨さを描いた。作品に『ペッグ・ウォフィントン』（*Peg Woffington*）、『現金』（*Hard Cash*）、『女嫌い』（*A Woman Hater*）などがあるが、最高傑作は十五世紀の社会を扱った長編歴史小説『僧院と暖炉』（*The Cloister and the Hearth*　一八六一年）だと言われている。

〈注8〉女流作家（George Eliot　一八一九〜八〇年）。『アダム・ビード』（*Adam Bede*）、『サイラス・マーナー』（*Silas Marner*）、『ミドルマーチ』（*Middlemarch*）など、心理的洞察と写実性に優れた作品を発表したヴィクトリア朝を代表する作家の一人。彼女のユダヤ人観を垣間見せる作品を一つ挙げるとすれば、『ダニエル・デロンダ』（*Daniel Deronda*）という最後の小説であろう。この西洋と東洋の枠組みを超えた実験的作品では、「捨身飼虎《しゃしんしこ》」という有名な仏教の説話が用いられているが、この話の真髄を語らせている女性の主人公こそ、ユダヤ人の娘のマイラなのである。しかもマイラは、愛とは何かを本能的に認知する能力を持つ女性として描かれているのだ。

その衝突で、自分の民族のために、どのような主張ができるかも知らなかった。歴史家たちは互いの諸説を模倣し合って身を処す人々なので、どの学校や大学でも、伝説が出来上がってしまったのだ。

この一連の変化の最終段階で、ユダヤ人は、その数の割合からすると、世界のどの国でも見られた権力よりも強大な権力を、この国で握ったのである。中世末のポーランドは、ユダヤの民に避難先と支援を提供した点では、英国に匹敵する唯一の国である。しかし、遠く離れた国なのである。

歴代のどのイギリス政府にも、ユダヤ人移民が割り当てられていた（今もいる）。ユダヤ人は、外交官や上院の中に入り込んでいた。下院、大学、外務省（ここでさえ最近は、ユダヤ民族の代表者が入っている）を除くすべての政府の官職の中に、大勢いたわけである。彼らは報道機関でも、きわめて力があった。都市では全能だった。ユダヤ民族を冷淡に扱う慣習は、廃《すた》れてしまった。

イングランドは、ユダヤ人とイギリス生まれのイギリス人との間に、法律上はいうまでもなく、実際問題として何の差別もしない唯一の国だと、ユダヤ人は自慢することができたのである。それだけでなく、ユダヤ人がいつでも歓迎され、生得の欠点がもっとも影響せず、生得の能力を、もっとも活かすことのできる国だと豪語できたのだ。

蜜月時代の終わり

だが、そのような状態も長くは続かなかった。それは自然ではなかったからだ。それは、表面には出てこないけれども、根深い民衆の伝統、あるいは民衆の欲求とは一致しなかったのである。それはヨーロッパの富裕階級の一共同体の雰囲気に一致するものだった。ユダヤ人のコスモポリタン的な金融の利益と英国の特定の国益とは、袂《たもと》を分かつ運命にあった。

大規模な戦争は、その国自体を危険にさらさなかったが、変化が起こるという警告だった。それは十九世紀が終わる前に、南アフリカの会戦とともに表面化した〈注9〉。

ユダヤ人の立ち位置が変わったのである。ユダヤ人の権力に対するある種の不満が湧き起こり始めた。不満はすでに囁《ささや》かれてはいた。そしてユダヤ人が商業で全面的にリードしていた新しいドイツ帝国〈注10〉内で商業と海事での競争が起こると、ユダヤ人権力に対する不満がはっきりと顔をのぞかせ始めたのである。反発、それも永続的な反発が起きるのは、わかりきっ

〈注9〉一八九九～一九〇二年、イギリスと、アフリカ南部のオランダ系住民の国トランスバール共和国、およびオレンジ自由国との間で行なわれた第二次ボーア戦争のこと。イギリスが両国に侵入して植民地とし、一九一〇年に南アフリカ連邦を成立させた。ヨーロッパ列強によるアフリカ分割競争の終幕を告げる出来事でもあった。ここで注目すべきは、ボーア人の二つの国が、金やダイヤモンドを豊富に産出する国であったことで、すでに一八八六年、イギリスのケープ植民地首相セシル・ローズがその併合を試みたのも、トランスバールで金の富鉱が発見されたことがその大きな要因の一つだった。本書第4章のユダヤ人による鉱山や金属の独占についての箇所を下敷きにして読むと、著者の論旨がより深く理解できるだろう。

た話だった。

しかるに、ユダヤ人を代弁するのにうってつけのイギリス人政治家で、多方面にわたる繋《つな》がりを通してユダヤ人と非常に親密だったアーサー・バルフォアが選ばれ、シオニズムを支持する有名な宣言をするという事態が起こっていたのだ〈注11〉。それは第一次大戦の真っ最中であり、それ以前にその宣言は、官界の耳には入っていなかった。

バルフォア宣言は戦争の大きな危機的状況が起こって一カ月も経たないうちに出された〈注12〉。その目的は、世界中のユダヤ人の一般的影響力を分割することにあった。それまでのところ、その影響力は連合国の主張に反対する勢力全体に及んでいたからだ。ユダヤ人は、他の中立国とも同じように、その組織活動が長引けば、中央同盟国〈注13〉の勝利は疑いないという確信をますます固めていたからだ。

これがバルフォア宣言の動機であったが、結果は、英国とイスラエルの富とがより密接に結びつくこととなった。というのも、ユダヤ人の特別の利益を支援し、防衛し、そのためには特別の擁護者役を務めると誓ったイングランドがここにいたからだ。まさにそこ、つまりパレスティナの地こそ、ユダヤ人の権益とキリスト教やイスラムの世界全体とがもっとも争うことになる場であり、ユダヤ人の主張を承認することが、もっとも難しくなる場なのである。

シオニズムを支持する宣言は、英国の軍隊が、ユダヤ人の利益にはなっても、何らイングランドの利益にはならない問題で、ユダヤ人を例外的に支援するという神聖な誓願である。それが出されたのは、ユダヤ人の権力が最高潮に達し、そのピークを過ぎてからのことだが、一方の英国の商業政策と支配者階級と、もう一方のユダヤ人の間で長く続いた同盟が変化し到達した最終段階にあった。

すでにお話ししたように、その同盟は道徳的に揺らいでいた。貧しいユダヤ人が大量に流入したことで、それが揺らいだのである。それこそ時間がもたらす効果で、不自然な見せかけや明らかな虚構に対して、人間の良心の反乱が必ず起こるはずだったし、すでに機が熟していたのだ。しかし、その同盟はすでに揺らいでいたのに、英国はユダヤ人集団と、表向きには密接

〈注10〉一八七一年、普仏戦争に勝利した結果、成立した統一ドイツ国家で、二二の君主国と三自由市からなる連邦制をとったが、プロイセンが名実ともに帝国を支配し、プロイセン国王が皇帝、プロイセン首相が宰相を兼ねた。

〈注11〉一九一七年十一月二日、イギリス外相であるA・バルフォアが、パレスティナでユダヤ人が民族的故郷を建設することを支持した宣言。バルフォアがそれを明らかにしたのは、シオニズム運動の財政的な後援者であったユダヤ人、L・ロスチャイルドにあてた書簡のなかだった。

〈注12〉本文中にある戦争の大きな危機的状況とは、おそらく第一世界大戦（一九一四～一八年）末期の、一九一七年七月末から同年十一月まで続いたパッシェンデールの戦い（第三次イーペル会戦とも）のことを指すものと思われる。これは、第一次世界大戦の西部戦線における主要な戦いの一つで、戦闘はイギリス兵、オーストラリア兵、ニュージーランド兵、カナダ兵、南アフリカ兵からなる連合国軍対ドイツ軍の間で繰り広げられた。最終的には、カナダがパッシェンデールを占拠したものの、ドイツ側の損害が二六万人であったのに対して、連合国軍の損害は約四五万人に上り、まさに危機的な状況だった。

〈注13〉ドイツ、オーストリア、オスマン帝国、ブルガリア王国のこと。

に結合したままだった。その最後の行動、パレスティナにユダヤ国家を樹立するという要求は、人類の発達を綴《つづ》った物語では実によくあることなのだが、結末に至るプロセスの到達点であると同時に、変換点でもあった。

歴史を通観すれば、次のことに気づくだろう。どのような勢力でも、その実力が衰えはじめ、やがて敗北する前までの合間が、もっとも自己顕示的であり、もっとも露骨な権力の示威運動がなされるということだ。

しかし、パレスティナでのこの実験が提示する問題は、別途に検証する価値がある。それでは今からこの問題を取り上げるとしよう。

第11章　シオニズム　問題の解決になるのか

シオニズムに関する根本的な疑問

シオニズム〈注1〉の問題については、ある一つの視点を除き、ありとあらゆる視点から議論がなされてきた。だが、その除外されたただ一つの視点というのが、本書のテーマと関係する唯一の要因なのである。

シオニズム問題は、純粋にユダヤ人の問題として議論されてきた。ユダヤ人自身の間では、それが妥当かどうか、ユダヤ民族にとって有利か不利かについて、さかんに議論がなされてきた。非ユダヤ人勢力の間でも、その住処《すみか》がパレスティナか、それ以外のところかをめぐっての議論が行なわれてきたのである。

だが、これらのどの議論でも、究極の争点には触れられていない。もちろん、議論の中には重要なものもあるが、本書で私たちが論じている本質的な問題に比すれば、それらはたいして重要ではない。私たちの視点からして、ただひとつ争点となるべき問題は、このシオニストの実験により、非ユダヤ世界の只中にユダヤ人がいることから生じる緊張は高まるのか、それとも鎮《しず》まるのか、ということだ。

このことが、そしてこれだけが、私たちの関心事である。

まず、最初に、その言葉の一般的な意味合いについて考えよう。すなわち、その実験がどこで、どのように試みられたかは別にして、シオニズムという言葉に含まれる意味合いである。

シオニストの理論とは、もし何百万というイスラエル人（ユダヤ人の血を部分的に引く非主流派を含めて約一二〇〇万人）のうち、中核を占める十分の一が、固定した領土としての「都市」、自分たちの国、そして住処を持つことになれば、イスラエルは利益を得るだろうという理論である。その国は、どの場所を選ぼうとも、できる限り純粋なユダヤ国家であるべきである。代表者の一人が言っているように、その国は「イングランドがイギリスであるようにユダヤ的で」あらねばならないのだ。

さて、選ばれる場所（今日では、「すでに選ばれてしまっていた」と言えるかもしれない）は、人が住んでいない国か、あるいはほとんど開拓されていない国だとしよう。そしてユダヤ民族が、十分な資本をもってその場所にたどり着き、多数の人々を入植させてその地を植民地化するだけの出費を賄《まかな》えることがわかったとしよう。一〇〇万人から一五〇〇万人ほどの住民による小国家が樹立され、完全なユダヤ的性格を備え、本当の意味で独立しているとしよう。だとすると、ただちに次のような疑問が湧き起こる。

（1）ユダヤ人は、自分自身をその国の市民と見なすことが許されるのだろうか。

（2）ユダヤ人は、本人の意思の有無にかかわらず、どのような場合でもその国家の市民と見なされ、本人の同意の有無にかかわらず、その戸籍簿に登録されるのだろうか。

〈注1〉ユダヤ民族の国家をパレスティナに建設することを目指した運動。十九世紀のヨーロッパで民族主義が高まるとともに、反セム主義が強化され、ユダヤ人が現地社会に完全に同化できないことへの反動がその源流にある。「シオン」とは、エルサレムの別名で、シオニズムとは、この「シオン」の地に戻ろうとする運動であり、本文中のシオニストとは、シオニズムの支持者をいう。シオニズムは、一九四八年、イスラエルが成立したことで、ユダヤ人国家の樹立という当初の運動の目的は達成したことになる。

そうでないとすると、この領土区域外にいるユダヤ人の身分はどうなるのだろう。その場所は、挙国一致のシンボル以上のものであり、実際の所在地、あるいは住処にすべくユダヤ人が選んだものである。

私がこれまで耳にしてきたかぎりでは、これは誰もが直視したがらない疑問である。しかし、問題全体の中心をなす政治的な核心として、遅かれ早かれ直面しなければならない疑問でもある。

ユダヤ民族全体、あるいはその大多数が居住する国家を樹立することには、何の問題もないことに気づいていただきたい。何人《なんぴと》も、熱心なシオニズムの先導者同様、その考え方を否定しないだろう。

だが、ユダヤ人の大多数は、そのようなことは実行不可能だとして嘲笑し、望んでもいないと言って拒絶するだろう。ユダヤ人たちは、自分たちが寄留する諸国でも、現に利益を追求して生きているし、またそう生きたいと欲している。彼らは、半放牧的な生活や国際的な生活を送っているのであり、そう生きたいと望んでいるのである。ありとあらゆる伝統に従い、それが彼らの生活になっているのであり、彼らにしてみれば、本能的なものだと言っても差し支えないだろう。そして彼らの大部分は、そのような生活と適合するようなキャリアを、特に交渉役や仲介業といったキャリアを追求したいと思っている。そのような立ち位置が有利だと感じているだけでなく、そのような状況が必要だとも、またそうありたいとも感じているのだ。

シオニズムが現在の実験的な形で出現する以前、どのような形をとっていたにせよ、またこれまでその理論についてどう議論されてきたにせよ、次の論点はいつもきわめて重要だった。民族としてのユダヤ人は、今の状態のままで、あらゆる国民の間を移動するだろう。新しいシオンは、固定された集合地にしかなりえず、基礎は固まっているが、小さな領土の独立国家という程度だろうから、きっとユダヤ人の統一を宣言するのが精一杯だろう。したがって当然の帰結として、その新開地の領土外にいる多数のユダヤ人は、そのような新開地が樹立された後も、自らの政治的性格の定義づけをしなければならないだろう。では、その定義はどのようなものになるのだろうか。

　ユダヤ人は次のように答えるだろうと、私は思う。

「それはまさに今日あるものになるはずだ。もっと正確に言えば、一世代前の東側諸国にあったものだ」

　すなわち、たまたまユダヤ人がさしあたり寄留している国で、ユダヤ人を完全な国民と見なすことである。その国でユダヤ人がいかなる地位に就いても、それを妨げるものは何もないだろう。他のどの市民とも全く同じように見なされるだろうし、逆にいかなる特権も得ることはないだろう。

　たとえば、徴兵制がある国では、他の人と同じように徴兵の対象となるだろう。たまたま寄留する国が戦争となれば、他の市民と同じように、その国のために命の危険を冒さざるをえなくなるだろう。もしその戦争が勃発する一、二年前から敵国にたまたま寄留していたならば、その敵国のために以前にいた国に対して、同様に戦争に参加せざるをえないだろう。どの点からみても、法律上の建て前として、ユダヤ人はたまたまさしあたり寄留することになった共同体と一体だと見なされるだろう。

だが、それと同時に、ユダヤ人は、ユダヤ国家と何らかの特別な関係も維持するはずである。

ユダヤ人は、そしてユダヤ人だけが(確かに実際問題として、そして正当な法的決定として)ユダヤの都に入ることを許され、そこで職に就く資格が持てるのだ。ユダヤ人が個人的に世界のどの地にその身を置こうが、自身の意見は、ユダヤ国家の運営上、重きをなすはずである。ユダヤ人は自身がユダヤ国家の一国民ではないとしても、個人としては自分がユダヤ国家に属していると見なすはずである(実際それは新しい国家の定義からして必然的である)。ユダヤ人は、自身とユダヤ国家の命運とを切り離して考えられないし、ユダヤ国家の成功と失敗についても無関心ではいられない。要するにユダヤ国家に忠誠を尽くさなければならないのだ。

ユダヤ人は、祖国にしがみついて生き残り、数を増やしてきた残存者に対し、植民地やイングランドや合衆国にいるアイルランド系の人々がとってきたような、異国にいながらも本国に忠誠を示す立場と、ほとんど同じような立ち位置にきっと立つことになるだろう。だが、ユダヤ人に限っては、この本国への忠誠心が時の経過とともに薄れることはないだろう。それは永久にみずみずしく、強いままだろう。

ユダヤ民族は、その構成員が個人的にひとつの国から別の国へと次々に移り住んだとしても、代々、新しいシオンに定着した不動の国家組織と一体化するだろう。これこそが他ならぬ理想であり、実際にそれを支持するユダヤ人が、会話や書き物のあちこちでその理想を表現するのを耳にし、目にもするのである。

さて、もしその理想をそのままの状況で掲げるなら（そしてそのような理想をそのまま実現してもよいということになれば）、ユダヤの人々にとって深刻な偏見が生じる結果になろう。そしてそれは、彼らが企てることのできたどのような政策よりも、彼らに末永い災いをもたらす元凶となろう。それによって二股の忠誠という問題が強調されることになろう。もしユダヤ人問題が解決できるとすれば、それを解決することが、その目的とならねばならない。

寄留国におけるユダヤ人の立ち位置の変化

シオニスト国家が存在することにより、ユダヤ人の別の特質が浮かび上がることになろう。ユダヤ民族は、受入れ側の国の人々の間でいまだに幅広くみられるユダヤ人に対する無関心や無知を、隠れ蓑として当てにすることはできなくなるだろう。その実験が行なわれる以前なら、受入れ側の多くの人々は、ユダヤ人と自分たちに違いがあることを忘れることができた。多くの人々は、その違いを経験することが全くなく、多くの人々がそれについて言及しても、ユダヤ人に対する態度に悪影響が及ぶことはなかった。しかし、そのユダヤ国家建国の実験がなされた後になれば、必ず変化があるにちがいない。

具体的な実例を挙げれば、これまでは、ユダヤ人に腹を立てて「お前は私たちの安眠を妨げる。私たちの社会のよそ者だ。ここを去らねばならない」と言えるものは誰もいなかった。もしそう言ったなら、追放を宣言したのも同然だったからだ。しかし、ひとたび樹立された国民国家があれば、追放にするといってもその意味合いが変わってくる。今やユダヤ人に敵対する人は「あなた自身の国に帰りなさい」と言うことができる。こう言うと、ユダヤ人はきっと次のように言うと思うかもしれない。「もしある国で完全な市民権があるのに、別の国に対しても事実上の忠誠を誓うという法的な虚構以外の解決策が何かあるのなら、帰ります」と。

ユダヤ人にとっての新しいシオンの存在は、額縁のようなものとなろう。それは、彼らにほぼ例外なく当てはまるものではないだろう。それはユダヤ人の活動の全領域を包含するものとはならず、全体の小さな部分でしかないだろう。しかし、個人的な性格や異質な性格が必然的に強調されることになろう。それによって十九世紀に慎重に背後へと押しやられ、忘れ去られようとしたすべての事柄（私が「自由主義的な解決」と呼んだもの）に注意が集中するだろう。それによって、ユダヤ人の完全に異なる性格を認識しながらも、それを理由にして、どのような屈辱や辛酸も、ユダヤ人には舐《な》めさせないという真摯な解決への努力は、もはや功を奏さないであろう。

これよりも重要なことがある。諸国民は、これを全体として（ルーマニア人を全体として、ポーランド人を全体として、そしてフランス人とイタリア人とイギリス人を全体として）捉えると、これまでのどの時期をとっても、イスラエルに対しては、世代ごとに非常に異なった態度を取ってきたのだ。私たちの時代を含めて、歴史のどの一時期をとっても、ユダヤ人に対してあからさまに敵対する国民集団が常に一定数存在していた。自分たちの中にユダヤ人がいることを遺憾に思い、その行動を制限し、できれば厳しい法的な定義づけを行なうことにより、ユダヤ人をその共同体から分離させようと決意を固めていた。

さて、これらの敵対する人々は、新しいシオンがあるから、手に入れた武器を使ってしまうかもしれない。今日でさえ、ユダヤ金融が政治家を支配している大国でも（これらの国は依然としてもっとも強国であるが）、弱小国の反ユダヤ感情を抑えることがすこぶる困難である。その感情は複雑な規則によって抑えられているにすぎないが、その規則も完全には守られておらず、これらの小国では、その規則がよそ者からの内政干渉により押し付けられたと感じている。

フランス政府、イギリス政府、アメリカ政府が「国家の少数民族」と遠回しに呼ぶもの（もちろん、それはどこでもユダヤ人を意味する）を保護するのは危険であり、現状でさえ、それはすこぶる不十分である。しかし、保護を実施するための一つの理論的根拠は、その推進者が訴える唯一の議論であるが、「国家の少数民族」（すなわち敵対的な国にいるユダヤ人）は、どの国への亡命も申し立てができるという事実があることだ。

抑圧しようとしてユダヤ人を追い出しても、ユダヤ人は別の国に行けるというだけだ。そこへ行くのに自分のもので持ってゆけるものは何もない。繰り返しになるが、ユダヤ人に対して隣国よりも厳しい扱いをするならば、事実上ユダヤ人の移民が国境を越えて隣国へ入るよう仕向けているようなもので、これに対して隣国は反対する権利がある。

しかし、ひとたび独立したユダヤ人の中心地が確立されれば、この議論は成り立たない。そ

のとき
は、新しいユダヤ国家では全ユダヤ民族を収容できないとこれらの国々に言っても、何の返答にもならないのである。新しいユダヤ国家が関わるのは、全ユダヤ民族ではなく、中心地区のユダヤ民族だけだという答えが返ってくるだろう。

さらに、もちろん、自分たちの中からユダヤ分子を排除したいと思っている人々にとっていつも興味があるのは、ユダヤ国家にはもっと人が住めるし、もっと多くの市民を収容する余地があるという主張だろう。自国の中にいるユダヤ人と敵対する人々は、こう言うことができる。「大変、結構です。あなた方の新国家には、ユダヤの庶民全員を収容する余地がないのですから、私たちはユダヤ人の全庶民にそうしろと言うつもりはありません。そうではなく、個人の誰それが私たちの国から去ってはどうかと申し上げたいのです。そこでは、その人は望まれていないので、自分たちの国へ向かってもらうことになるのです」そして、その人を国外追放にすれば、自国の中のユダヤ人共同体がもっとも弱体化することになるユダヤ人を、彼らは選び出すのである。

現状では、ローマ、ワシントン、ロンドンそしてパリの内閣は、今でもユダヤ金融から多大な影響を受けているが、目下のところは、その背後に十分な軍事力があるので、東ヨーロッパ諸国に対して、自分たちの命令を多少は聞かせることもできれば、そこにいるユダヤ人に対してわざとらしく保護することもできる。万が一にも保護がもう一世代続くとしても（続きそうにないが）、私が述べてきた意味でシオニズムを解釈すれば、シオニズムがあるだけでも、その保護事業は徐々に衰えてゆくだろう。

その状況で何か変化が起これば、これら西洋列強間で闘争が起こる場合であれ、その中の複数の国がユダヤ人に対する態度を変える場合であれ、シオニズムは、ヨーロッパの中央部と東側のユダヤ人が衰微する原因となろう。それは、このような現実的な重要性を孕《はら》む事柄なので、いの一番に議論すべきはずなのだ。その議論を後回しにしてきたのは、これまで私たちに、ユダヤ問題には欺瞞《ぎまん》と秘密で対処するという癖がついていたからである。

では、その方針はどのようなものになるべきか。

その一般的な性格は、とてもはっきりしている。

純粋にユダヤ人の国家を持つことが、ユダヤ人にとって有利か否かは、ユダヤ人自身の議論に任せたほうが無難だろう。しかし、ひとつだけ確かなことがある。もし国家が永続するほうにユダヤ人が賛成の決定をするなら、その国家の外にいる純粋なユダヤ人のイスラエル国籍も、何らかの形で認めなければならない。

このようにしてのみ、この状況が公になっても不快感を与えないものになろう。もしユダヤ人が新しい状況の下におかれても、ユダヤ人はユダヤ人であると同時にユダヤ人でないとか、ユダヤ人でありながら同時にイギリス人にもなれるとか、ユダヤ人であってロシア人、ユダヤ人であってイタリア人にもなれるとかという旧来の虚構を維持しようとするなら、過去の状況とは全く別の状況で、その虚構を維持することになろう。

たとえば、本書の読者がある程度自発的にそのようなユダヤ人の立場を認識し、ユダヤ人がユダヤ人としての国籍の有無をどこで主張しても、それはユダヤ人に委ねると仮定しよう。もしユダヤ人がそうしようと思えば、シオンでのユダヤ国家の国民か、あるいはさしあたり寄留する国の国民と見なされるとしよう。このように純粋に自主的な制度のもとでは（そのほうがより公正だと思えるのだが）、シオンを選ぶものは、ほとんどいないと言えるかもしれない。大多数は、昔ながらの虚構のもとで暮らしつづけたいと思っている。このことはまさに西洋に当てはまる。しかし、東側にも当てはまるだろうか。迫害のときには、東側と西洋のどちらにも当てはまるだろうか。私は当てはまらないと思う。

しかし、それは別にして、小規模な少数派にすぎない者たちがこの自主的な形での認知に乗じ、イスラエル国民になったと仮定しよう。たとえそうしても、このように自分がシオンの国民だと公言した人々と、そうすることを躊躇《ためら》った人々の間には、依然として著しい相違があるだろう。換言すれば、旧来からの虚構が一般に認められているように維持されなければ（シオニズムによってその虚構の崩壊が促されるにちがいない）、シオニズムを通して、新しいシオニスト国家の内外を問わず、ユダヤ人を異なる別の民族として扱う傾向はより一層強まるにちがいない。

そして彼らは異なる民族だが、それ以外のものにはなりえないのだ。私としては、この真実が理解され、それに基づいた行動が起こされることを、ただ心から願うばかりだ。というのも、もし真実が回避されたり否定されたりすれば、しっぺ返しを受けることになろう。真実でないふりをすれば、つねに真実から仕返しを受けるのだ。

英国の保護国となることの矛盾と危険

シオニズムに関してはもう一つ考えるべきことが残っている。これもまた重要だが、性格は大いに異なるものである。

新しいユダヤ人国家は、自国の軍事力と警察力を頼りにするようになるのだろうか。それとも、ユダヤ人ではなく、イギリス人やフランス人などの兵力と戦闘資質を備えた他のいろいろな国民によって占拠され、防衛され、治安を維持される保護国となるのだろうか。

ご存じのように、現在パレスティナで特別のシオニズムの実験が行なわれているが、それによって第二の解決策が支持されることになる。現地人からユダヤ人を保護する任務は、イギリス人の守備隊が行なうことになる。逆境になってもおかしくない状況下で、この解決案が強力に支持されるのだ。現在の実験は、全国民による、保障された、自主独立のユダヤ人国家ではない。それは保護された国家である。大英帝国一国によって保護された国家なのだ。

新しいシオンは、その国内の平和、非常時に敵対的勢力に対抗する制度、地元の土地所有者の土地収用、国家にすこぶる敵対的な地元分子との間の和平については、ユダヤ人兵士やユダヤ人の勇気を頼みとしないのである。頼りにするのはイギリス人兵士であり、イギリスの組織であり、イギリスの犠牲である。シオニストの実験を推進してきた人々は、そのような愚行をなす時期としては、まさに最悪のときを意図的に選んだのだ。

保護者が誰になる予定だったのかわからないが、仮に友好的な保護者であったとしても、これ以上悪い解決案は考えられなかっただろう。もっぱら大国間のバランスによるものだとしても、小国は実質上その独立が常に保障されているわけである。

ベルギーの中立の侵害からは、行動規範のようなものは全く何も引き出せない〈注2〉。それどころか、大国による小国の中立の侵害は憎むべき例外的な事柄であった。もしプロセイン自身が条約に署名してその中立を公式に保障していなかったら、その侵略はまさに例外中の例外的な事例となっていただろう。

近代における多くの小国は、きっと寿命が長くなるだろうと思う。より大きな国はその安定と幸福を羨《うらや》みつつも、拍手や喝采も送る。小国が消滅するままになることはないだろう。思うに、もしユダヤ人国家の中心地が設立され、ユダヤの民族性と宗教と文化を備えた人々がすべて、あるいはその人々が主としてその地に居を構えることができれば、同じことが当てはまるだろう。たとえば、今日のデンマークと同じような見方を世界に示すのである〈注3〉。

しかしユダヤ国家の樹立を強国に委ねたり、全く異なった別の国民の軍事的、経済的犠牲を頼りにすることは、異議申立てを呼び込み、怒りを買う原因でもある。それは、頂点を下にしてピラミッドを上向きに建てるようなものである。それは不安定な釣り合いの中でも、もっとも不安定な状態での実験となる。

もちろん、この問題は大英帝国の視点から、至るところで議論がなされている。そして警備と武力の保護をしなければならない人々の間ほど、熱心に議論されているところはない。しかし今ここでは、そのような状況が大英帝国に及ぼすにちがいない悪影響を取り扱わないことにする。その悪影響はあまりにも顕著なので、ただ単に英国が保護国となるという実験は、必ず失敗する運命にある。

〈注2〉一八三〇年、ベルギーのオランダからの独立運動が起こった。翌年の三一年には、ロンドン会議でベルギー王国として独立することで国際的に承認されたが、ベルギーがウィーン体制下のヨーロッパ列強とどのような関係を結ぶかという大きな問題は積み残されたままであった。そこでパーマストンを中心とする外交交渉を通じてこの問題で主導権を発揮したのがイギリスだった。その結果、一八三九年にベルギーを永世中立国とする条約がイギリス、フランス、プロイセン、オーストリア、ロシアの五カ国で締結されるに至り、オランダもこれを承認した。このロンドン条約のポイントは、イギリスやプロイセンのような大国が調印していることで、大国が互いに相手の行動を牽制することにより国際関係のパワーバランスが保たれ、小さな隣国が大国に呑み込まれるのを防いでいるわけである。

本文の「ベルギーの中立の侵害」とは、一九一四年のドイツによるベルギー侵攻のことを指す。それはドイツという大国が、ベルギーという小国を侵略したということであり、小さな諸国の独立は、列強大国の相互関係によって保障されるという一般的な規範に反して例外的であり、「憎むべきもの」である。それは常軌を逸した例外的な行為であり、例外の存在が、一般的なルールの存在の証明になる。

〈注3〉たとえば第一次世界大戦が勃発した直後、一九一四年八月一日に、デンマーク国王のクリスチャン十世（在位一九一二～四七年）は、デンマークの立場について次のようなメッセージを表明している。「わが国はすべての国々と友好関係にある。これまで常にわが国の外交政策であり、これからも躊躇せずに守られるであろう厳格で公平な中立性は、誰からも理解されるであろう」。このメッセージの目的の一つは、中立を宣言することで、戦争の惨禍からデンマークの国益を守るためであった。そのためには具体的で有効な政策が要求されたわけだが、メッセージで「公平」な中立性と公式には表明していたものの、地政学的な理由から、同国の外交政策はドイツに好意的なものとならざるをえなかった。

私たちが取り上げるのはむしろ、ユダヤ人自身に及ぶかもしれない影響である。どの大国も、単にユダヤ人を喜ばせるためだけに外交政策で犠牲を払ったりしないし、深刻な弱点を認めたりすることはないだろう。そのような国家は遅かれ早かれ「私たちはあなた方の利益のために私たちの利益を犠牲にするつもりはない。では、お大事に」と言うにちがいない。そして、ユダヤ人に危機が訪れるのは、まさにここなのである。

英国軍とユダヤ人の間で中立同盟を想定するような理由がひとつでもあれば、話は別である。英国の警官と兵士が嬉々《きき》としてアラブ人を追い出し、ユダヤ人に自然に道を譲るようなことを想像できれば、また話は別であろう。もし物事の道理としてそのような同盟を半永久的に安定させるものが何かあれば、たとえばスコットランド人やウェールズ人のようにユダヤ人が英連邦の完全な一員として受け入れられれば、何らかの永久的な決着が可能かもしれない。

しかし決してそのようなことはない。その立ち位置は全く不自然である。それでは長続きしないのだ。もし英国との関係が長続きさせられないのなら、それ以外の国とどのように関係が続くのだろうか。どのようにして保護国を英国から他の保護国へ乗り換えるのだろうか。その実験を始めただけですでに激しい憎悪が起こっているのを見るにつけ、保護国を必要とする闘争は、どのようにして回避されるのだろうかと思う。

これまでのところ、この情勢に対する嫌悪感が広範囲に広がり、イングランドでは非常に深刻なものになっているが、まだ消極的な嫌悪感にとどまっている。これまで一人のイギリス兵も殺されていない。今までのところは、アラブ人を抑圧し敵意を生み出す必要など、ほとんどなかった。もっとも、そのような状況であっても、関係する軍隊にとっては嫌でたまらないものである。

しかし物事が現状のままで続くことはありえない。紛争は避けて通れないのだ。そして紛争が起これば、今まで消極的だった嫌悪感も、積極的なものとなるだろう。だれも、自分たちとは無縁の争いで息子や兄弟を失うことを許さないだろうし、それによって英国が強化されることもないだろう。どちらかと言えば、英国は弱体化されるにちがいない。

その問題をごく端的に言うと、このようになる。

もしシオニストの実験が必要なら、あるいは望ましいなら、ユダヤ人の警察や軍隊に頼る形でなければならない。外国の保護に頼るようであってはいけない。そうした保護関係は永続しないし、保護する強国の弱みにもなる。また不正な情況が生まれる。

ユダヤ人はそのような軍隊や警察を作ることができないとか、彼らは、自分たちが寄留する地域の敵対的な大多数の人々にきっと敗れ、抑圧されるだろうという反論があるならば、ユダヤ人には、それ以外の場所でその実験をさせてみるしかないだろう。

しかし、現在の形での保護関係は、ユダヤ人自身に関する限り、選択しうる中でもっとも危険な形体であることは確かである。この私の判断は、近い将来にとって間違いないと自信をもって申し上げたい。

全世界のキリスト教徒とイスラム教徒の感情

私たちの誰もが心に留めている問題のもっとも差し迫った一側面を、私は故意に避けている。私が申し上げたいのは、聖地に対するユダヤ支配を確立しようと試みる実験が、世界中のキリスト教徒や回教徒の感情に及ぼす影響のことである。それによって巻き起こされる感情を考えると、私は事態を直視する気持ちになれない。

その感情は激しいもので、本書の「著者まえがき」でお知らせしたように、本論では書かないでおこうと決めた類のものである。シオニズムがもたらすすべての結果の中で、このようなもっとも危険を孕んだ類のものを公に論ずるには、まだ時が熟していないのである。手遅れになる前に、解決策が出ることを期待するのみである。議論しても同意などありえない問題や、現在もっとも激しく感情を刺激するような問題を議論しても、解決には至らないだろう。

ここでは論ずることを避けてきたが、それでも本書のユダヤ人読者の方々には、この点を心に留めていただきたいのである。近代世界では宗教的感情は冷めているとか、弱まっていると思ったとしたら、ひどく幻滅を味わうことになるだろう。

パレスティナで、アラブ人とキリスト教徒に対して最初の自分たちの支配者を立てる際、ユダヤ人が奇妙な選択をしたことについても〈注4〉、ここでコメントするのは避けることにする。自民族の立派でないほうの連中をかばいたいと思う気持ちは自然なものであり、感心することでさえあると、私としては述べるにとどめたい。その連中を外部者から守れることに、ある種の誇りさえ感じることができるのかもしれない。

しかし、その連中をあまりにも重視しすぎることは間違いである。そして、全ユダヤ人世界の中から、バルフォア氏のユダヤ人顧問たちが、下院でマルコーニ契約の草創者であり、政治家は誰もマルコーニ株に手を出していないという有名な宣言をしたあのスポークスマンを選んだのは、実に嘆かわしいことである〈注5〉。

〈注4〉パレスティナをイギリスの委任統治としたこと（イギリスを自分たちの支配者としたこと）を「奇妙な選択」と表現している。

〈注5〉一九一一年、英国首相のハーバート・アスキス（Herbert Asquith）とその内閣は、大英帝国中に連絡用の無線局の建設に関することを認可し、アスキスは、郵政大臣のハーバート・サミュエルに、その事業を請け負う会社を探すように命じた。サミュエルは、英国のマルコーニ無線電信会社と交渉し、契約を結んだ。ところが、マルコーニ社会長のゴドフリー・アイザックスは、サミュエルの親友であり、アスキス政府の法務長官、サー・ルーファス・ダニエル・アイザックスと兄弟関係にあった人物だった。そして一九一二年三月七日、英国政府は六箇所の無線局の建設の開始についてマルコーニ会社との契約にサインしたわけだが、その際、マルコーニ会社は発行前の新株を法務長官でマルコーニの弟やその他の政府要人に与えていたというインサイダー取引が発覚し、世間の注目を浴びることになった。その不正行為を糾弾すべく、本書の著者のベロックは、ジャーナリストで『アメリカ史の真実』（祥伝社）の著者、セシル・チェスタトンが編集する機関誌『目撃者』（The Eye Witness）で、政府要人の賄賂疑惑を公表したのである。一九一三年、議会の調査会は、デイヴィッド・ロイド・ジョージ、ハーバート・サミュエル、ルーファス・ダニエル・アイザックスが政府の政策から直接に利益を得ていたことを明らかにしたが、賄賂の罪はないと決定された。これは裁判沙汰にもなり、ゴドフリー・アイザックスはチェスタトンを訴え、チェスタトンは敗訴して罰金一〇〇ポンドを支払った。↓

↓一九一七年は、バルフォア宣言がなされた年であり、英国政府はパレスティナにユダヤ国家を樹立するというシオニストの計画を支持することを英国の閣議で同意した。首相のロイド・ジョージは戦前、シオニストの法律顧問であり、シオニスト運動には同情的であった。ロイド・ジョージは、マルコーニ株のインサイダー取引で関係があったルーファス・アイザックスに借りがあったのである。

文中での「スポークスマン」とは、ハーバート・サミュエルのことで、パレスティナの最初の高等弁務官であった。サミュエルは英国下院で、内閣閣僚が契約を結んだ英国のマルコーニ会社に投資したことは一切ないと証言した。

第12章　私たちの義務

明白だが困難な道

多数派の立場、少数派の立場

私が提案する解決策は、唯一の安定した策だと信ずるものだが、客人であるユダヤ人よりも私たちの側に、今以上のより一層の努力が必要となる。

もし何世紀にもわたって傷跡を残してきた悪循環、すなわち不安、迫害、反発という、実に不快な一連の悪循環をもう一度取り上げるならば、この問題で義務を果たさなければならないのは、平均的な一般人である。

私たちは多数派であり、その内部に、小規模なユダヤ人少数派を抱える有機的組織体である。私たちは自分たちの法律の立法者であり、選択すれば立法者になることができる。また私たちは、確かに政治的雰囲気作りも行なっている。

責任をすべて相手側に転嫁し、相手を指導するためではあっても、すぐに抑圧の道具と化すような道具を考え出すのが、一般的な習慣になっているのを私たちは知っている。問題があるといえば、ヨーロッパがその解決のために、それほど役割を果たさなくてよいような問題を考え、その一方で外国人のユダヤ人が何もかも解決しなければならないとする問題だけを想像する癖がついている。

それは間違っているだけでなく、ひどくみっともない態度でもある。自分たちより弱い者を相手にして、自分たちに干渉してくるとか、自分たちを支配する権力を手にしているとか言って非難すれば、結局、自分自身を非難することになるのだ。

このように六〇世代にもわたって延々と討論をしてきても、均衡が保たれることがめったになかったとしたら、その落ち度は主に私たちにある。外国人の組織が、いかによそ者であり、いかに刺激的なものであっても、その刺激とそれが引き起こす重圧を和らげる解決策をその手に握っているのは、私たちだということである。

繰り返しになるが、ここで私が本論を始めたときの論理的なプロセスを思い出してみたい。私が申し上げているのは、夥《おびただ》しい数の多数派の人々、すなわち定住している民族がいて、その国々を何世紀にもわたって、ユダヤ人は流動的な遊牧民として移動しつづけているわけだが、多数派の国々は、私が非難したどの解決策を試みても、その責任を果たせないということである。

恐ろしく極端な迫害はいうまでもなく、迫害さえすれば解決策となる、あるいは解決策にすべきだと皮肉を言う人は誰もいないだろうと思う。同じように国外追放も解決策にはならない。到達する解決策は私たちのためだけのものであるというふりをして、私たちと一緒に生きる人々の責任を無視することも許されない。私たちの中で誰も責任を逃れることができる人はいないのである。

ひとつ屋根の下で行なわれることは、家の主人が独力で決定しなければならない、とは耳にタコができるくらいよく聞く言い草である。侵入者、よそ者という構成分子は、家を守るための手段について、とやかく不平を述べる資格もなければ権利もないとよく言われる。このように言われると、まことしやかに聞こえる。

しかしそれは根本的に間違っているのだ。それは私有資産を論じるときの議論にも似ている。つまり、私有資産は一つの権利であり、人は「自分のものは何でも好きなようにできる」

るので、明らかに他者を傷つけるためにその権利を使っても許されるという論法は、成り立たない。

というのも、「家の主人」が、自分には家で自分流の生活やゲストの扱い方を決める権利があると言うときは、大きな社会の中の非常に小さなユニットを考えているわけである。全国の中での自分の家である。それは小さな集団で、その集団にとってのよそ者を排除するにしても、それ以外の何らかの方法で対処するにしても、その外国人集団には何ら大きな危害は加えることはないだろう。その集団が外に目を向ければ、全世界があるからだ。

しかし、ユダヤ人とキリスト教世界、あるいはユダヤ人とイスラムとの関係では、この比較が成り立たないのである。私たちに義務が課されるのは、まさに追放者の向かう「外部」の世界がないからである。

なるほど、小規模のよそ者少数派が、それ以外の人々の政策を指図し、自分たちの諸々の利益だけを考え、すべての生活をその利益に従属させようとするなら、そのようなことは、決して許してはならない。しかし、相手側の立場に立てば、そのような大それた主張をするから、少数派はともかく生活できるのだということを、私たちは思い出すべきだろう。

彼らが生き残ることを保障されるためには、生き残る権利を熱く訴えるしかない。その人々の立場に自分の身を置くということによって、私たちはこの問題で正義に到達できるのである。

どうかユダヤ人の立場に立って考えてみてもらいたい。「自分のものは自分の好きなようにする」し、自分は「自分の家の主人」だという学説が振り回されたら、あなたの目にどう映るかを。

弱い者に対する二つの義務

本書が出版される数カ月前、誰もが知る事件があった。それは、当然のことながら騒然とした議論を呼び起こした事件だった。著名なユダヤ人で、学識豊かであり、どの社会でも有用な人材となりうるオスカー・レヴィ博士が、国外へ追放されたのである。博士は、全く正統な根拠を掲げながら、「そのように国外追放されるユダヤ人はホームレスになる。最初にいた国では、そのユダヤ人は名目上の市民でしかなかったので、受け入れてはもらえないだろう。自分は自分で利益を生み出し、生計を立てて、この国に結びついたのだ」と訴えた。

博士は、ユダヤ人という本来の身分を決して隠さなかったし、名前も変えなかった。また、卑劣な言い逃れは一切しなかった。なぜその人物に対してあのような厳しい仕打ちをしなければならないのか、彼がユダヤ人であることを除けば、考えられる理由は何もなかった。

彼の立場に立ち、大切なことがどのように見えるのか、見ていただきたい。あなたには、これまで帰ることのできた国はない。あなたを一員として受け入れる社会もない。これまで慣れ親しんできた雰囲気に浸ることも、あなたの晩年の生活の場となっていた調和した環境に留まることも許されないのだ。これ以上に酷で不正なことがありえるだろうか。

まさに問題の核心は、ユダヤ人に、どこか避難場所を提供しなければならないということである。そして私たちの誰かが「あなたは彼に避難場所を提供しますか、もしそうなら、どのような条件で」と問われなければならないのだ。誰もが「いや、提供しない」と答えれば、私たち全員が集団的な抑圧者になる。「これらの人々は、私たちの社会に属していないので、陰謀を企むかもしれない」とか「彼らの利益は私たちの利益と異なっているので、私たちの利益と衝突するかもしれない」とか、回答してはならない。

すべては承知の上である。それは問題があると言っているだけで、解決しているのではない。毎日の生活で、いつもただ単に不平だけを並べては、くどくどと繰り返しているだけで、それを正そうとする努力を全くしない人々のことを、私たちは何というだろうか。

どう見ても自分たちより弱いものに対して不平を言い続け、それが具体的に必要とするものを理解しようとする努力もせず、互恵的な義務や相互関係を考えないで、厄介《やっかい》なものを取り除こうとするだけの人々を、私たちはどう考えるのだろうか。

私たちの中に存在するユダヤ人の共同体に対して、これと同じような行動をする人々についても、私たちは同様に考えるべきだ。ユダヤ人の共同体は、支配力と誇張された近代的な権力があるとはいえ、究極的には私たちの掌中《しょうちゅう》にあり、数の上でも、置かれた状況でも、私たちよりもはるかに弱いのである。

私たちが果たすべき役割は、非常に異なった二つの決定をすることだと私は考える。それらは異なってはいるけれども、相互に結びついた行動方針であり、私たちはその実行を誓約しなければならない。

第一は、（最近までもっとも困難なことだったが）ユダヤ人について話すときには、他の外国人集団について話す場合と同じように、隠し立てをせず、継続的に、興味をもって、綿密に検証しながら話すということだ。

第二は、（おそらく将来において実践しづらい義務となろうが）私たちが一緒に暮らさなければならない人々を個々に認知する際、空しい怒りや単なる反発は、すべて回避することである。単なる反発とは、盲目的な反発のことである。私たちに重くのしかかるものを本能的に押しもどしたり、衝動的で動物的に殴り返したりすれば、私たちにとっても他者にとっても、考えもしなかった結果が生じるものだ。空しい不平、空しい怒り、空しい残酷性といった結果である。

これらの二つの義務が一緒に遂行されない限り、そして両方を同じだけの重みをもって実行する決意を示さない限り、私の提案する解決策は失敗に終わるだろう。

具体的には、ユダヤの人々がいることで生じる問題を議論すること、ユダヤ人以外の人と同じように隠し立てをせずに率直に彼らのことを語ること、そしてユダヤ人の歴史や現在の行為に興味を持つことである。もしユダヤ人を傷つけるのが目的でそのような率直な扱い方をするのなら、あるいは、もしその過程でユダヤ人だけでなく私たちにとっての当面の、あるいは究極的な結果を考えずに、ユダヤ人に反発してしまうのなら、ごたごたが一層悪化するだけである。

逆の方向から言えば、ユダヤ人の利益を尊重し、あらゆる争いの機会を回避し、彼らとの適正な関係を維持しようと決意しても、秘密と虚偽の慣例によって関係全体を歪めてしまうのなら、全く何の役にも立たないのである。

その瞬間から、自分自身と状況全体への不満が密《ひそ》かに生まれる。立ち位置は偽装され、反感の種に大きな刺激が加わり、相互軽蔑に陥ることが避けられなくなる。

では、この問題で私たちがしなければならない二つの義務に目を向け、前途にどのような困難があるのかを見てみよう。

厄介な三つの障害

私たちの中に混在するユダヤ人少数派を率直に認知し、検証し、公然と興味を持つ上で、非常に厄介な障害が三つある。まず第一に、上流社会で受け継がれている因習、第二に、もっとも強力な障害としての恐怖、そして第三に侮辱は避けたいという非常に立派な欲求である。

これらのうちの最初の障害である因習のもつ恐怖には、多くの根本的な原因がある。たとえば、真実を犠牲にしても摩擦を避けたいという欲求、静かな習慣を単に惰性で続けたいという欲求、誤解を恐れることである。一方が他方を嘲ることから誤解が生じるかもしれない。その誤解によって、私たちが誤解した人に不快感を与えるかもしれないし、その人や聴衆の目からすれば、私たちが笑いものと映るかもしれない。

もちろん、原因の中には、他のどの原因よりも強力なものがある。どの因習の背後にもある影響力である。教会では帽子を取るように仕向ける力であり、日照り続きの日でもブーツを履かずに通りを歩くことを禁じる力である。つまり一般的な慣行による圧力である。

しかし、理解すべき大切なことは、この形の原因では（つまり、恐怖感や親切心の感覚とははっきり違った形のことをいっているのだが）、重要なのは因習であり、因習しかないということだ。因習との関係を断ち切るのは困難であるが、これを最後に因習が絶たれない限り、ユダヤ人問題は未解決のまま残り続け、ますます危険性を増すのである。

アイルランド人と会ったら、アイルランドの国情について討論することができる。イタリア人なら、最後にイタリアにいたのはいつかと尋ねることができる。フランス人なら、私たちの母国語が習得できてよかったと言えるし、フランス人が私たちの国の習慣を理解するのは難しいですね、と言うこともできる。

しかし、因習は自由主義の虚構の下で生じたものなので、ユダヤ人の場合は、このようなごく自然な行ないも、けしからぬことになる。

公のテーブルで、学識のあるユダヤ人にユダヤの国民文学や国家の歴史について尋ねたら、同席している聴衆はショックを受ける。恐れ多くもユダヤ人の国籍に触れるとは無作法なことである、と。例外はたぶん、時々、たわいもないことを褒《ほ》めるときだけだろう（一〇回のうち九回は要を得たものではなく、相手が望んでもいないような賞賛だが）。そして褒めるのでさえも、きわめて用心深く取り掛からなくてはならない。

いかに情報を手に入れたくとも、ロンドンにいるユダヤ人をつかまえて、リトアニアかガリシアにいる従兄弟から、これらの困窮した国々のことについて、聞いたことがあるかどうかを尋ねてはならない。いつ家族がイングランドに来たのか、到着したのは最近かどうか、この国をどう思っているかなどということも、尋ねてはならない。大切なことはタブーとなっているのだ。

事はこれで収まらない。そのユダヤ人の賓客《ひんきゃく》が、その人と一緒に暮らす人々と全く同じであることを必要以上に強調しなければならないし、そうするよう期待されてもいる。

偶然に知り合った人が、私のフランス名に気づき、フランスについての話を切りだし、かつてその国で私に徴兵の経験があったことに興味を抱いても、私は腹を立てない。

レドモンド氏〈注1〉は、ロンドンで会った人々と、アイルランド問題についてのもっとも深刻な政治問題から、アベイ劇場〈注2〉の話題に至るまで、何を議論しても自分が侮辱されたとは感じなかった。イングランドを訪れるイタリアの編集者は、いつフィレンツェを後にしたのかと尋ねられてもショックを受けない。周りの人々から、あなたの質問が無作法だとあきれられることもない。

しかし相手がユダヤ人となると因習が立ちはだかり、そのように単刀直入な仲間付き合いができないのだ。だから少しでも何らかの成果を上げ、永遠の平和を樹立するつもりなら、そのような因習は打破しなければならないと申し上げているのだ。

もちろん、その因習にしても、元をただせば、正当な理由がなかったわけではない。それは、どの因習、習慣にも言えることである。

その理由の第一として、多くの人々がユダヤ人に非常に強い敵意を抱いているのはわかっていたので、ある個人のユダヤ的性格を強調すれば、周囲の敵意を呼び覚ますかもしれないという恐れがあったこと。

次の理由として、ユダヤ人の活動とその財産に関しては、えてして急激な変化が生じたからである。

しかしその因習を続ける側の最強の弁明は、それによってユダヤ人本人が喜ぶという、十分な根拠があったことである。人々は、ユダヤ人の国籍については直接に触れないようにした。

〈注1〉アイルランドの政治家（John Edward Redmond　一八五六〜一九一八年）。一八八一年にウェストミンスター議会の下院議員となり、自治を求めるアイルランド国民党を指導して議会で活躍した。

〈注2〉アベイ劇場は、一九〇四年にアイルランド国民演劇運動の本拠地としてダブリンのアベイ通りに開設された劇場。イギリス人ホーニマン夫人が出資し、ウィリアム・バトラー・イェーツ（W. B. Yeats）の『バリアの浜で』（*On Baile's Strand*）と、グレゴリー夫人（Lady Gregory）の『噂のひろまり』（*Spreading the News*）でこけら落としを行なった。この二人が演出を担当し、文芸色の濃い作品を上演したが、ジョン・ミリトン・シングの一連の秀作を得たこともあって、ヨーロッパの片田舎のこの劇場が一躍世界的名声を得ることになった。しかし一九〇八年に上演の中心だったフェイ兄弟が去ったりして、しだいに昔日の勢いを失い、作品も写実劇が多くなった。その後も第一次世界大戦などで衰微したが、一九二四年、国民劇場となって財政基盤が安定し、ショーン・オケーシー（Sean O'Casey）の傑作が寄せられたりしたこともあり、また勢いを増した。以後ゲール語（ケルト人の固有語）の芝居を上演するなど、アイルランドの民族意識に根ざした着実な活動を続けた。

直接に言及すれば、侮辱と大差ないと感じられたからだ。それはユダヤ人が、望んだことだった。ユダヤ人が、どうして国籍を表に出したくないと望んだのかは理解できないかもしれないが、私たちが円満な関係を維持したいと思う人の欲求を尊重するのと同様に、ユダヤ人の欲求も尊重したのである。

たとえば、大部分の男性は、喫煙の問題には無関心である。タバコを吸うか吸わないかと尋ねられても、また、どのタバコの銘柄が好きかと尋ねられても、全く気楽に対応できる。しかし、時に喫煙は許しがたい大罪だと思うように躾《しつ》けられた人物で、喫煙のことを口に出すのも嫌だという人に遭遇することがある。そうとわかっている人に向かって、私たちは、同じ質問はしないであろう。

私自身も、もっとも高い教養があり、かなりの社会的地位にもある人物の実例を知っている。その人に対しては、農業の関連だろうが、食物の関連だろうが、豚については一言も触れてはならないのだ。というのも彼はイスラム教に共鳴しているからだ。このような例外的な場合でも、賓客の特別の欲求についてわかっていれば、調和を保ち健全な生活を送るために、私たちはそれに従う。

ユダヤ人の国籍や利益には触れないという因習の問題でも、同様である。ユダヤ人は疑いもなくその因習を大切にしていたが、それが賢明か否かは、今、私がこのように議論をしている部分には関係がない。私がお話ししているのは私たちの義務であり、ユダヤ人の義務ではないからだ。

しかしながら、その因習が廃《すた》れ、最終的には解体されないかぎり、何もなすことができない。そのような因習は百害あって一利なしだと、双方とも知るべきである。それがあるために、私たちの一切の関係がぎこちなく、不条理なものになる。この関係を主に刺激するものとして、私が強調している秘密への疑いも深まることになる。また別扱いや奇異の感情も生まれる。それはユダヤ人自身にとっても、まさに最悪の対応になりうるものである。

ちょっと前まではその因習が幅を利《き》かせていて、普通の仲間同士の交際の場でも、ユダヤ人のことに触れた途端に、たとえ褒めたとしても、その場がぎこちなくなってしまうものだった。男たちは振り返り、女性は視線を逸らして、キョロキョロと下を見回した。

もしある人が「ハイネ〈注3〉は何という詩人だろう、彼のアイロニーは、頭からつま先までユダヤ人のものだ」と口をすべらせたとしよう。それも人で溢れかえった部屋で言ったとしたら、この言葉がピストルの弾丸のような衝撃を与えるのだ。これ以上不条理なことがありえるだろうか。でも、現実はそうだったのだ。

しかし、私の論点は、この因習が持つ不条理性ではなく、それがもたらす危難についてである。

〈注3〉ドイツの詩人、評論家（C. J. Heinrich Heine　一七九七～一八五六年）。貧しいユダヤ人商人の子としてデュッセルドルフに生まれる。ボン、ゲッティンゲン、ベルリンの各大学で法律、文学、哲学を学びながら本格的な文学活動に入った。ドイツの反動的政策を痛烈に批判する評論を書き、フランスの七月革命を契機に、一八三一年パリに亡命。愛と革命の詩人とよばれる。詩集「歌の本」（*Buch der Lieder*）「ロマンツェーロ」（*Romanzero*）、長詩「ドイツ冬物語」（*Deutschland Ein Wintermärchen*）、などがある。

るのだ。

その因習が、日々深刻化している困難な事態に対し、正しく対処する上で障害となっている。そのような因習は、暴力的な手段では取り除けないことや、ただちにやめることができないことも、はっきりしている。しかし、私たちの義務は、その因習を早く衰退させることである。そして常識の範囲内で、ユダヤ人の国籍を他の人々と全く同じように扱う機会を拡大することだ。

私が申し上げているのは、会話でも、書物でも、他者と全く同じようにユダヤ人を扱うという意味である。単に因習だからというだけで因習を破りたがる非常識なタイプがいることは誰もが知っている。この特別の因習が崩壊しはじめたら、近い将来、この種の人物には警戒しなくてはならないだろう。しかし、そのような変人を元気づけなくとも、私たち全員のために、開かれた議論が要求されるということを理解すれば、安心感が徐々に広まる余地は十分にある。

しかし、危険なのは、このような単に因習的なだけの障害は、妨害があまりにも長く続くと、それを崩壊させる力を抑え込んでしまわないかということである。そしてそれが解体されるとき、相手を侮辱し危害を加えかねない機会が生じ、何でもやり放題という、もう一方の極端な態度が認められはしないかということだ。それは、ヴィクトリア時代の因習の場合に起こったことだった〈注4〉。

このように長きにわたり、ユダヤ人をユダヤ人として認めるのを禁じ、ユダヤ人がいても、ユダヤ人自身が何よりも興味深いと思っていることに、公然と興味を持つことを禁じた因習を擁護する議論で、そのようなことが起こってはならないのである。

その因習が必要だと答える者がいたら、因習が衰退すると、むき出しの敵意が起こりはすまいかと心配しているのだろうが、そうなれば、いやしくも公平な解決は諦めるしかない。しかし本書の私の全テーゼは、そのような解決をまだ諦める必要はないということである。

知識階級と大衆との違い

この旧来のタブーという問題で、もう一つ付け加えることがある。知識階級でそのタブーがどれほど長く残っていても、大衆の間では永久に消滅してしまっているということだ。前途に困難が待ち受ける時代に生きる私たちが、主に対処しなければならないのは、大衆本能であ

〈注4〉ヴィクトリアニズムという語が、文献で軽蔑的な意味で用いられたのは、ベロックが本書を著わす九年前の一九一三年のことである。そして一九二〇年代と一九三〇年の文学者や批評家がヴィクトリア朝時代をどう見ていたかについては、ハーバード大学教授のバックレー（Jerome H. Buckley）が『ヴィクトリア朝気質』（*The Victorian Temper*　一九五一年）の中で「ヴィクトリア朝の人々は、現在に没入して、抽象的な真理や永遠の価値に対して我関せずといった救いようのない唯物論者であったが、また同時に極端に宗教的でもあり、嘆かわしいほど理想主義的で、過去にあこがれ、かなたの世界を夢想するために現在の楽しみを見合わせる用意があった。隷属的な『大勢順応』、愚鈍な因習尊重にもかかわらず、彼らは『やりたいようにやること』に夢中で、教養や偉大な伝統を顧みない『徹底的な個人主義者』であり、権威ある偶像を崇拝した偶像破壊者であった」と述べている。

る。

この国の一般大衆は、富裕な上流階級の人々が驚くほど率直にユダヤ人の問題について話し、貧しいユダヤ人の大量流入が新しく私たちの街に押し寄せて以来、一世代も前から、そのように語ってきたのだ。大衆は、自分たちのレベルで、ユダヤ人に向かい、このようにユダヤ人について包み隠さず話すだけでない。政治上のユダヤ人の存在や権力にもすっかり気づいているのだ。因習を継続すれば解決の必要性もなくなると考える人々は、二、三日オールゲイトの東へ出向き、同胞の市民と交わってみれば、そのような妄想から覚めることだろう。

この因習の障害に近いものに、親切心という、とても現実味を帯びた障害がある。それは人に働きかける積極的な親切心ではなく、引っ込み勝ちの消極的な親切心であり、だらけたような、あまり見かけない形をとる。

もちろん、ユダヤ人のいるところで、現代美術、歴史、文学でユダヤ民族に触れるのは、相手を不快にさせるので避けるべきだと正直に考えている心根の優しい人は稀《まれ》な存在であるし、他のどの外国人と関わる場合でも、これと同じような美徳を実践する人は、実際のところめったにいない。

だが、そのような人は実際にいる。例外的なおめでたさと、例外的な善良さを兼ね備えたような人々が、見つけられるはずである。しかし、一般に唱えられるような親切心を施す理由は、全部が全部誠意からではない。誠意がこもっている場合なら、今日の私たちは、時々不安になるのを承知の上で、感情を傷つける危険を冒さなくてはならないと答えるにちがいない。

金遣いの荒い浪費家の生活用品を管理するのを躊躇《ちゅうちょ》する親切心や、正当な場合の自衛戦争を躊躇する親切心や、抑圧者との口論の危険を冒して被抑圧者を保護するのを躊躇する親切心は、どれも見当違いの親切心である。

しかし、すでに申し上げたように、数の上では、この動機を申し立てる人々のほうがはるかに多いのであるが、この申し立てが誤っていることは、自分の良心に聞いてみさえすればわかることだ。そしてそれが誤謬であるかのどうかの吟味は、因習が廃れて下り坂になれば明らかになるだろう。

もちろん、自分はユダヤ人をあまりにも毛嫌いしているので、言いたい放題に言うのではないかと危ぶんでいる人の場合は、例外である。そのような熱狂的な性癖は例外である。その場合は、確かに黙っているほうが賢明だろう。

ヘブライ語のアルファベットのことを話すと必ず嘲笑《あざわら》わずにはいられない人とか、リカード〈注5〉の経済学のことを話すとき、必ず彼の家系に対する悪感情をぶちまけてしまう人なら、

〈注5〉自由貿易を擁護する理論を唱えたイギリスの経済学者（David Ricardo　一七七二〜一八二三年）。各国が比較優位に立つ産品を重点的に輸出することで経済厚生は高まるとする「比較生産費説」を主張し、労働価値説の立場に立った。経済学をモデル化するアプローチを初めて採用して経済学を体系化することに貢献し、古典派経済学の経済学者の中では、もっとも影響力のあった一人として、アダム・スミスと並び称される。実業家としても成功し、多くの財を築いた。彼の家はスペイン系およびポルトガル系のユダヤ人で、彼が生まれるほんの少し前に、オランダから英国へ移住して来た。

ユダヤ人がいるところでは黙っているほうがよい。同じようにイギリス人に対してわめきたてるフランス人も、イギリス人が同席する場では、英国憲法やニュートンの才能について議論しないほうがはるかにましである。

恐怖という最大の障害

大きな障害が、まだ残っている。恐怖という障害だ。

おそらく、ユダヤ人に対する敵意の表現を抑制する上で、もっとも効力を発揮するのは恐怖だろう。その恐怖とは、ユダヤ人の権力に対して敵意を表わせば、それを犯した個人個人にはっきりとした災いがもたらされるかもしれないという感情である。その災いが自分に降りかかるのではないかというパニックである。

この感情がいかに根強いかは、私のように近代の政治的病弊の中でこのもっとも顕著な災いを探ったことのある者なら、誰でも証言できる。きっと非ユダヤ人の読者の大部分の方々は、適切な実例を思い出すことだろう。

それは社会的影響と経済的影響という二つの結果に対する恐怖である。あるいはその二つが結びついたときの恐怖である。ユダヤ人の支配に対して敵意があると、誰も知らないけれども、何か怪しげな世界的な権力に支配されてしまうのではないかと人々は恐れるのである（それを陰謀と呼ぶ者もいる）。

その権力は、身の程知らずに挑戦する向こう見ずな個人を破滅させることができる。なかには「破滅」という言葉を文字どおりに深読みして（狂気の沙汰だが）、自分の命が危険にさらされていると恐れる人がいたかもしれない。そのような幻想はお笑い種《ぐさ》である。

しかしそれより多くの人々が、もし挑発すれば、ユダヤ人は自分たちに反発し、とても太刀打ちできないくらい知性的で協同的な行動に出るだろうという考え方の影響を受けているのだ。挑発できないのは、自分たちの側に組織がないからであり、ユダヤ人の組織が国際的だからであり、その背後には非常に激しい感情があるからであり、金融を通してすべての国の政治機構が支配されているからであり、新聞で全権を有しているからである、などなど。

人々は社会的な結果も恐れている。彼らはまた経済的な結果も恐れている。彼らはユダヤ人が金融を牛耳っていることを知っている（また誇張もしている）。もし彼らが口を開けば、引きずり下ろされ、事業は破綻し、信用がなくなると思いこんでいる。

ユダヤ人について、できれば公に口にしたいが、給料がなくなったり、ささやかな事業が破綻したり、投資が低下したり、地位が台無しになったりすることを恐れ、感情を隠すという人々が、数えきれないほど多くいるのだ。彼らの上位には、さらに少数の人々がいて、もしそのような行動をすれば、自分たちの財産が危機にさらされると同じように思い込んでいる。

この感情の特徴は、二つの要素からなる。第一に、その感情は蓄積され、現実上および想像上の、ユダヤ人権力に対する潜在的な怒りを、けた外れに高めてしまうということだ。それは、河川が堰《せ》き止められているときに、水嵩《みずかさ》がかさんでゆくようなものである。あるいは電流に抵抗器を差し込むようなものである。憤りの抑圧は、自ら憤りを感じる人々の行為であって、敵対者たちからの直接の行為ではない。しかし、激しい刺激となり、高い圧力がかかる主な原因となる。そのとき、抑圧がひとたび緩まれば、攻撃となって漏れ出ることになる。

イスラエルの現在の地位、現在の権力、現在の主張を、緊急の政治問題として話し合いたくないと思う人はほとんどいないだろう。

しかしそれらのことを人目もはばからず討論する人が一人でもいるとすれば、その後で待ち受けているかもしれない結末を恐れ、いろいろな程度の差はあるが、言論の自由を自らあからさまに禁止するものが一〇人はいる。その恐怖には、どのパニックとも同じような不条理な要素がある。恐怖を知らされるのは、もっとも愚かしい幻想を通してである。それはとんでもない思い過ごしや幻想なのである。中には、このユダヤ人権力への恐怖が、心の安定と不安定、正気と狂気を分かつ一線をいとも簡単に越える場合もある。

しかし、それでもなお、恐怖は、私たちの問題の侮《あなど》りがたい要因なのである。この障害には、因習の障害よりもはるかに固定化する性質がある。そしてある一定の時間が経てば崩壊し、洪水となって放出される。

そうだからこそ、私たちの時代で最初に表明された敵意は、非常に誇張されていたし、バランスにも欠けていた。だからこそ、それらの夥しい数の表現は、明らかに常軌を逸していたのである。このような誇張という特徴、そしてあまりにも思慮に欠けた特徴のために攻撃された人々は、必要以上にその攻撃を軽蔑するようになったのである。

現在の運動の先駆者は（私が言うのは、イスラエルに敵対する運動のこと）、敵対者に尊敬の気持ちを起こさせたり、自分たちの側の味方になるよう引き寄せたりしそうな人々ではなかった。彼らには、指導者に第一に要求される資質の「常識」がなかったのだ。というのも指導力には、導かれる人々とともに歩む精神という意味合いがあるからだ。熱狂者は永遠に導くことができるが、行き過ぎた者は、決して長続きしないのである。

逆に考えれば、どのような誇張や配慮に欠けた言動にも、その背後にはさまざまな異なる意見が山ほどあるということだ。たとえば、まっとうな価値観やバランス感覚を備えた人々の意見であり、現実という地にしっかりと足をつけた人々の意見である。恐怖心の影響を受け、自分はこれまでただ黙っているしかなかったと自覚している人々や、それゆえに自分自身を軽蔑している人々や、行動を起こす準備が万端整っている人々の意見である。というのも少なくとも私たちの人種では、恐怖感があると品位を落とすことになるだけでなく、怒りも掻き立てるからだ。宗教心からでも一般の正義感からでもなく、臆病心から衝動を抑えてきたと自認するヨーロッパ人は、いつも自分を腹立たしく思っている。そして自分の過去に対する遺恨を自分で晴らし、自分の目から見て恥辱を晴らすことのできるときが来るのを待っているのである。

ここにこそ、そのような情勢下のイスラエルに降りかかる危難がある。しかし、ここで私の関心を引くのはそのことではない。それが私たちに及ぼす影響に関心があるだけだ。私たちが自分の品位を下げている限り、自分の臆病心から自分を卑下する限り、そしてどんな筋の通った議論も尻込みする限り、結果が敵対者の手にあるのを恐れるあまり、ありとあらゆる敵意を表わすのは言うまでもないことだが、そうする限り、次の二つの災いがずっと尾を引いて、だんだんとひどくなるのだ。

その第一は、正しい解決の先延ばしである。第二は、よく考えた政策が単なる憎悪に変わるため、そのような不道徳な感情から一切の結果が生じることである。

何であれ、言論の自由の障害となっている過去の遺物を維持するのが長ければ長いほど、それだけ長く私たちは、正義を先延ばしし、敵意を生むという二つの致命的な結果を生み出し続けるのである。

その障害を破壊し、この問題における恐怖を自分自身から取り除くことは、このような臆病なことを行なう場合の常で、個人の努力の問題なのである。諺《ことわざ》にもあるように「誰かが猫の首に鈴をつけなくてはならない」のである。これを別の言葉で言えば、各々が個人的に隣人と対応していたら、事態はますます悪化の一途をたどるだけだろう。

ユダヤ人問題に取り掛かり、それを公に議論をすることは、それぞれが自分の立場で手遅れになる前にやっておくことだ。多数派と直接に関係する少数派の一切の事柄については、議論をする前に、まず率直な興味を示し、一般に広く表現するのである。ユダヤ民族を他のどの民族とも全く同じように扱うのである。

一世代前、聖書を公に批評することに賛同した人々はよく「聖書は他のどの書物とも同じように取り組むべきだ」〈原著者注〉と主張していたものだった。それによって、私の現在の議論にとって、幸先《さいさき》のよくない結果が生じている。

しかし、この言い回しはよく知られているので、一つのモデルとして使うつもりである。ユダヤ民族を、閉鎖的で、神秘的で、秘密めいたもののように扱うのは、もうやめるべきである。それよりも「他のどの国民とも同じように」扱おうではないか。もし、盲目的な憎しみだけで動かされていれば、その憎しみがもたらす結果に何かしら躊躇《ためら》いを感じても不思議ではない。しかし、私は確信しているのだが、もし私たちの側でこの愚かな現代の恐怖を取り除き、ユダヤ人のバランス感覚によってユダヤ人を理解し、ユダヤ人に関する誇張を心から取り除けば（ユダヤ人は悪魔のごとく陰謀を巧妙に大量に企てられる、人間とは思えない能力があるという概念を取り除けば）、相手側から出迎えてくれるだろう。

ユダヤ人は国際的に広がる唯一の勢力ではないし、その恐怖によって人の判断が妨げられる国際的な勢力でもない。またユダヤ人は、それなりの組織と結合力をもつ唯一の国際的勢力でもない。

もしスコットランド人やアイルランド人に対して嫌悪感を発散したいと思うなら、スコットランド人やアイルランド人からも、ある程度は敵意が向けられる心の準備をしておかねばならない。あなたは何か組織のようなものと出くわし、それ相応の損害を受けるだろう。しかし、スコットランド人のものだろうと、アイルランド人のものだろうと、目に見えない巨大勢力

〈原著者注〉ここで逸話を紹介したい。ある学部生がベーリアル学寮長のジャウエット博士に「私は福音書に大変興味をもっておりますが、一般書と同じように扱います」といったことがあった。学寮長は「君は福音書が途轍《とてつ》もなく凄《すご》い本だということがわからなかったのだね」と答えた。イスラエルに魅了されれば、凄い本だということが証明されるだろうと思う。

が、悪意に満ちた権力を盾《たて》にあなたを監視し、あなたを破滅できるというように考えているのなら、現実離れしていると私は思う。

もしあなたがカトリック教会に対する嫌悪感を積極的に発散したいと思えば、至るところで反発されるだろう。しかし、そのようなことがあるからといって、もしあなたが怪物に自分が牛耳られていると結論づければ、現実離れしているのだ。

このユダヤ人の権力に対する恐怖も同様だろう。その恐怖で、非常に多くの人々の心が傷つけられ、問題の正しい議論が先送りにされ、至るところで不安が生まれたのだ。もし私たちが、その恐怖が他のどの恐怖とも同じように卑しいものであるかのように見なして事実上行動し、事態全体について完全に開かれた議論をし、敵意があって当然な場合は、敵意を隠さずに表現するというふうになれば、私たちはその分だけ良くなるだろう。

いずれの場合でも、この問題では恐怖を取り除くことが、国家だけでなく私たち自身にとっての義務でもある。それが取り除けないのなら、解決に向けて前進することはできない。

第13章　彼らの義務

簡単な二つの方法

秘密主義と優越感の表現を取り除けるか

悪事の決定的な原因が見つかっている場合、それを矯正する方法は、その原因を、できるかぎり取り除くことである。

ユダヤ人共同体と受入れ側との間で摩擦が生じる場合、その原因は、ユダヤ人の側に、秘密主義という愚かで危険な習性と、腹立たしい優越感の表現があることだ。これは、ユダヤ人の側にその意思さえあれば、取り除ける原因である。問題は彼らの手中にある。私たちは何もできない。だが、ユダヤ人ならできる。

しかし、もし未来を脅かす危難の問題を平和的に解決する気がユダヤ人にあるのなら、この消極的な義務のみがユダヤ人に課せられるだけではない。それだけでなく積極的な義務を果たすのも、またユダヤ人の責任なのである。

ユダヤ人は、自分たちのものではない社会から自分たちをよりよく区別し、民族としての威厳を取り戻すような制度を強化しなければならないし、さらに提案さえしなければならないのだ。本書の最終章で主張するつもりだが、解決に導く政策が前提とするのは、私たち自身が想像する直接的な法律でもなく、またほとんど確実に抑圧的だとわかり、ほとんど確実に回避されるような反発でもなく、ユダヤ人独自の国籍を認めるという一般的な精神でなくてはならない。

しかし、このことはユダヤ人が寄留する西洋のどのキリスト教国にも当てはまるが、ユダヤ民族には当てはまらないのである。ユダヤ人は彼らの側で、自分たちの能力でできる提案を出してくるかもしれない。なぜなら、彼らは、どのようにしたら自分たちの威信や伝統と一致した流儀で、それらを立案できるかを知っているからだ（私たちにはできない）。ユダヤ人学校、ユダヤ人の救貧館、この国でユダヤ人が自分たちの共同体のために公然と設立したかなりの独立組織では、このようなことがすでに始まっている。このような萌芽はもっと伸ばせばよい。

ユダヤ人に対して公然と敵対する人々は、ユダヤ人側から出てくる提案には、どのようなものにも罠《わな》が隠されていると言うだろう。（彼らが言うには）「この民族は、ほんとうに世間知らずと思えることや、将来のために自分たちの立場をはっきりさせるためだけにすぎないことをいつも匂わせてくる。しかし、気がついてみたら、私たちは義務という罠にはめられていることだろう。ユダヤ人は以前よりも私たちの主人と化しているのだ」。

この反対者たちは「ユダヤ人たちは今のままで変わらないだろう。独自の共同体としてありとあらゆる特権を要求するが、その一方でこの態度とは相容れない完全な市民権もまた主張する。私たちが彼らに設立するよう提案する機関は、どのようなものであれ、ユダヤ人に有利になるというだけでなく、私たちとはひどく敵対するものになるだろう」と言うのだ。

私はそうだと信じかねる。すでに活動しているユダヤ人の特別の機関は、そのような影響を全く及ぼしていない。それどころか、彼らはすでに緊張を緩和しているのだ。

たとえば、そのような機関のひとつが、ユダヤ系の新聞社である。特にユダヤ人の利益のために尽力し、ユダヤ人の考え方の代弁者として行動する新聞社である。それらは必ずしも、できるだけ礼儀正しくあろうとするとはかぎらない。私たちが困難を解決しようと真摯な努力をしても、解決法を見出すべく誠実な試みをしても、まともに取り合わないので、私自身もそのようなやり方へ反論したことがある。

あまりにもしつこい主張をし、ユダヤ人の敵が言うように、あまりにも高慢な主張をするので、逆にユダヤ人は、敵に攻撃する隙《すき》を与えてしまっているのだ。あたかも大多数の側の私たちには何の権利もなく、唯一考慮に値するのはユダヤ民族の発展だけだと言わんばかりの書き方をユダヤ人はときどきするわけである。

しかし、彼らには、それしかやりようがないのであって、私たちがそれ以外のことを期待するほうがおかしいのだろう。独立独歩の小規模な少数派は、その主張を強調しなければならない。内部からの激しい重圧に対して自己防衛をしている有機的組織体は、好戦的な相手としか見られないのは、やむを得ないことだ。だから、ユダヤ人の利益を公然と代弁するユダヤ人の機構があるのは、どのように強弁しようとも、素晴らしいことだと私はいつも主張しているわけである。

これと対照をなすのは、中立性を隠れ蓑にしてユダヤ人の主張を提示し、中立的な仲介者とはほど遠いものを通して、匿名でユダヤ人の考え方を広めようとする真逆の試みである。

では、どのような機構が私の念頭にあるのかと尋ねられれば、私としては、最初に提案をするのはユダヤ人自身だと繰りかえすことしかできない。しかし、制度を拡張することを私は提案する。その制度はすでに萌芽がみられ、それがあればユダヤ人の裁《さば》きに照らして、ユダヤ人の間の論争は調停されるだろう。

ユダヤ人の要求を受けてそれを拡張したり、認めたりすることが良いと言うだけではない。もし（いつか変化が起きるための機が熟せば）ユダヤ人と非ユダヤ人の間の論争が裁判所で審理されることができれば、あながち悪いことでもないだろう。裁判所では、そのような論争の特別の性質、彼らの間の際立った違い、彼らの住む国の同胞の市民間の論争も、混合した性格の裁判の前に出しておくべきだ。

もちろん、今これを行なおうとすれば、議事手続上のとても斬新《ざんしん》な試みとなろう。実際のところ、革命的な試みである。しかし、永らくはそれが実現する見込みは全くない。しかし、私たちの間でユダヤ人の数が増え、その影響も増し、ついにそのときが来れば、それは双方の側にとって有益なものになると私は考える。

それを彼らに無理やり押しつけても、それは受け入れられないだろう。また、うまくゆかないだろう。しかし万が一にもそれがユダヤ人共同体から同時に提案され、着手され、発展すれば、成功するかもしれない。これ以外にも私がすでに述べた機構がうまく機能することで、すでに安堵感が体験されているが、それによってその安堵感がさらに高まることだろう。

このテーマで、これ以上申し上げるべきことは、ほとんどない。開かれた対処をすることと、このように別個の機構を強化する政策以外に、私たちが推し進めるべき主張は何もない。

第14章　諸説

ユダヤ人問題をめぐるその他の見解

ユダヤ人を一種の触媒と見なす説

結論に至る前に、これまで触れてこなかった補足的な諸説を概観しても差し支えないだろう。

ユダヤ人の立ち位置については、歴史に基づく説とそれ以外の諸説がある。それを分類すれば、問題は何もないという説か、あっても解決できないとする説か、あるいは問題はあるが、解決しても実質的な価値がないだろうから、解決する必要はないとする類《たぐい》の説のいずれかである。

その第一番目にくるのが、ユダヤ人の国際的地位に関する諸説である。それらは率直に言って理性に基づかないものだが、過去の歴史から多少は論拠を引き出しているので、理屈が成《な》り立つ説から、完全に想像の産物である説までいろいろである。その中には正しいものがひとつくらいあるにしても、ここで紙面を割くほどのものではない。

次に呪いという概念がある。イスラエルがキリスト教に改宗するまでは、永遠の流浪と永遠の敵意を経験しなければならないという考え方である。それは最後の日にイスラエルが普遍教会と和解するという別の預言と密接に結びついた言い方がなされている〈注1〉。これらの考え方を内心抱いている人々は、どのような解決にも心底絶望しているため、望むような解決を推し進めようとはしないだろう。「物事はあらかじめ決まっている」というのが彼らの言い草である。

しかし、彼らでさえ、次のことは認めなければならないだろう。すなわち、ちょうど哲学で決定論と自由意思というパラドックスが認められているように、予知される失敗と私たちの義務というパラドックスも、失敗を恐れずに認められなくてはならないのだ。

和解が不可能であることが実際の真実であろうとなかろうと、また結局は論争が必要以上に引き延ばされるにちがいないことが本当であろうとなかろうと、その悪を全く改善しようともせず、高みの見物を決めているのは、不道徳極まりないことだ。

神の摂理により、イギリス人とユダヤ人は何らかの方法で神秘的に結びついているという説がある。その結果、イスラエルを十分に満足させられないような解決策は、どのようなものであれ（貧しいヤペテ〈注2〉にとってどれほど費用がかさもうとも）反逆である。これらの人々は、イギリスをユダヤ人の侍女と見なしている。さらに同胞のイギリス人を、失われた一〇支族〈注3〉と見なす一派もある。私の蔵書には、彼らの文献見本がある。

これとは正反対の説で、私にとっては憎悪すべきものがある。この民族と彼らを取り巻く世

〈注1〉普遍教会とは「キリストの体なる教会」のことで、たとえば新約聖書の『コリントの信徒への手紙一』12章には「体は一つでも、多くの部分から成り、体のすべての部分の数は多くても、体は一つであるように、キリストの場合も同様である。つまり、一つの霊によって、わたしたちは、ユダヤ人であろうとギリシア人であろうと、奴隷であろうと自由の身分の者であろうと、皆一つの体となるために洗礼《バプテスマ》を受け、皆一つの霊をのませてもらったのです」（12～13節）とある。ここでは異邦人の代表であるギリシア人とともに、ユダヤ人もイエス・キリストを信じ洗礼を受け、そこに御霊の働きによる新生があるとき、一体となってキリストの体なる教会に繋がると予言されている。

界の間では、これまで敵対行動が絶え間なく繰り返されてきたが、潜在的なものだろうと顕在的なものだろうと、それは一方が、もう一方のなくてはならない神聖な抑圧者として役に立つからだ、という説である。そのような学説を支持する人々に対しては、双方がそのゲームに参加できると答えられるだけである。

確かに、それによって彼らが抑圧する人々は、自分たちの側で解決を求めるどのような義務からも解放される。もしある人がイスラエルに理由がなくても危害を加えることができると考え、良心の呵責《かしやく》に悩まされないなら、その人は間違いを犯している。実をいうと、もし私が断言できるとしたら、このような驚くべき目的を掲げて取り掛かる人は、タタール人でも捕まえるつもりかと、言いそうになるのである〈注4〉。

ユダヤ人の守護だけでなく、彼らの敵に対する審判でも、神の特別のご加護がいまでも働いているという正反対の説がある。その説は、歴史上の多くのユダヤ人の行動や、今日のユダヤ人の政策の背後にもあると思う。もともとは理性に基づかない宗教的なものだが、甚大な被害を受けた民族のきわめて多数の人々にとって、その説は慰めであり、支えでもあると私は思う。

さてこれらの学説は、すべて理性的な議論に不適切なものなので、これ以上は言及しないことにする。

この討論に対しては、双方の側とも次のように主張していると聞いている。移住性があり、熱情的で、伝統や経験や団結力に満ちたよそ者の勢力がいることは、私たち自身の文明の活動にとって、欠くことのできないことであると。

この人たちは、周囲のユダヤ人の中に、卓越性を示す個々の実例を見つけたり、個々のユダヤ人の才能や名声を広めたりして、満足しているわけではない。むしろ、そのようなある程度の絶え間ない刺激が、高度で多様な文化の十全な活動には必要だという一般的な主張に関心があるのだ。すなわち、ユダヤ人がいなかったら、ヨーロッパ文明は不活発になっていただろうし、一定の型にはまったものになり、変化することも創造的に進歩することもなかっただろ

〈注2〉ヤペテは、旧約聖書の『創世記』に出てくるノアの三人の息子の一人であり、他の兄弟とともに人類の祖先の一人とされた。聖書によればヤペテの子は「ゴメル、マゴグ、マダイ、ヤワン、トバル、メシェク、ティラス」（『創世記』10章2節）で、欧米人やロシア人をはじめ、ペルシャ人、インド人などがそれにあたる。本文の場合は、白人であるイギリス人を指している。

〈注3〉ダビデ王（紀元前一〇〇四年?～紀元前九六五年?）の時代、一二部族が一つに統一されてイスラエル王国となったが、ソロモン王（紀元前九六五年?～紀元前九三〇年?）の死後、王国は南北に分裂した。それとともに一二部族も、サマリヤが首都の北王国イスラエルに一〇部族、エルサレムが首都の南王国ユダに二部族と分かれた。ところが、紀元前七二二年、北王国がアッシリアにより滅ぼされると、一〇支族の指導者層が虜囚としてアッシリアに連行されることになったが、この一〇支族の行方が文書に残されていないため、二部族によって「失われた一〇支族」と呼ばれていた。

〈注4〉タタールはモンゴル人の一部族だが、ギリシア語のタルタロス（地獄）という言葉にかけて、モンゴル人を総体としてタタールまたはタルタルと呼ぶようになった。ユダヤ人に危害を加えるというのは、タタール人を捕まえにいくくらい、無謀で向こう見ずなことだと言いたいのだろう。

う、というのである。

この説によれば、ユダヤ人は一種の触媒のように見なされている。刺激物として最悪の結果をもたらそうと、インスピレーションを注入する最善の場合であろうと、それによって私たちの生活全体を沸き立たせるという、永続的な任務を果たす上で必要なものだというわけだ。

彼らはまた、ヨーロッパ思想のどの偉大な運動の根源にも、ユダヤ人がいると見たがる傾向がある。彼らは、ユダヤ人がローマ帝国を、異教国からキリスト教国へと間接的に大きく変貌させたと見ている。すなわち、東方的な雰囲気への変貌である。

十一世紀に生まれ十三世紀の偉大なスコラ哲学者の出現で最高潮に達する偉大な哲学の核心には、ユダヤ人がいたと見ている。彼らは十二世紀の哲学者アヴェロエス（イブン・ルシュド）〈注5〉の名前をしきりに口にする。この人物は、アリストテレスの解釈者であり、ユダヤ人が保護した解説者コルドバのカーディ〈注6〉であった。そして偉大なモーセ・ベン・マミオン〈注7〉もいた。私たちのマイモニデスである。

また彼らは、「もしリラが笛を吹かなかったら、ルターは踊らなかっただろう」〈注8〉と言って、ニコラス・ドゥ・リラ〈注9〉を宗教改革の始祖に据える。しかし、私がこの人たちに思い出してもらいたいのは、この人物のユダヤ人的な特徴が少なくとも疑わしいこと、そしてキリスト教国の修道会に属していたということだ。

これらの諸説では、きっと何らかの理由をつけては、十七世紀の経済大革命もユダヤ人の影響のせいにするのだろう。その後、人間の幸福の拡散はなかったが、富と人口の非常に広範囲に及ぶ拡散は起こった。

〈注5〉スペインのコルドバ生まれの哲学者、イブン・ルシュド（一一二六～九八年）のこと。イブン・ルシュドはアラビア語で、アヴェロエスはラテン語である。アラブ・イスラム世界におけるアリストテレスの注釈者として有名で、医学百科事典を著わした。彼の著作は、中世ヨーロッパのキリスト教のスコラ学者によって、ラテン語に翻訳され、ラテン・アヴェロエス派を形成した。

〈注6〉カーディは、イスラム教世界の裁判官のこと。

〈注7〉スペインの哲学者で、タルムードでユダヤ法を成文化した中世におけるもっとも偉大なユダヤ人の律法学者、神学者、哲学者（一一三五～一二〇四年）。ユダヤ人の世界では「ラムバム」（Rambam）と呼ばれ、本文中に「私たちの」と形容されているように、世界では「マイモニデス」（Maimonides）という呼び名が一般的で、今日でも同名を冠した学校や病院も多い。

〈注8〉リラがルター（一四八三～一五四六年）へ与えた影響については、ウッドの論文が参考になる（A. Skevington Wood, “Nicolas of Lyra,” *The Evangelical Quarterly* 33.4〔1961〕: pp.196-206）。それによるとおおよそ次のようなことが言えるだろう。ルターは、旧約聖書の注解、中でもモーセの五書の注解ではリラによるところが非常に大きく、その意味でこの「もしリラが笛を吹かなかったら、ルターは踊らなかっただろう」という言い回しにも、ある程度の真理は含まれていると言える。しかしリラは、数世紀に及ぶ聖書解釈学の傾向を要約したにすぎないので、宗教改革の原理を予示する唯一の人物だと見なすべきではない。ルターはリラを通して中世のキリスト教的、ユダヤ教的解釈の神髄と出逢ったのであり、それを新しい宗教改革運動のために活用したと言えるだけである。

〈注9〉フランシスコ会の教師で中世の代表的な聖書解釈学者（Nicholas of Lyra　フランス語Nicolas de Lyre　一二七〇～一三四九年）。

さて、それにもかかわらず、歴史上の真実のひとつとして言っておくべきことがある。それがどこまで拡張されれば、歴史分野全体に影響が及ぶのかについては論争があるかもしれない。しかし、読者の方々には、考えていただきたいのだが、もし魔法の道具を使い、ある日、ユダヤ人の影響が取り除かれたら、ヨーロッパの発達にどのような変化が見られただろうか。それは興味を引く説であり、少なくとも、無意味ではない。

ユダヤの知性によって継続的に分析がなされていることで、何か価値あるものが生まれ、それによってヨーロッパの知性が絶え間なく行動へ駆り立てられているというのは、とりわけほんとうである。中世初期の大論争は、その大部分がユダヤ人との直接の論争か、ユダヤ人の知的態度に誘発された論争だった。そしてスピノザ〈注10〉という有名な人物の名にかけて、ユダヤ人は、単に自然なままというだけの世界観、すなわちデカルトを通して現在まで広く影響を及ぼしつづけている、あのルクレティウス的な世界観〈注11〉の起源に立っている。

哲学がそうであるように、経済学にもその要素がある。同様に、政治学にもその要素がある。経済学について言えば、近代経済学の礎《いしずえ》をなすもっとも偉大な名は、リカード〈注12〉というユダヤ人の名である。それを直接的に応用したものが突出して発達したが、その中でもっとも著名な人物を挙げれば、またもやユダヤ人である。それはカール・マルクスという名だ。

結局、それなりに重要なことは、このどの名前にしても、そのユダヤ起源と並んで、ユダヤ人の一般的な共同体からはかけ離れていることを想起させるということだ。その共同体のほうがスピノザを捨てたと言ったほうが公平だと思う〈注13〉。リカードとカール・マルクスは、ユダヤ民族の宗教との相性が悪かったと私は思う。マルクスは、ユダヤ人ではない女性と結婚し〈注14〉、家系の血族の外部へと強大な影響力を及ぼした〈注15〉。というのも、共産主義を指導し、幹部であったのはユダヤ人だが、その確信をもった支持者は、私たちの血を引く大衆の中に

〈注10〉オランダの哲学者、神学者（Baruch De Spinoza　一六三二〜七七年）。デカルトやライプニッツと並ぶ合理主義哲学者として知られ、その哲学体系として考えられる代表的な汎神論は、後世の無神論や唯物論にも強い影響を与えた。スピノザの生まれは、アムステルダムの富裕なユダヤ人の貿易商の家庭で、両親はポルトガルでのユダヤ人迫害から逃れオランダへ移住してきた移民である。

〈注11〉ローマの哲学詩人（前九四頃〜前五五年頃）。六巻七四〇〇行からなる六歩格詩『物の本質について』（*De rerum natura*）はエピクロスの原子論に基づく哲学詩で、唯物論的自然哲学と無神論を叙述した。

〈注12〉イギリス古典派経済学の最大の理論家のデイヴィッド・リカード（David Ricardo　一七七二〜一八二三年）。ユダヤ人の証券仲買人の息子として生まれ、十一歳から二年間オランダの商業学校に留学して帰国、十四歳から父の仕事を手伝い、二十一歳で独立した。のちに公債引受人として巨富を得、一八一九年に事業を引退した。同年よりポーターリントン選出下院議員。

〈注13〉一六五六年に、旧約聖書を正統派と異なって解釈したため、ユダヤ教から破門された。

〈注14〉夫人はプロイセン王国のトリーア の貴族出身であるイエニー・フォン・ヴェストファーレン（Jenny von Westphalen　一八一四〜八一年）。マルクスとの間に七人の子をもうけている。

〈注15〉マルクスの父親のハインリヒ・マルクス（ドイツ語名）は弁護士で、ユダヤ教のラビであり、母親のヘンリエッテ（旧姓プレスボルク）も、後にプロテスタントに改宗したものの、オランダ出身のユダヤ教徒であり、文字どおりユダヤ人の血統である。

いるからだ。

ユダヤ人の知的自立

これとの関連で思い出すのは、イスラエルの歴史にまつわる別の説、あるいは別の事実である。それはユダヤ人の知的自立が、諸時代を通して際立っていることだ。そのような例外を気まぐれと見なし、反逆者とさえ非難する人々があの民族には数多くいることを、私は知っている。しかし、いかに同国人から拒絶されようとも、それらの例外は、イスラエルの民と名前の評判を高める上で、かなりの大きな強みであり、例外を生み出した全体に光輝を添えているのである。

その中に含まれるものとしては「懐疑的な」哲学者だけでもなく、物質主義者だけでもない。ユダヤ人の活力、粘り強さ、栄光をカトリック教会への奉仕のために提供した、驚くべき例外的な人物もいたのである。はばからずに申し上げれば、真正の信仰において、ラティスボンヌ〈注16〉のような人物ほど、神聖無比であると見出したことに、その才能を捧げた信心深い人々は誰もいなかった。皮肉屋は聖パウロを加えるかもしれない〈注17〉。しかし、その件については、カトリック教会の起源全体が、そのような人々の熱烈な個人的努力と混ざり合っていたのである。

この関係でどの賢人も認めることは、ユダヤ人が意識的に行動していると強調することほど、大きな誤謬はないということだ。その誤謬の出所が、それを賞賛する人であろうと、それをひどく憎む人であろうと関係はない。ユダヤ人に反対する近代の人々の話を聞いていると、ユダヤの民は小さなクラブを形成し、その会員の誰もが他の会員のことすべてを知っているが、その一方で、それぞれが統制のとれた本体と調和して働く人々の姿を想像しているようである。その心得違いについては、前のページで一度ならず扱ったことがある。本当のところは、ユダヤ民族ほど、多くの驚くべき例外を見せる国民は世界に類を見ないということである。

たしかに、国民がある一つの全体的な方向に動くとき、この民族くらい、それほど意識的ではない共通の動機に駆られる民族はない。ユダヤ人集団の外にいる私たちは、ユダヤ人のその団結に注目するかもしれない。また、それが名誉の印として注目されることを私は願っている。

しかしユダヤ人自身は、むしろ団結がないという不平を漏らすのだ。裕福なユダヤ人は、よ

〈注16〉カトリックに改宗し、イエズス会の司祭、宣教師となったフランス系ユダヤ人（Marie-Alphonse Ratisbonne　一八一四〜八四年）。

〈注17〉正教会やカトリック教会ではパウロはキリスト教発展の基礎を作った使徒と呼んで崇敬するが、実はサウロというヘブル名を持ち、小アジアのキリキア州タルスス生まれのユダヤ人であった。キリスト教の伝道者となる前は、ユダヤ教の伝統の強い環境の中で育ち、パリサイ派の熱心な一員でもあり、キリスト教徒を迫害した背景がある。そのようなパウロのユダヤ的出自と、現在聖パウロがキリスト教界で占める栄光との関係を皮肉るものがいるということだろう。

そ者集団のために自分たちの社会を去り、イスラエル全体を鼻であしらい、ユダヤ人種の共通の声には無関心のままだ、とユダヤ人が不満を漏らしているのを耳にしたことがある。

特に迫害の時代に、どの目撃者も気づいたことがあるが、その原因となるのは、このような無意識の行動であり、動機と頻繁に置き換わる本能なのである。

ある討論の最中に、実に雄弁なスピーチに思わず耳を傾けたことを再び思い出す。その討論では、一人のイスラエル人が、ユダヤ民族の特徴である回想を長々と語り、ラインのユダヤ人の生命を民衆の暴虐から救った聖ベルナール〈注18〉を取り上げて、ユダヤ民族から感謝の意を捧げたいと熱弁をふるったのである。

また、別の人の討論では（私はこの国を行き来してそのような討論に数多く出席しては、ユダヤ人が私たちにどのような態度をとっているかについて、できるだけ多くの視点から意見を聞いてきた）、ノルマン人征服の後、この国でのユダヤ人の経済的地位について私が述べると、それに対する応答として、次のように淡々と言ってのけたことを思い出すのだ。

「あなた方の大聖堂や修道院も、それに城だって、私たちのお金で建設されたのですよ」

この発言が重要なのは、当時のイギリスの共同体では、悪習であるが黙許されていたことが〈注19〉、実は人々が夢にも思わなかったユダヤ人の財産であり、国民一般から一時的に不正に搾《しぼ》り取る上納金だと思われていた財産が、実は同時代のユダヤ人には合法的に獲得され、完全に所有された個人資産だと見なされていたことである。

この関連では、学識のあるユダヤ人の中から、ユダヤの民の視点よりヨーロッパの歴史を書く人が輩出されればよいのにと思う。たとえば、私たちが使用することを想定した短い教科書で、私たちとは非常に異なる視点から、私たちのことを見せてくれるものである。そのような本が一冊ぐらいあってもよい。

公平な精神に則っているようなふりをしながら、実はどの文章でもキリスト教の伝統に敵対し、その伝統を間接的に攻撃する教科書よりは、きっと役に立つと確信している。キリスト教会が、ヨーロッパの本体と無縁であり、反目さえするもののように描いた荒唐無稽なものよりも、すなわち、いわゆる偏見がないという触れ込みの不可知論的な説明よりも、現役のユダヤ

〈注18〉フランス出身の神学者（Bernard de Clairvaux　一〇九〇～一一五三年）で、ラテン語名をクレルヴォーのベルナルドゥス（Bernardus Claraevallensis）という。すぐれた説教家としても有名で、本文にもあるように、ラインラントでもその手腕が発揮された。当時、ラインラントにラウルという名の巡回説教師が現われ、十字軍として聖地に赴くのであれば、その前に身近な敵であるユダヤ人を殺すべしと説いてまわったため、マインツでは反ユダヤ暴動が引き起こされた。大司教邸に多数のユダヤ人を保護したマインツ大司教から救援を要請されたベルナールは、ラウルの誤った残虐行為を諫《いさ》める説教をし、暴動を収めた。その結果、ラインラントのユダヤ人の間では「義なる異教徒」としてベルナールの偉業が語り継がれることとなった。

〈注19〉この悪習の一例としては、カトリック教会が善行（献金など）の代償として信徒に与えた一時的な罪に対する罰の免除証書が挙げられるだろう。この場合の「善行」の実態は、主として献金のことであり、特に中世末期には、教会の財源増収のために乱発された経緯がある。一五一七年、ルターが免罪符を批判し、宗教改革の発端となった一つの要因は、聖ピエトロ大聖堂建築のための贖宥《しょくゆう》であった。

人学者が見たような、ヨーロッパの物語のほうを私はずっと読みたいと思う。

これに関連して、私たちは〈今の私たちに欠けているものを〉補うべきである。それは、キリスト教界とイスラムを組み合わせ、双方に対するユダヤ人の行動を概観することだ。スペインのマホメット教徒がユダヤ人の臣下に寛容だったこと、もっと正確に言えば恩寵を示したことに、私たちは気づくわけである。それは普遍的でもないし、継続的でもない。私たちがあまり耳にしないことで、偶然に言及されたことを継ぎ合わせてまとめなくてならないのは、レコンキスタ〈注20〉以前とその期間中のムーア系ユダヤ人とその北部の仲間との関係についてである。

納得できない不完全な結論

私がユダヤ問題についての「諸説」と呼んだものについて、通り一遍の散発的な解説を終える前に、今日不幸にも幅広い支持を得ているように思えるものの、それでいて、すべての諸説の中でもっとも納得のゆかない説に触れるべきであろう。それは、現在廃れつつある虚構よりも、さらに納得のゆかない説である。

その虚構とは、ユダヤ民族は私たちの中に存在せず、彼らにとってよそ者の環境にすでに吸収された個人の集団にすぎない民族だというふりをすることである。私が言っているのは、ユダヤ人をよそ者の敵対者として扱いながらも、その存在をだんだんと許容できるものにしつつ、部分的に抑圧することができるという説である。それが不完全な結論でしかないことは、はっきりとは述べていないけれども、一〇〇編に及ぶ近代的なパンフレットや議論を読めば、それとなくわかることだ。

そのパンフレットの著者たちは、反ユダヤ主義者の政治運動よりもっと筋の通らない行動でさえ、はっきりと同情するのに、反ユダヤ主義者という名称は拒絶する。そのような学説を確立するのは実際に不道徳であるが、仮にそれが同じ程度に道徳的だったとしても、そのようなアンバランスは成り立ちそうにない。もし率直な解決策が見出せないのなら、確固としたものは何も築けないのだ。

私たちが打ち立てようとするものはどれも、激しくて途切れることなく動揺するものとなろう。隣人に永遠に敵対的な態度を取り続けることはできないが、その敵意が永遠に抑圧されることを当てにすることもできない。そのような傾向の坂を下ってゆくと、非難し、予見し、予防することだけが私たちの目的となるような極端な状況に陥ってしまう。

そのように一方で政治的平等を維持しながら、もう一方で強い憎悪の精神を持ち続けることはできないのである。やむをえず隣人となった少数派の身分に関し、単なる法律上の定義だけをしておいて、その法的根拠に基づく社会的行為を拒んでいては、平和を実現することなどできない。

〈注20〉イスラム教徒に占領されたイベリア半島をキリスト教徒の手に奪回する運動。七一一年のイスラム侵入後から、一四九二年のグラナダ開城まで続いた。この過程でポルトガル・スペイン両国家が成立した。

もしそれをしようとすれば、二つのことを同時に行なうことになり、どちらか一方が、もう一方を破滅させることになろう。強い情動的な動機と公的な法律上の単なる定義の間で衝突が起こる場合、どちらに軍配が上がるかを疑うものは誰もいない。

その問題に対してユダヤ人の口からよく出るもので、彼らの書き物にも見受けられる一つの態度としては、次のようなものがある。

「私たちの事柄は、私たちの民族以外の人々とは無関係である。あなた方が『ユダヤ問題』と呼ぶものについて、このように議論するとは、あなたたちの側の出しゃばりだ。実際にユダヤ問題はあるが、それは国内問題だ。（ちょっと邪険な様相で）それはいらぬお世話だと言いたい」

もしこの態度が正しいとするなら、私が提案するところは、市民道徳を破壊することになる。それは、たとえばジョーンズ氏と義母が口論しているときに、どちらにも面識がなく、何の関係もない私がその解決に乗り出し、言い争う両者に私の解決案を押しつけるようなものだ。それは市民道徳の破壊になるだろう。

しかしこの態度が間違いであることは、これが本質的にユダヤ人と非ユダヤ人の両者を巻き込む問題だという点にある。私たちが解決しようとしている問題は、双方が関係するものとして捉える問題なのである。中には、ユダヤ民族の内には、国内問題などほとんど存在しないと言う者さえいるだろう。ユダヤ民族は外部の社会には反応しないし、ユダヤ民族をあれこれ詮索するのは外部の社会の仕事でもない、と。

だが、そこまで言うのは行き過ぎであろう。主要な問題は、両当事者と密接に関係するものであり、一方に対しても他方と同じくらい関係する。実際のところ、間違った解決をしたり、解決を全く回避したりすれば、私たちよりもユダヤ人のほうにとって、深刻な結果が生じることになろう。しかし、私たちはともに悩むべきである。私たちの側でさえ、激しい悩みであろう。

たとえ言葉の通常の意味での苦悩の問題はないとしても、依然として正義の問題が残る。その問題を述べることを嫌い、それを解決する試みを不快に思うユダヤ人は、自民族のためになることは何もしていないのである。それと同時に私たちには、自分たちの身辺の事柄を整理する権利がないとも言っているわけである。もちろん、その権利を否定することは許されない。私たちの諸大国とイスラム社会でのユダヤ人の立ち位置は、これらの諸国とイスラム社会が決めなくてはならないものだからだ。それを未解決なまま放っておくわけにはいかない。何らかの結論に到達しなければならないし、それも、すぐでなくてはならない。彼らの平和は、その結論の性質次第なのである。

二つの説は、全く異なった精神状態から生じたものであり、互いに対立する。しかし、両者ともユダヤ人とその周囲との関係には、何かしら冷酷な悪意のあるものが存在するという考え方は共通している。一方の説では、不幸なユダヤ人は、邪悪な受入れ側の人々から、必ずひどい目にあわされると断言する。もう一方の説では、邪悪なユダヤ人がいつも陰謀をめぐらしては善良で親切な受入れ側の人々を傷つけようとしているという。どちらの場合にしろ、解決策を見つけようとしても何の役にも立たないのである。人々は言うであろう。

「なぜ、変えられないものを変えようとするのですか。なぜ、あなたの題材を実際のものとは違うもののように話すのですか。猫はいつも犬と口喧嘩するものです。もし口論を避けたければ、できることはただ一つだけです。あなたの家の犬と猫を離しておくだけですね」

まさにこのどちらの考え方も正しいとは信じられないから、私は解決策を探してきたのである。どちらの説にも、反証がある。その証拠は私の手元にあり、誰の手も借りずに私の知力だけで検証ができるし、近代社会では、誰でも検証可能である。

私はこれまで何百人ものユダヤ人と出逢ったが、その中で、このような悪意に満ちた憎悪の素ぶりを見せた事例は、ただの一度も思い出せない（親密な友人として数えられる人は一人もその数に入れていない）。私は激しい怒りを爆発させた声を幾度となく耳にした。しかし過去のことを考えると、それは至極当然なことである。しかし、ともに暮らす人々を傷つけたいというユダヤ人の執拗な悪意や、過去の苦難と繫がりのない本能的な欲望や、一種の本能的な行動については、私は微《かす》かな気配さえ目にしていないのだ。

万一、広く面識のある人々以外で、例外的にそのようなものがユダヤ人に見つかったら、それについては、小規模な少数派には当てはまるかもしれないと私は結論を下すべきだろう。だが、常識や一般的な経験からすれば、それが一般大衆に悪影響を及ぼすものではないことは十分にわかっている。

私がすでに列挙した摩擦の原因としては、秘密の慣習がある。また相互の軽蔑があり、それぞれに相手側に対する優越感から生じるものである。国内的なものと国際的なものとの論争や、私たちのものと、よそ者のものとの間での論争がある。一言でいえば、偶発的な敵対行為があることを匂わせる要素がたくさんあるわけである。しかし、内発的な敵対行為については、何の証拠もない。すなわち、自分たちが自分の好きなようにできる社会を破壊したいという欲望をユダヤ人がいまだに抱いているという証拠は、何もないという意味である。

そしてもし私たちが自分自身を顧《かえり》みれば、私たちの側にもそれと対応するような欲望、すなわちユダヤ人に対して悪事を行ないたいという気持ちなどないことを同じように確信するだろう。私たちはまた、口論するときや、私たちの国益に反する国際的な行動に出るときや、自国のものとよそ者のものとの間で摩擦があるときは、侮辱された記憶を思い出しては激怒する。しかし、それは永遠に続く避けがたい敵対行為とは全く異なるものだ。

「近代思想」と呼ばれるものでは、人間の無意識の部分に広い領域が与えられ、理性の領域はできる限り減らされることを私は熟知している。しかし私はその考え方に同意できないのだ。人間は本質的に理性的だと私には思える。そして人間の政治的な関係も、意識的な道徳と意識的な論理とが、一致するように整理することができる。

甚大な不幸が生じる前兆

次に、先の設問に対しては逆の態度が二つある。一方の側には、ユダヤ人が最終的に世界を支配するという救世主思想がある。もう一方はその思想を極端に恐れる態度であり、その思想が積極的に追求されているのは、私たちの制度や宗教を破壊するためだという確信である。

ユダヤ人の背後にはユダヤ人種の伝統があり、ユダヤ人の耳にはユダヤ教の聖典の調べが響いているので、きっとユダヤ人はそのような思想をある程度は学んでいるだろうし、少なくともユダヤ人の中にはその方向に傾倒している者がいることは私も理解できる。確かに近年、ユダヤ人の権力がばからしいほど誇張されていることに直面すると、人々がパニック状態に陥っても当然だった。

そのようなことを人々が目にするのは、大部分の共同体のほんの一部分であり、どの共同体でも二十分の一にも満たないのだが、数の割には、実際のところ、それ以上の権力が行使されているのである。人々は、その権力がユダヤ人の目的の実現に向けられているため、残りの人類とは敵対するもの、あるいは無関心なものと見たのだ。

しかし私がこの誇張された考え方を否定するだけでなく、その根本的な意味合いも否定する理由は、それが現実的にはありえないことだと思えるからである。

というのも、それが暗示するのは、ユダヤ人側の能力であり、ユダヤ人側の継続的な意思であるが、ユダヤ人には明らかにその両方とも欠如しているからだ。歴史を紐解きさえすれば、次のことがわかる。すなわち、優越性を求めて闘争する状況になるはるか以前から、そのような計画を目論んでいると疑いをかけられ、一番苦しんだのはユダヤ人であり、私たちではないということである。実際のところ、それが、今日引き起こされた危険な状況のもっとも重要な要素の一つである。

ユダヤ人による支配を誇大に恐れ、その恐怖に影響されてユダヤ人に強硬に反抗しながら、その数を増大させている大規模集団は、ユダヤ人にへつらうというよりも、最終的にはユダヤ人に不当な仕打ちをしでかしそうな雲行きである。過去に甚大な不幸が生じたのは、このような雰囲気があったからである。このムードを双方の側から取り除くことが、どのような解決策でも不可欠なのである。

複数のユダヤ人学者の論文で読んだことのある学説で、数多くの非ユダヤ人学会や歴史家たちが繰り返し主張してきた説が一つある。その趣旨は、ユダヤ人が生き残り、別個の共同体としてのユダヤ人がまさに存在するのは、過去に共通した条件があったからだが、現在はその条件が消滅しているので、現在の困難は時間が解決するのに任せたほうがいいという説だ。

もちろん、この説は、ユダヤ民族は吸収することができるし、そのように吸収することが解決策になると一般的に主張するものである。この結論に対しては、いつも失敗に終わったという歴史的な根拠に基づき、私がすでに拒否したものである。しかし、特別の事例では、それなりの理由があるので、ことのほか特別な吟味が必要となる。次の場合がそれにあたる。

この説を擁護する人々は、過去において吸収の機会がいかにあったとしても、現在と未来の機会には無関係なので、歴史からの議論は成り立たないと主張する。過去においてユダヤ人は排他的であり、彼らは自分たちの側から周囲の世界とできるだけ交わらないようにしたし、私たちも私たちの側で、自分たちと彼らの違いを同じように強調することで、その排他性を維持してきたのだ。当時の私たちは受肉に基づいた宗教〈注21〉を信じていたが、それがユダヤ人の性に合わなかったのだと言われている。そのような宗教は廃れているし、廃れつつある。それとともに外部から排除される傾向も消滅している。

その一方で、ユダヤ人側でも、旧来の宗教的な絆《きずな》はすこぶる弱まっていており、古いメシアの教義は、それ以上に弱体化している。双方の側に巨大な渦巻きがあって、過去には誰も全く経験したことのないくらい激しく、急速に吸収へとつき進んでいるのである。

一口にユダヤ人を吸収するといっても、普通の旅行者がロンドンからローマへ行くのに一カ月かかっていたときと、三日しかかからないときとでは、時代が違う。ほとんどの場合、宗教に極度の神経を使うことを根拠にし、諸人種間の障害となっていたときにユダヤ人を吸収するのと、これらの感情的な影響力が消滅しつつあるときにユダヤ人を吸収するのとでは、全く別のことだというのが、その理由である。

この説を私が拒否する理由には二つある。

まず第一に、この説では過去と現在との違いが誇張されすぎているように思う。第二に、私の眼前にある現実の世界では、そしてまさに「人種の坩堝《るつぼ》」というあり方が、もっとも徹底される条件下では、吸収に対して、もっとも激しい反発が見られるはずだと、私は理解しているからである。

ローマのユダヤ占領から、当今の大都市における近代的な産業段階に至るまでの間には、私たちの人種の長い物語があるが、それを不可思議な過去と理解できる現在という二つの章に分けるのは、無理がある。両方ともそう大して変わらないのだ。

たとえば、今日の私たちを驚かす物理科学での絶え間ない発展は、十二世紀と十三世紀を特徴づけた建築と哲学の広範囲に及ぶ新しい発展に匹敵するくらい目覚ましいものである。「近代懐疑主義」と呼んでもよい思想的不安が重要な精神的変化だとしても、私たちがローマ帝国の改心〈注22〉と呼ぶ、あのとてつもない革命に比べれば、それほど重要な精神的変化と言えるものでは全くない。

今日の懐疑主義の領域は、過去の数多くの特別の時期よりも広範囲に及ぶものではない。あれこれの行為を禁止する強い宗教的感情は今日の私たちの間でも見られ、古い対象に結びつく場合もあれば、新しい対象に結びつく場合もある。

ユダヤ人と非ユダヤ人の間の特別な宗教的障害に対する無関心が認められるだろうが、それも私たちの時代に特有なものではない。過去にも表われては消えていた。そのような無関心の波が去った後には、もっとも激しい反発の波が襲ってきているのだ。今は、そのような反発の波を目の当たりにしているのだと思う。

〈注21〉キリスト教のこと。受肉とは、神の子キリストがイエスという人間性をとって、この地上に生まれたこと。
〈注22〉ローマ帝国の皇帝コンスタンティヌス一世（在位三〇六～三三七年）が三一三年に「ミラノ勅令」を公布したことで、キリスト教が公認され、三八〇年、ローマ皇帝テオドシウス一世によりキリスト教がローマ帝国の国教と定められた。キリスト教は、ローマ帝国の国教となったのを契機に、広い地域に浸透していった。

次に単に物理的な通信速度が増したことで、この問題にどのような影響があるかはわからないし、どのように移住の人数がその問題に影響するかもわからない。今なら、数世紀前にライン渓谷からポーランドまで一〇〇万人のユダヤ人を移動させる時間よりも短い時間で、一〇〇万人のユダヤ人をリトアニアから（五〇〇〇マイルも離れた）ニューヨークまで移動させることができる。

しかしその一〇〇万人のユダヤ人は、近代の状況下でも、過去のユダヤ人とはさして変わっていないように思える。実際のところ、ユダヤ人に対する寛大な処置や、友好的な受入れや、ユダヤ人を吸収する機会は、近代のアメリカよりも、中世のポーランドのほうが限りなく際立っていた。議論のこの部分については、私たちが小さな近代の教科書を読んだことから生まれる歴史観や、一般に流行している歴史観にまるごと基づいているように私には見える。それも私たちのちっぽけな近代の教科書ときたら、まったくのがらくたなのである。それは、愚かにも、現代的なものなら何でもかんでも強調することから生まれた視点である。

近代の物理化学の進歩によって、外面的はいわずもがな、内面的にも世界が完全に変わったように思われている。ならば近代世界を眺め、それと私たちが知っている二つの遠い昔の特別な時期とを比べさえすればよい。この三つの時代のうち、どの二つを比較しても、その違いが同じように歴然としていることがわかるだろう。多くの点で近代世界は、イノケンティウス三世〈注23〉の世界よりも、アントニウスたち〈注24〉の時代のほうにはるかに似かよっている。また多くの点で、イノケンティウス三世の世界は、近代世界よりも、ローマ帝国のほうにはるかに似かよっている。さらに多くの点で、イノケンティウス三世の世界と私たちの世界は、異教のローマ帝国よりも共通する点が多い。

したがって一般的な教訓は、私たちの時代は、際立った特色があると言っても、それぞれが同じように異なっている数多くの事例の一つにすぎないということだ。そしてその時代には、古い宗教の障害を破壊する宗教的懐疑主義においても、通信の迅速性においても、そしてそれ以外の基本的要因においても、ユダヤ人の吸収を特に示唆するものは何もないのである。

たとえば、ユダヤ人は、今日のイングランドよりも、スペインがイスラムを占領していた時代にイスラム教徒と一緒にいたときのほうが、ずっと混じり合いやすかったし、はるかに平等な地位を獲得していたし、摩擦もずっと少なかった。それでもスペインのユダヤ人は、ポーラ

〈注23〉ローマ教皇（在位一一九八～一二一六年）。ローマの貴族の出身。パリで神学、ボローニャで法学を学んだ後に教皇庁に入り、一一九八年に三十八歳の若さで教皇となった。フリードリヒ二世の後見人としてドイツ皇帝の選挙に干渉し、離婚問題でフランス王フィリップ二世を破門し、イギリス王ジョンには封臣の誓いをさせるなど、教皇中最大の権威を誇った。教皇はまた第四回ラテラノ公会議（一二一五年）を招集し、異端対策、教会刷新、十字軍の組織化に大きな役割を演じた。

〈注24〉アントニウスたちと言う場合、一三八年から一八〇年までのローマを支配した二大皇帝をさす場合が多い。すなわちその卓越した指導力で有名な五賢帝の四代目アントニヌス・ピウス（在位一三八～一六一年）と、哲学者でもあったマルクス・アウレリウス（在位一六一～一八〇年）である。これにマルクス・アウレリウスと共同統治をしたルキウス・ヴェルス（在位一六一～一六九年）とマルクス・アウレリウスの子でその継承者のコモドゥス（在位一八〇～一九二年）を加えることもある。

ンドと同じようには吸収されなかった。それよりも古く、寛容で、非常に国際化した異教のローマ世界にも、彼らは吸収されなかった。ローマのユダヤ人は時々完全な市民権を持ち、今日のようにローマ共同体の財政を巧みに操っていたのだ。

ユダヤ人の側で排他性が弱まったかどうかといえば、その兆候さえ私には見えないのである。というのもこの排他性が生じるのは、緩められるときもあれば締めつけられるときもある特別な慣習があるからというよりも、変わることのない民族の伝統があるからだ。その伝統に対する熱の入れようは変化するが、民族の存続を危険にさらすほど伝統が低く埋没することは決してない。

第三のユダヤ人都市、ニューヨークで起こった変化

議論から観察へと視点を移すと、その説が虚偽であることに直面することになる。私たちはただ一点だけを取り上げればよい。それは「人種の坩堝」という比喩がもっとも当てはまる場所(最初にそう呼ばれた場所)、すなわちニューヨークである。ユダヤ人がニューヨークに大挙して流入し、あのような短期間で、私たちの目の前でニューヨークが第三のユダヤ人都市に変貌したわけだが、それにはどのような影響があったのだろうか。周知のように、その影響とは、かつては無関心だった雰囲気の中から、旧世界で私たちの興味を引きつけた反ユダヤ感情が高まったことだった。それはひどい興奮状態にある。それは自己表現が日増しに激しさを募らせる強烈な反発である。その反発精神をもっとも如実に表現したのが、フォード氏と、彼の

有名な反ユダヤ人プロパガンダが出所だと思われる言い回しである。

フォード氏は、彼の新聞である『ディアボーン・インディペンデント紙』〈注25〉で、「人種の坩堝について語るのは全く結構なことである。しかしユダヤ人ときたら、その坩堝に溶け込むどころか、あたかもその坩堝自体を溶かしたいと思っているように見える」と言ってのけるのだ〈原著者注〉。

いずれにしてもニューヨークには、吸収説を自証する機会がある。現地では二〇種の異なった人種がいて、黒人のように人種が私たちとは全く異なる一般大衆も含まれている。一定の小さな割合でシナ人がいる。またヨーロッパの系統は千差万別である。彼らの大部分は大人数である。たとえどのような移民の分子であろうとも受入れられ、誰でもすぐにアメリカの型には

〈注25〉フォードの名を冠して『ザ・フォード・インターナショナル・ウィークリー』(The Dearborn Independent, the Ford International Weekly) としても知られる週刊新聞で、設立は一九〇一年だが、ヘンリー・フォードが出版に関わったのは一九一九年から一九二七年までで、一九二五年までに九〇万部の発行部数を誇った。

〈原著者注〉私はザングウィル氏からこの比喩的表現を借用した。同氏は特にニューヨーク市に当てはめているが、私は近代産業社会全体に当てはめている。

【訳者注】イズレイル・ザングウィル (Israel Zangwill　一八六四〜一九二六年) は、イギリスの作家で推理作家。アメリカ合衆国のアイデンティティに対して「メルティング・ポット」論 (原型が溶かされて一つになる) を唱え、それが一九〇八年発表の戯曲、『るつぼ』(*The Melting Pot*) に表われている。ここから「人種の坩堝」などといった表現が生み出された。

まることができると確信している。これらの分子の大部分は吸収され、それも急速に吸収された。吸収されない場合でも、彼らには少なくとも平和があった。

そこにユダヤ人が到着し、瞬《また》く間に全く新しい状況が出現したのだ。すなわち挑戦、挑発、公認の排斥、激しい討論、抗議の叫びという状況である。しかし、吸収の兆候は全く見られない。吸収に向かって進むべき要素がすべてそろっていても、ユダヤ人と非ユダヤ人との間の相違と憎悪が、生命力溢れる熱帯植物のように、ニューヨークですくすくと育っているのだ。

まだもう一つ別の説がある。もし広く報じられていなかったならば、もしあれほど多くのユダヤ人が自ら唱導しなかったならば、滑稽なもの、真剣な議論には相応《ふさわ》しくないものとして私が保留していた説である。しかしそれは進展しているので、同意されているにちがいない。それは、ユダヤ人のような民族はいないし、全体が幻であるという説と変わらないものである。

言うまでもないが、このとんでもない主張は、事柄の「科学的」検証と呼ばれるものに基づいている。なぜかというと、「科学的」という言葉が、どのような不合理な状態とも関係づけられるようになっているからだ。人々は、特にユダヤ人は、これ以上ないような真面目くさった顔をして、次のようなことを断言するようになっている。自分たちは頭蓋骨を測定し、毛髪の一部を採取し、眼の色を分類し、顔の角度を設定し、血液を分析し、その他にも多種多様な根拠に基づくデータを駆使したら、ユダヤ人という独特の型体は発見できない、という結果が出たという。ここまで理詰めで考えられる人々は、唯名論と実在論の間の根本的な論争を理解しているとは思えないし、「もの」の定義にまつわる古い哲学的ジョークも聞いたことがないようである。

私たちは、哲学者が議論できるような一定の手順を踏んで、馬が馬であり、リンゴがリンゴであり、シナ人がシナ人であり、ユダヤ人がユダヤ人であることを知る。正気の人間なら誰でも、その論法の長所について疑いを持たないし、私たちの生活すべてがその正当な行為に基づいている。化学者は、石炭の塊を化学的に分析すれば、ダイアモンドを化学的に分析したのと同じ結果が出ると私に言うかもしれない。それに対しては、いやしくも理性を働かせることのできる人なら誰でも、それ以外の夥しい数の分析方針をとれば、色、感触、可燃性、硬さと柔らかさ、経済的価値、普及度（など限りなく）からして、この二つのものは同じものではないと答えるだろう。完全な分析などない。たとえ意識的な分析を全くしなかったとしても、石炭の塊はダイアモンドではないことがわかるだろう。

それは明々白々な真実なのにあえて反証を挙げようとするこの科学まがいの試みと、全く同じことなのである。それらは広まるが、不十分なデータから演繹《えんえき》するため、どれも同じようにばかばかしい。人種的に言えば一民族として、政治的に言えば一国民として、ユダヤの人々が存在し、差異が設けられることは、石炭やダイアモンドが存在するのと同じような事実なのである。

彼らは政治的に一国民である。彼らは一国民として行動する。個人の構成員が共同機能を感じ、それを働かせるからだ。私たちは、彼らが独立した人種であることを知っている。彼らがそうだと見てわかるからである。ユダヤ人と会うときは、敵であろうと味方であろうと、ユダヤ人と会うわけである。ユダヤ人には一定の表現、一定の物腰、一定の肉体的特徴がある。それは、見た瞬間には分析できないものかもしれないが、特別の人物、すなわちユダヤ人種を扱っているという印象や確信を得るのだ。

もちろん、そのタイプは、他のどの一般的なタイプとも同じように、境目がぼやけているのは事実である。扱っているのがユダヤ人なのか、それとも非ユダヤ人なのか疑わしくなる場合も常にあるだろう。しかし、ユダヤ人の人種的タイプを構築する特徴的で中心的タイプがある。それはモンゴル人タイプ、黒人タイプなどがあるのと同じように確実なことである。

私は本気で異議を唱えることはしない。異議はすでに唱えてあるし、このような重大な政治問題の議論の中で突然に持ち上がるかもしれないので、注意しておくだけにとどめたい。

第15章　習慣か法律か

平和的和解のために

ユダヤ人を認知するための制度的方法

もしユダヤ人とユダヤ人が暮らす文明との間で生じる摩擦が、ユダヤ人が秘密の慣習を保持し、私たちが無関心なことで悪化するなら、あるいはユダヤ人が私たちの癪《しやく》に障るような優越感を表明することや、私たちがユダヤ人に対して慈悲心も知性もない扱い方をすることで悪化するのなら、当然の帰結として、どのような解決も大差ないものとなろう。また、どのような調停に取り組んでも、摩擦は残るだろう。

しかし、その種のことが今にも沸騰《ふっとう》しようとする前の状態と、その問題が現に激しく沸騰している今日の状態（煮こぼれしかねない）とでは、大きな差がある。

しかし、たとえ問題の解決が不完全であっても、それなりに安定はあるかもしれない。友情とはいかないまでも、少なくとも平和はあるのかもしれない。問題の構成要素から推測すると、当然ながら、その解決策は、どちら側にせよ、相手側を刺激するような行為は何でも修正する方針を出す側の策にそったものになる。すなわち、その刺激するような行為とは、意思によって直すことのできるものすべてであり、深く根を張って根絶できないものとは別のものである。

ユダヤ人は優越性を感ぜずにはいられない。しかし、そのことを表現するのを抑えることはできる。伝統と慣習は大いに犠牲にすることにはなるが、ユダヤ人と私たちの関係を、何もかも害するような秘密を執拗なまでに保護することは、やめることができるだろう。

私たちの側では、その秘密とは逆のもの、すなわちユダヤ人との関係で不誠実な態度に陥ってしまうことや、率直でない態度は改めることができる。それは私たちの伝統や習慣への反逆を意味せざるをえないが、それを犠牲にするだけの価値はある。

私たちは、より一層の敬意を払いながらも、もっと頻繁にユダヤ人に近づくことができる（それはそれぞれ個人の役目でなくてはならない。共同作業ではありえない）。私たちとでは、もっとも深いところで性質が違っている民族と実際に親密に生活することなど、できないと絶望していても、今のように親切心のないところを見せる段階からは、何段階も前進できると私は思う。

だが、そのような親密な関係はできないかもしれない。私は楽々と仲間のユダヤ人へ近づき、懇意になることができたが、幸運に恵まれていたのかもしれない。私の同僚の多くがそうでないことは知っている。多分、周囲にいる多くの人々にとって、ユダヤ人は常に何か不思議で近寄りがたい存在なのだろう。そして嫌悪感を起こさせる存在なのだろう。しかし、私たちが人間関係でそこまで躊躇しながら、無関心な分子と交わるべき理由は何もない。ましてや、軽蔑する分子ならなおさらだし、ましてや残忍な分子なら、さらになおさらである。

そこで私は、解決のための方程式を繰り返すことにする。それは認知と尊敬である。

ここでいう認知とは、真実を語るのと同じことである。ユダヤ人の国はある。ユダヤ人はその国の市民である。認知とは、ある特別な場合にこの真実を話すだけでなく、双方の側で私たちの諸関係において、規則正しい習慣として、そうすることを意味する。

ユダヤ人問題を正しく分析さえすれば、この主張は非常に明白であり単純でもあるので、それを強調する必要もなければ、発展させる必要もない。平明な主張で十分である。

しかし、そのような断固とした解決策を出すとなると、これよりもずっと積極的で複雑な疑問がついてまわるのだ。その疑問に半信半疑であったために、この改革だけでなく、他の多くの改革も暗礁に乗り上げてきたのである。

その疑問とはこうだ。この場合、社会的な慣習、書いたり話したりする一般的な方法によるものと、制度的な行為、法律的な改変、憲法上の定義を改変する方法と、どちらが優先されるべきなのか、というものである。

間違った決定をすれば、善意の努力がことごとく水泡に帰することになるので、正しく決定することがとても重大なのである。私の判断では、間違った決定とは、法律の改変、新しい定義、新しい制度を優先し、それから新しい精神を作り上げようと試みることである。この方法では、どのような安定した平和も望めなくなると私は理解している。

もちろん、ユダヤ人自身が変えたいと示唆するもの、すなわち、自分たちの諸制度を発展させることや、すでに彼らが分離を実施した分野以外のところで、ユダヤ人共同体を自らの自由意思で分離することは、別の範疇に入ることを認めなければならない。このような、いかにもユダヤ的な新制度は、常に歓迎すべきである。

しかし、公的な条例制定の試みは、よそ者の少数派から共同体全体を守るためのものだが、少数派が共同体の正規の一員として永久に共生しなければならないとき、そのような条例制定を最初の段階に行なうとなれば、必ず抑圧をもたらす傾向にある。どのような分離主義者の法律制定も、ユダヤ人を別個の民族とする長期間にわたる慣習と十分な認知があり、そしてその認知には敬意が伴うということを通して自然になされてゆくものであるべきだ。

私たちの側で前進があっても、ユダヤ人のほうがそのような取引をすべて拒否してくるかもしれない。ユダヤ人は自分の立場を譲らず、他の多くの特権階級が彼らの前で主張してきたように、次のように主張するかもしれない。何もかも今までのようにやり続けるつもりだし、二重の忠誠を要求しつづけるつもりだし、ユダヤ人として完璧に認知されると同時に、そのような認識を反故《ほご》にするようなことだが、私たちの共同体の一員としても完全に認知されることも主張するつもりだ、と。

もしユダヤ人がそうするなら（そしてユダヤ人はきっとそうするだろうし、あらゆる改革を拒むだろうと私たちに言う人がいれば）、ユダヤ人にはお気の毒だが、私たちの共同体は、やむをえず立法化に踏み切らざるをえないだろう。そうなれば、ユダヤ人にとっても私たちにとっても危険になるだろう。双方にとっての深刻なトラブルの始まりになるかもしれないが、それを避けては通れないだろう。ヨーロッパ中に法制定の嵐が吹き荒れ、その他の国々とともに、この国にも悪影響が及ぶことだろう。

現在の状況が、いつまでもこのまま続くことはありえない。ここイングランドも、すでに不安定な状況にある。他の所では、破滅への道のさらに進んだ段階に到達している。しかし、もしユダヤ人にその危険が見え、その変化の本質を理解するなら、非常に速いペースで変化は進んでいても、関係構築は可能である。その関係から、正式の規則作りが、双方に受け入れられる形で進行する。

繰り返すことになるが、このような場合、正直な関係を再構築して基盤づくりの準備をする前に、新しい実定法や新しい地位に着手すれば、もっとも深刻な誤りを犯すことになろう。それは、現実をつぶさに認めることでのみ、なしえるのである。それは、イスラエルが分離した国家であり、私たちのものではないし、私たちのものにもなりえないし、私たちとは混同されないことを、至るところで公に継続的に認めることである。

「イスラエルに平和を」

問題解決を先延ばしにしたいという大きな誘惑がある。この国の裕福な階級には、この問題の深刻さがまだ感じられていないからである。またそれ以上に、共同体が異なれば深刻さも異なるからである。私たちの隣人の玄関口までまさに危険が迫っているかもしれないのに、私たちからすれば、まだずっと離れているようにも見える。

多分、変化に対応する努力が嫌いな人々は、日常業務や、近接過去の継承や、過去の因習が生み出した虚偽なら安心感が得られるという誘惑に負け、変化を回避するのだろう。しかし、十九世紀の上辺《うわべ》の地位がいまだに頼りになると思っている聡明で思慮深いユダヤ人がいたら、当時にあったユダヤ人の支援勢力が今も同じようにあるのかどうか、私は尋ねてみたいのだ。

特別の例を挙げよう。ポーランドとルーマニアでは、旧来の虚構が力ずくで一時的に押しつけられてきた。西洋諸国の政府は、両国の政府と社会に対し、ユダヤ人を完全な市民として受け入れるよう押しつけている。それは社会の本質から起こったことではなく、外部者の行為から起こったことなので、ここでは緊張がすこぶる高まるわけである。イギリス政府、フランス政府、そしてアメリカ政府が、このように不安定で、不正で不自然な状況を、東ヨーロッパにつくってしまったのだ。だが、それは不自然で長続きすることはない。

問題の共同体は、ユダヤ人を認知する法律は一本も作らないかもしれない。その代わり、抑圧への扉が開かれる。外国の干渉が弱まる瞬間に、抑圧が生じるだろう。

現実の社会的困難や決定的な困難の重圧の下で、ユダヤ人を認知する新しい法律を通したがために（厳正だが、ユダヤ人との合意もなく）、あるいは現実に敵意があるがために、非現実的な和解が破棄されたら、ユダヤ人は、西洋から三〇年前にあった支援と同じような支援を、今も受けられると心底から考えるだろうか。そうでないことは、ユダヤ人がよく知っている。

三〇年前なら、フランスの伝統的な自由主義から、大部分の支配者階級から、学術組織全体から、そして当時はまだ尊敬と信頼がおけた古い共和主義者の団体から、ユダヤ人の要求に対して即座に回答が出たであろう。イングランドでは、満場一致の熱狂的な回答だっただろう。寛容という神聖な大義のために、この国のあちこちで、論説、大規模な意見交換会、大臣の演説が矢継ぎ早に行なわれていただろう。

今日、東側のユダヤ人の訴えは、公式には支持されていても、世間では無関心な受け取り方がされることは誰でも知っている。さらに一〇年経てば、その訴えは笑いものにされるかもしれない。

別の例を取ってみよう。シオニストの実験が破綻する（その可能性がきわめて高い）と仮定しよう。イギリス人が、自分たちとは無縁の争いのために兵士の生命を危険にさらすのを拒否し、自分たちにとっては何の利益にもならず、何の関係もない不安定な植民地を、自分たちの法外な税金から支援するのを拒否したとしよう。その実験が破綻したとき、それもすぐに訪れたとしたら、一〇年前にあった再建のための支援さえ、まだあるだろうか。きっとないだろう。それからさらに一〇年経てば、きっと最大の激しい敵意が生じるだろう。世界の時流は、同じ方向に向かっているのだ。

不幸にも、そのような時代の変化の影響で、和解への欲求というよりは、むしろ憎悪が掻き立てられてきている。また、人々は困難な状況を道理に基づいて吟味するのではなく、盲目的な行動へと掻き立てられてきたのである。だからこそ、西洋社会では、その緊急性が隠され、半ば忘れられている地域がいまだに多々あり、事は急を要していると私には見える。

私の言う「急を要している」とは、次のような意味である。この私論も、今のところはまだ要領を得ていて、推奨した解決案がまだ実行可能であっても、著者の生きている間に、全く見向きもされないほど古臭くなっても無理はないということだ。

ここでは輪郭を意図的に曖昧にしたり、柔らかくしたりして平和的な和解を提案したが、変化の波に洗われて二、三年もすれば、それも時代遅れの非現実的なものに思えるかもしれない。清らかな議員生活とか、まじめな政党政治とかいう古いレッテルが、まさに今日同じような憂き目にあっているようなものだ。

この世代も終末になれば、私の解決策も、ユダヤ人と私たちの間でそのころに生じる深刻な状況には、ちょっと当てはまらないかもしれない。ちょうど今になって、一八八〇年代のアイルランドの自治問題〈注1〉に対する非常に一時的な要求をめぐっての古い討論が、その様相を呈しているようなものだ。できるだけ速やかに行動し、まだ時間がある間に大切なことを処理しよう。近代世界が渦巻きや急流と化す中では、凪《なぎ》に向かうよりは激しさを増しながら奔流《ほんりゅう》へ向かっているが、どの大論争も年を追うごとに強力な形をとり、闘争へとより近づいている。しかし、それはイスラムとキリスト教界とベニ・イスラエル〈注2〉の間の、大昔からの、まだ完結していない討論ほどではない。しかし私としては「イスラエルに平和を」と申し上げたい。

〈注1〉一八七〇～一九一四年のアイルランド自治獲得運動。一八七〇年プロテスタントの法律家L・バットによって自治協会(Home Rule Association)が形成され、自治獲得運動のスローガンをホームルールとした。
〈注2〉インド生まれのユダヤ人で、主としてボンベイに居住する。「イスラエルの息子たち」を意味するベニ・イスラエルと呼ばれる人々が「ユダヤ人」という名称を避けたのは、回教徒の隣人から偏見を持たれるのを嫌ったからだと言われている。彼らの伝承によると、迫害を逃れたユダヤ人がインド洋を航行中に難破したときの生き残りで、その子孫がベニ・イスラエルだという。彼らの存在が最初にヨーロッパ人に知られるようになったのは、十九世紀にインドに派遣されたキリスト教の伝道師たちの活動を通じてだったようである。ダウード・パシャによるユダヤ人迫害を逃れてペルシャを経て一家でボンベイに移住したユダヤ人の資産家、サスーンが一八三二年にサスーン商会を設立し、イギリスの東洋貿易に多大な貢献をしはじめたのを機に、西洋のユダヤ人は、よりベニ・イスラエルに興味を抱くようになった。

ロシア革命とユダヤ人

本書はHilaire Belloc, *The Jews*（Constable & Company, Ltd. 1922）の全訳である。この初版が出版されてから一五年後の一九三七年、新しく序文をつけた第三版が上梓されているが、本書にはその序文は収載されていないことをあらかじめお断りしておきたい。ただし、その序章のポイントについては、このあとがきの後半で簡単に触れたいと思う。

本書『ユダヤ人』については、監修者である渡部氏の著書『名著で読む世界史』に、世界史の名著一三冊のうちの一冊として紹介されている。つまり本書は、氏が収蔵されている古今東西の蔵書一五万冊の中から、歴史の洞察力を高めるためにピックアップした選《え》りすぐりの一冊というわけである。氏は、その理由として「第一次世界大戦のさなかに生じたロシア革命が、ユダヤ人による革命だったということを示し、ユダヤ人に迫るその後の危険や、世界史に及ぼす影響まで『予言』していた」書であると述べておられる〈注1〉。

なるほど、そのようなロシア革命の視点は、この革命がロシア人によるロシア人のための革命だとてっきり思いこんでいる者にとっては、すこぶる新鮮な視点を提供してくれるにちがいない。

ためしに訳者が学生時代、愛用していた辞典〈注2〉で、そもそも「ロシア革命」とは何かを見てみると、その冒頭には「専制打倒、農奴解放、民族の同権と自決の課題をかかげたロシアの革命運動は一九世紀初期のデカブリストにはじまる」とある。「デカブリスト」とは、「十二月党」と訳されるが、ヨーロッパの啓蒙主義に影響を受けて自由主義的思潮に傾斜していったロシアの貴族層のことである。一八二五年十二月十四日、彼らが起こした反乱事件、デカブリストの乱が、革命運動の嚆矢《こうし》だというのである。

その後、革命運動の流れは、ロシア貴族から、知識人を主体とする雑階級人へ、さらにプロレタリアートへと受け継がれていった。そして二十世紀にはいると、労働者階級の指導によって、ブルジョワ民主主義革命、すなわち血の日曜日事件を機とした第一次ロシア革命（一九〇五〜〇七年）が起こったと説明されている。だが、そこには、ユダヤ人とロシア革命との結びつきを匂わすものは一言も書かれていない。

その意味で、本書は、ロシア革命ひとつとっても、すこぶる興味深い歴史の一幕にスポットライトを当てた名著だと言えるだろう。

もっとも現在では、エルサレムのケテル社出版で、ユダヤ人とユダヤ教に関する代表的な百

〈注1〉『名著で読む世界史』（育鵬社　二〇一三年）194ページ。
〈注2〉『新編　西洋史辞典』（東京創元社　一九八三年）879ページ。

科事典、『エンサイクロペディア・ジュダイカ』には、「コミュニズム」の項に「個々のユダヤ人がボルシェヴィキ主義とソヴィエト・レジームの初期段階で重要な役割を演じた」とか、「ボルシェヴィキ分子（一九一二～一三年の間にボルシェヴィキ党になった）には、主に組織とプロパガンダの分野で活動的な数多くのユダヤ人がいた」とか、ユダヤ人とロシア革命との関連について明記されていることを、追記しておこう〈注3〉。

ヒレア・ベロックと『ユダヤ人』

まず最初に、著者のヒレア・ベロックと本書『ユダヤ人』について簡単に紹介しておきたい。

ジョゼフ・ヒレア・ピエール・ルネ・ベロック（Joseph Hilaire Pierre René Belloc　一八七〇年七月二十七日～一九五三年七月十六日）は、パリ近郊のラ・セル＝サン＝クルー（La Celle St Cloud）で生を享《う》けた。一般には、フランス系イギリス人の作家であり、歴史にも造詣《ぞうけい》が深い社会評論家として知られている。父のルイ・ベロックはフランス人の弁護士、母はエリザベス・R・パークスというイギリス人であったが、ベロックが二歳のときに父親が亡くなったため、母親に連れられてイギリスのサセックスに戻った。

イギリスでは、エッジバストンとバーミンガムで、ジョン・ヘンリー・ニューマンが主宰するオラトリオ会の学校で教育を受けた。いわゆるヴィクトリア朝のイギリスで教育を受けたわけだが、夏にはフランスにもどって親戚と過ごすこともあったようだ。本書では、ベロックがフランス軍にいたことにも触れられているが、フランス市民としてトゥールの砲兵大隊で兵役を務めたのは、一八九一年のことである。

その後イギリスに移り住み、一八九二年にはオックスフォード大学ベリオール・カレッジに入学して歴史を専攻し、一八九五年に同大学を最優秀の成績で卒業した。一九〇一年にイギリス市民になると、その五年後の一九〇六年から、サルフォード・サウス（Salford South）出身の自由党下院議員として活動した。しかし、議会政治に幻滅して政界を去ることを決意し、一九一〇年からは著述活動に専念するようになる。

そしてそれまでの経験から、少数の裕福な新聞社のオーナーらが偏向報道をしている現状を告発し、政府高官の堕落と戦うため、『目撃者』（The Eye-Witness）という政治・文学ジャンルを扱う週刊ジャーナルも編集した。こうした出版活動では、一九一二年から、G・K・チェスタトンの弟で、有名なアメリカ史を書いたセシル・チェストンと協力関係にあった〈注4〉。

ベロックが八三歳の生涯で書き上げた作品の数は一五六作に及ぶ。この作品数だけとっても、二十世紀でもっともたくさんの作品を世に出した作家のひとりだと言っても過言ではない。彼の著作はスタイルも異なれば、題材も広範囲に及び、あらゆる文学ジャンルが手がけら

〈注3〉Fred Skolnik, editor-in-chief, Michael Berenbaum, executive editor, *Encyclopaedia Judaica* (Detroit: Macmillan Reference USA, in association with Keter Pub. House Ltd., Jerusalem, c2007), 2nd ed. p.91, p.92.
〈注4〉Cecil Chesterton, *A History of the United States* (London: Chatto & Windus, 1919). 邦訳に渡部昇一監修・中山理訳『アメリカ史の真実』（祥伝社　二〇一一年）がある。

れている。

たとえば、『エマニュエル・バードン』（*Emmanuel Burden*　一九〇四年）など機知に富む十四作の第一級の小説、「なんでもないことについて」（*On Nothing*　一九〇八年）や「すべてについて」（*On Everything*　一九〇九年）などのエッセイをはじめ、ノンセンス詩の系譜に属する歌謡集『いたずらっ子の動物記』（*The Bad Child's Book of Beasts*　一八九六年）、紀行の『ローマへの道』（*The Path to Rome*　一九〇二年）、評論集『奴隷国家』（*The Servile State*　一九一二年）、歴史書の『英国の歴史』四巻（*A History of England*　一九二五〜三一年）などが著名である。

まさに、ベロックはエドワード朝文学の巨人だと言えるだろう。思想的には、社会主義的なH・G・ウェルズやG・B・ショーと敵対関係にあり、しばしば激しい論陣を張って対決したこともある。

その中で代表的な政治的著作といえる『ユダヤ人』は、もっとも議論を呼ぶ作品の一つだと言ってよい。というのも、当時のヨーロッパに寄留する祖国なきユダヤ民族の状況を、本書ほど、すこぶる明晰《めいせき》かつ簡明に理解できるよう論じたものはないからだ。さらにユダヤ人の、ヨーロッパ人世界での摩擦をこのまま放置すれば、必ず危機的な事態を招くとし、ユダヤ人の国民性を別個のものとして完全に認知し、現実的な解決策を講じるべきと、具体的な提案まで披《ひ》瀝《れき》してみせた画期的な意欲作である。

本書は、第一次大戦と第二次大戦の間の一九二二年に書かれたわけだが、その後のユダヤ人問題、中東戦争、パレスティナ問題などを見ると、今日から見ても文字どおり予言的な書物だったと言えるだろう。

反ユダヤ主義の時代

そこで、もう少し詳しく『ユダヤ人』が書かれた時代的背景を押さえておくことにしよう。前述したように、本書は、ドイツ・オーストリア・イタリアの三国同盟とイギリス・フランス・ロシアの三国協商との対立を背景として第一次世界大戦が起こり(一九一四〜一八年)、その大戦の戦後処理のため、連合国とドイツとの間の講和条約であるヴェルサイユ条約(一九一九年)が調印された後に書かれたものである。

その中でユダヤ人という視点から見て特に重要な出来事としては、大戦中の一九一七年、英国の外相バルフォアがパレスティナにユダヤ民族国家建設を認めると約束したバルフォア宣言が出されたこと、そしてロシアで帝政を倒し史上初の社会主義国家を成立させたロシア革命が起こったことである。特に本書出版のちょうど五年前に勃発したロシア革命は、レオン・トロツキーというロシア名に名前を変えたユダヤ人らの活動によって引き起こされたボルシェヴィキ革命であったという事実が重大だった。こうした一連の歴史の流れの中で、ベロックは時代が反ユダヤ主義の方向へと舵《かじ》をきる傾向にあることを敏感に嗅《か》ぎ取っていたのだろう。

ロシア革命がユダヤ人によるものであったという認識は、当時のイギリス社会にも大きなインパクトを与えていたようである。たとえば、一九二〇年二月八日付の新聞『イラストレイティド・サンデー・ヘラルド』で、将来のイギリス首相となるウィンストン・チャーチルも、「シオニズムvsボルシェヴィキ主義」と題する記事の中で、次のように述べている〈注5〉。

ボルシェヴィキ主義を生み出し、ロシア革命を実際に引き起こす上で、これらの国際的で、大部分が無神論的なユダヤ人が果たした役割を誇張する必要は全くないけれども、確かにその役割は非常に大きなものである。きっとそれは、他のどの役割よりもまさる。レーニンは明らかに例外であるが、指導的な人物の大多数はユダヤ人であった。さらに中心となってそれを鼓舞し、その推進力の生みの親はユダヤ人のリーダーたちである。

ベロックは、そのような共通認識があったからこそ、反ユダヤ主義的な傾向を何とか取り除こうとして本書を書いたともいえる。その一方で、これまで公に議論できなかったユダヤ人問題を正面から取り上げたベロックに、「反ユダヤ主義者」というレッテルを貼ろうとする批評家がいたことも事実である。だが、ベロックの真意はユダヤ人問題を注意深く検証し、真理の名において、問題の実像を白日のもとに炙《あぶ》り出そうとすることにあったのだろう。というのも、当時のイギリスの上流階級は、ユダヤ人問題の現実を直視したがらず、もっぱら裏でユダヤ人の陰口をたたいていただけだからだ。

もちろん、ベロックは、ユダヤ人のことを有機体組織の中の異質な存在とし、完全には吸収することも同化することもできない集団であるような言い方をしている。だが、その一方で、ユダヤ人に完全に独立した国籍を認め、ヨーロッパ人が彼らを「よそ者」と認識するのは仕方がないとしても、非ユダヤ人社会とは別個の領域に住む隣人として尊重すべきだとも述べている。

ベロックが人種差別主義者でないことは、『ユダヤ人』第三版で、人種差別的思想が横行していた時代に、二十世紀のアーリア人種優越説のもとになったゴビノーの人種論を「それは常軌を逸した人種的虚栄心」だと一蹴していることからも窺《うかが》える〈注6〉。

ベロックの伝記を書いたA・N・ウィルソンは、本書が出版された二年後の一九二四年にベロック自身が認《したた》めた手紙を引用している（一九二四年九月二日付）。その中でベロックは、これまで二〇年にわたり数多くの書き物や発言をしてきたが、ユダヤ人をユダヤ人として攻撃したことや、彼らに嫌悪感を示したことはただの一度もないと書き残している〈注7〉。

訳者は、このベロックの言葉を信じたいと思う。それは本書でベロックが、ルービー・ゴー

〈注5〉W. S. Churchill, "Zionism versus Bolshevism", Illustrated Sunday Herald (8th February, 1920), p. 5.

〈注6〉H. Belloc, *The Jews*, 3rd ed. (Boston and New York: Houghton Mifflin Company, 1937), xiv. ゴビノー（Joseph-Arthur Gobineau　一八一六～八二年）フランスの東洋学者、人類学者、外交官、小説家。主著の『人種不平等論』（*Essai sur l'inégalité des races humaines*　四巻　一八五三～五五年）で、アーリア民族、特にゲルマン民族の純粋民族だけが肉体的にも精神的にも純粋性を保ち、文化の退廃や没落をきたすことがないと述べた。

〈注7〉A.N. Wilson, *Hilaire Belloc* (New York: Atheneum, 1984), p.188.

ルドスミス（Ruby Goldsmith）というユダヤ人女性に、献辞を捧げていること一つとっても明らかだろう。彼女は、アメリカに移住するまで、一四年間にわたってベロックに公私にわたり仕えた専属秘書であった。そのゴールドスミス嬢への献辞、すなわち「国王の地イギリスで多年にわたり秘書を務めた、私たちのユダヤ人の中で最良の親友、わが家の家族と私は、いつもあなたに心から感謝をしなければならないだろう」という感謝の言葉が、ベロックの偽らざる気持ちを物語っているように思える。

繰り返すことになるが、ベロックは、ユダヤ人と非ユダヤ人の間の摩擦が今や（一九二二年当時）敵対関係の段階にまで突入しているので、冷静に摩擦の原因を検証し、解決策を講じないと、大惨事を招くことになると予言しているのである。たとえば、第7章では、ナチズムがドイツ国外ではほとんど知られていない時期に、ベロックは先見の明を感じさせる次のような言説を残しているのだ。

反ユダヤ主義の陣営へ人々を駆り立てる原動力は、このような女性の参政権や禁酒法などを行動へと駆り立てる力よりも、はるかに強力である。それは、もっとも強い人種的本能と、経済的損失や従属や国辱という、もっとも辛い個人の記憶から湧き起こる個人的で本質的な原動力なのである。

たとえば、今日、とてもひどい目にあったことについてドイツ人と話をすると、誰もがそれはユダヤ人のせいだと答えるだろう。たとえば、ユダヤ人は没落した国家の本体を食い物にしているとか、ユダヤ人は「ドイツ帝国のネズミ」であるなどと、言うわけである。戦後の不幸について、旧軍事当局を非難する者が一人いるとすれば、二〇人はユダヤ人を非難する。しかし、これらの人々は以前のドイツの繁栄を築いた人々であり、彼らの中にはドイツ皇帝の臣下のどの階層よりも高い割合で戦争反対者が数多くいたのである。これはほんの一例にすぎない。これ以外の近代世界のどの政治組織でも、さまざまな形でこのようなことが繰り返されているのがわかるだろう〈注8〉。

再三再四、敵対勢力は、反対を潰し、著しい違いさえも解消し、大虐殺を含め、ありとあらゆる手段を講じてそれを除去しようとしてきた。時々、ごく稀に成功したこともあった。だが通常は、長い目で見れば、失敗だった。しかし大半の場合、失敗が明らかになってからも、とにかく長々と継続されたのである。これこそが、私が本章で検証した現象の、脅威となりうる危険なのである。その現象を無視するのは、ユダヤ人にとって狂気の沙汰であろう。

それは今や数の上でも、確信の度合いでも、熱狂でも、すこぶる強力となり、私たちの文明圏でのユダヤ人の近未来全体を脅かしている〈注9〉。

〈注8〉本書211ページ。
〈注9〉本書218ページ。

六〇〇万人もの犠牲者が出たといわれるナチスのユダヤ人大虐殺、ホロコーストが起こったのは本書が出版されて約二〇年後である。

ベロックの非宗教的アプローチ

一般にユダヤ人について書くときは、ユダヤ教思想がその中心的テーマになりやすいけれども、ベロックの場合、ユダヤ人自身が、どのような宗教的信仰を抱いているかについてはほとんど述べていない。ただ一カ所だけ（第5章）、神の摂理の視点からユダヤ人の歴史観に言及した個所があるのみである。その意味で、本書には、宗教的民族としてのユダヤ人の視点が抜け落ちているように見えるかもしれない。

というのも、私たちがユダヤ人と聞いてまず思い浮かべるのは、旧約聖書の民としてのユダヤ人だからだ。実は訳者も、そのように旧約聖書の規定を律儀《りちぎ》に守り、その記憶を忠実に守るユダヤ人の一面を、身をもって体験した一人である。

あれは二〇一二年の一月にイスラエルを訪問したときのことだった。訪問中に滞在したのはキブツ・ミズラ内の小さなホテルだったが、ここでさっそくユダヤ教の習慣の洗礼を受けることになったのである。イスラエルの習慣に、「シャバット」というユダヤ教の安息日（金曜の夕方から土曜の夕方まで）がある。この日はすべてが休業となるのだが、私たちのホテルとて例外ではなく、金曜日の夕食と翌日の土曜日の食事がホテルでとれないと聞いて、途方に暮れたことがある。そのような私たちの窮状を察してか、現地のユダヤ人の知人が金曜日の夜のディナーに招待してくれた。

イスラエルの一般家庭では、安息日の夜にはたいてい家族や親戚で集まり、一家の主婦が用意した大量の手料理を食べて過ごすというのが一般的な風景だそうだ。家庭によっては歌を歌ったり、聖別の祈りを唱えたりするそうだが、私たちの場合は、ディナーの主催者が、その席上、旧約聖書のモーセの「出エジプト」の物語を披露し、「このパンは、神をはじめ、麦を育てた自然、農地を耕し収穫した農夫、そしてパンを焼いてくれた人々などのおかげなのであるから、感謝していただこう」と語りながら、自らパンを手でちぎって配ってくれたことが印象に残っている。「シャバット」に限らず、ユダヤ人の国イスラエルの祭日や行事の大部分は、旧約聖書に基づいているようだ。

本書では、ユダヤ人と商業や金融独占についても取り上げられているが、それをこのような宗教的視点から論じることもできる。たとえば、『申命記』の「外国人からは取り立ててもよいが、同胞である場合は負債を免除しなければならない」(15章3節)とか「あなたに告げたとおり、あなたの神、主はあなたを祝福されるから、多くの国民に貸すようになるが、借りることはないであろう。多くの国民を支配するようになるが、支配されることはないであろう」(15章6節)のような引用句を持ち出して、彼らの商業活動の動機を説明することもできただろう。金融や商業に限らず、ユダヤ人とヨーロッパ人の摩擦の原因も、同じように宗教的な要因に求めることも可能だったろう。事実、ユダヤ人が嫌われるのは、ユダヤ教の選民思想と無関係ではないし、特にキリスト教徒にとっては、最終的にはユダヤ人が主キリストを十字架にかけたという新約聖書の記述の持つ意味は大きい〈注10〉。

しかし、ベロックは、ユダヤ人とヨーロッパ人の摩擦の要因を、ユダヤ民族の全体的性格、それと一体化した伝統や社会意思という「一般的原因」（第4章）と、秘密主義や優越性の誇示という「特別の原因」に分けて考察し、宗教思想の違いを両者の対立軸には据えていない。カトリックの信仰を持ち、ヨーロッパ史に造詣が深いベロックなら、ユダヤ教の教理とキリスト教の教理を比較して論じることなど決して難しい作業ではないはずだ。おそらくベロックは、そのような宗教的アプローチだけでは、ヨーロッパのユダヤ人と非ユダヤ人の摩擦を解決する糸口にはなりえないと考えたのだろう。

つまり、ユダヤ人問題の分析とその解決案を提示しようとする本書の性格が、ベロックに宗教的ではないアプローチを選ばせた要因の一つだったのではないだろうか。というのも、ベロック自身が言うように、一般的原因は常にあるので、根絶できないが、特別の原因は、やめようと思えばやめることができる社会的行動だからである。要はユダヤ人と非ユダヤ人との複雑な関係を、どのレベルで捉えているか、ということに尽きるわけである。

ベロックが関心のあるのは、非現実的な議論に陥りやすい神学的アプローチよりも、より現実的で地に足のついた社会的、文化的なアプローチであり、そのほうが、ユダヤ人問題を異文化相互理解の対象として捉えやすいということなのだろう。現に彼が本書で「私たちの人種」とか「私たちの民族」という場合、それはヨーロッパ文化一般を念頭においているのであり、それぞれの宗教的視点よりも、もっと幅広い文化的なコンテクストでユダヤ人問題を捉えようとする意図が表われている。

第三版で加えられた新たな序章

いずれにせよ『ユダヤ人』は出版当時かなりの反響を呼んだらしく、一九二七年に第二版が、一九三七年に第三版が出版されている。第二版は第一版とほとんど大差ないが、第三版には全く新しく序章が加えられており、その後に起こった出来事の論評がなされているので興味深い。

この序章では、三つの動向に焦点が当てられている。

第一は、ユダヤ人革命であった共産主義革命がロシアからスペインに飛び火し、一九三六年七月、スペインの軍人で政治家のフランコ将軍（一八九二～一九七五年）が、スペイン領モロッコで人民戦線政府打倒のクーデターを起こし、スペイン内乱の口火を切ったこと。

第二は、前述したナチによるユダヤ人の迫害が発生したことである。しかしベロックはユダヤ人迫害の代名詞とも言えるヒトラーの名前には言及しておらず、ただ「プロシア政府」とか「ベルリン」と述べるに止まっている。そしてドイツ人によるユダヤ人迫害についても、それ

〈注10〉イエスを死刑に処するか否かの裁判のとき、ローマ総督のピラトがユダヤ人の群衆にたいし「この人の血について、わたしには責任がない。お前たちの問題だ」というと、群衆は「その血の責任は、我々と子孫にある」とこぞって答えた（『マタイによる福音書』27章24～25節）。

が「ユダヤ人問題にどのような結果をもたらすだろうか。その問題の公平な解決に向かって前進であるのか、否か」と、ナチの政策の善悪というよりも成否を淡々と問うような質問を投げかけているのだ〈注11〉。その後のホロコーストの惨状から見ると、そのような傍観者的な質問をすること自体に、ある種の違和感を覚える読者がいるかもしれない。現に批評家の中には、「その分析は、あたかも別の惑星から眺めているかのように冷淡である」という者もいる〈注12〉。しかしその一方で、そのような最終的な判断を下すには、一九三七年当時のベロックが、ホロコーストの現状をどれほど正確に摑んでいたのかも、十分に考慮に入れなければならないだろう。

第三はパレスティナにおけるシオニストの実験の進展である。ベロックは、第一版のときよりもバルフォア外交に対して理解を示すとともに、この地でアラブの憤りが高まることを予測している。その後、一九四八年からアラブ諸国とイスラエル間の中東戦争が勃発したことを考えると、この予見も的《まと》を射たものだったと言えよう。さらにまたこの地域の紛争では、シリアがキープレーヤーだと見ている点もすこぶる興味深い。現代でも、シリアは外交面で中東和平問題の当事国として、イスラエル・パレスチナ関係とレバノン・イスラエル和平交渉を占う上で、その動向が重要視されている国だからだ。またシリア東部は、イラク北部とともにイスラム教スンニ派の過激派イラク・シリア・イスラム国（ＩＳＩＳ）の拠点であった。二〇一四年には、組織の名称が「イスラム国」に改められ、近年、世界各地で無差別テロを繰り返している。

現代社会を読み解く必読書

ヨーロッパに話を戻すと、ユダヤ人と非ユダヤ人との間で摩擦や闘争が起こるのではないかというベロックの懸念は、現代でも全く払拭《ふっしょく》されていないようである。別の言い方をすれば、ベロックが提示したユダヤ人問題は、現代でも根本的な解決に至っていないということだ。

たとえば、アメリカ合衆国の公共ネットワークのPBSが放送している平日夜の報道番組、『PBSニュースアワー』(PBS News Hour)で、「新しい反ユダヤ主義? なぜ何千人ものユダヤ人市民がフランスを去るのか」というニュースが流れたことがある(二〇一四年九月十四日)。フランスに在住するユダヤ人の中には、以前よりも危険で新しい反ユダヤ主義の潮流が激しくなっていると訴える人々がいるという。その結果、何千人ものユダヤ人がフランスを去り、イスラエルやその他の国々に脱出しているので、フランス政府は反ユダヤ主義のデモを禁じるなど、厳しい手段をとっているという内容の報道であった。

この反ユダヤ主義のデモとは、今日でいうヘイトスピーチのようなものだと思われるが、本書を読めば、この種の反ユダヤ主義の活動が、決して新しいものではないことがわかる。つまり、ユダヤ人とヨーロッパ人の間の摩擦の本質は、ヨーロッパ史を通して何ら変化していない

〈注11〉H.Belloc, *The Jews*, 3rd ed., xxxix.
〈注12〉Robert Royal ed., Jacques *Maritain and the Jews* (American Maritain Association, Univ. of Notre Dame Pr., 1993), "Hilaire Belloc and The Jews" by Desmond Fitz Gerald. p.224.

しまうということだ。むしろ、それを「新しい」反ユダヤ主義というような言葉だけで済ましてしまうところに、問題を矮小化《わいしょう》する危険性が潜んでいるのである。反ユダヤ主義というレッテル貼りだけが独り歩きすれば、ユダヤ人あるいはユダヤ主義が、終始受け身で消極的な位置にあるような印象を与えてしまい、問題の本質がぼやけてしまう恐れがある。ヨーロッパとユダヤという本質的に異なる二つの勢力は多様な集団と目的をもつため、一括《ひとくく》りにはできないかもしれないが、両者の間には、一方的ではなく、ベロックが言うように相互的に解決しなければならない根深い問題があるということだ。

最後に本書の訳語について、一言付け加えておきたい。非常に細かい点であるが、訳出に注意した言葉に"nation"がある。この言葉には、集合的に単数扱いする「国民」、「国家」、言語や宗教を同じくするが、一つの国家にまとまっているとは限らない「民族・種族」などの意味がある〈注13〉。一般に"nation"というと、同一の政府のもとで主権国家を形成し、同一の地域内に住む人々の集団という意味合いが強いため、ディアスポラ以降、主権国家を失い、世界中に離散したユダヤ人を「ユダヤ国民」というには抵抗がある。もちろん、民族を表わす"race"という言葉が別に英語にはあり、共通の祖先、肉体的特徴などを持つ人々の集団を意味する。前者の場合は、血縁のある同族集団に対して、後者の場合は、人類学などで生物学的特徴について分類した人類集団に対して用いられるが、「スラブ民族」(the Slavic race)のように、それほど厳密な意味でない用法もある。他のユダヤ関係の翻訳書の中には、この語を訳出せず、あえて「ネーション」というカタカナ表記を用いているものもあるが、一般に外来語の表記手段であるカタカナにすると、かえってその語だけが異質であるような違和感を与えかねないので、特に「国民」あるいは「国家」を意味するものでないかぎり、「民族」と訳出した。

このあとがきを終えるに当たり、本書の訳出の機会を与えてくださった監修者の渡部昇一先生、訳稿の提出を辛抱づよく待ってくださった祥伝社の角田勉氏、そして、オックスフォード大学大学院で近代史を専攻され、本書の原文を読み解く上で、いろいろな示唆を与えてくれた麗澤大学経済学部教授のピーター・ラフ博士に心より感謝を申し上げたい。

平成二十八年文月

中山《なかやま》 理《おさむ》

〈注13〉『小学館ランダムハウス英和大辞典　第二版』（一九九三年）にもthe Jewish nationに「ユダヤ民族」という訳語をあてた用例が挙げられている。

★読者のみなさまにお願い

この本をお読みになって、どんな感想をお持ちでしょうか。祥伝社のホームページから書評をお送りいただけたら、ありがたく存じます。お手紙、電子メールでも結構です。

〒101―8701（お手紙は郵便番号だけで届きます）
祥伝社　書籍出版部　編集長　栗原和子
電話03（3265）1084
祥伝社ブックレビュー　www.shodensha.co.jp/bookreview

ユダヤ人《じん》　なぜ、摩擦《まさつ》が生《う》まれるのか

平成28年９月10日　初版第１刷発行
令和３年３月10日　　　第３刷発行

著者——ヒレア・ベロック
訳者——中山《なかやま》　理《おさむ》
監修者——渡部《わたなべ》昇一《しょういち》
発行者——辻　浩明
発行所——祥伝社《しょうでんしゃ》
〒101-8701　東京都千代田区神田神保町3-3
☎03(3265)2081(販売部)
☎03(3265)1084(編集部)
☎03(3265)3622(業務部)
印刷——堀内印刷
製本——ナショナル製本

ISBN978-4-396-61573-4 C0022　Printed in Japan
祥伝社のホームページ・www.shodensha.co.jp